集人文社科之思 刊专业学术之声

集 刊 名：跨文化研究
主办单位：北京第二外国语学院科研处，文化与传播学院
　　　　　社会科学文献出版社
顾　　问：乐黛云　刘小枫
主　　编：李洪波
本期执行主编：李星儒

TRANSCULTURAL STUDIES

国内编委（按照姓氏拼音排序）

曹顺庆　曹卫东　常　静　常耀华　陈戎女　陈太胜　程　维　高建平
方友忠　郭　刚　黄薇薇　李洪波　李星儒　刘　燕　裴登峰　邱　鸣
汪民安　王红斌　王柯平　谢寿光　杨乃乔　杨　平　杨　群　院成纯
张　辉　张喜华　赵京华　郑承军　周启超　周志强

国外编委

Timothy Bewes（美国布朗大学英语系文学批评教授、联合人文创新学院院长）
Earl Jeffrey Richards（德国伍珀塔尔大学古典人文教授、数字人文中心主任）
Rick Benitez（澳大利亚悉尼大学哲学与社会学院古典学教授）
Galin Tihanov（英国伦敦大学比较文学教授）
Thomas Robinson（加拿大多伦多大学哲学和古典学教授）

本期编辑助理

曹嫣然　郝韵之　王佳乐　王　楠　张婧婷

总第13辑

集刊序列号：PIJ-2016-186
集刊主页：www.jikan.com.cn/跨文化研究
集刊投约稿平台：www.iedol.cn

跨文化研究

TRANSCULTURAL STUDIES

（总第 13 辑）

李洪波　主编

社会科学文献出版社
SOCIAL SCIENCES ACADEMIC PRESS (CHINA)

（总第13辑）
2023年12月出版

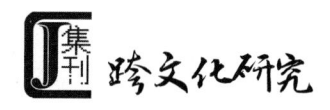

· 学术焦点 ·

奥尔巴赫的"欧洲"意识及《摹仿论》的局限性 …………… 王晓燕 / 1
多丽丝·莱辛诗歌中的女性话语与女性寓言 ………… 刘 燕 周安馨 / 11

· 文论研究 ·

"迷狂"考论
——跨文化视域下文艺创作心理探析 ……………………… 庄振富 / 26

· 古典研究 ·

孔子"观其德义"的新思考
——以观者为中心的讨论 …………………… 王 晨 陈亚琦 / 50

· 经典阐释 ·

论《理查三世》的中国编演：以王晓鹰版本和林兆华版本为例
…………………………………………… 刘婉眉 陈戎女 / 64
《红字》与霍桑的革命保守主义
——新历史主义再解读 …………………… 李素杰 宋天怡 / 77

· 人文交流 ·

北京大运河文化品牌的建构与跨文化传播研究 ……… 宫月晴 唐子涵 / 91
跨文化性：文旅融合的根本特性 ………………………………… 刘东梅 / 100

· 布吕尔专题 ·

《游叙弗伦》导读
……… 克里斯托弗·布吕尔（Christopher Bruell）/文 周安馨/译 / 109

《苏格拉底的申辩》导读
  ……… 克里斯托弗·布吕尔（Christopher Bruell）/文　肖旻焘/译 / 131

《美诺》导读
  ……… 克里斯托弗·布吕尔（Christopher Bruell）/文　李舒萌/译 / 157

·学术访谈·

关于康德美学的对话 …………………………… 聂运伟　倪　胜 / 180

Abstract ……………………………………………………………… / 194

《跨文化研究》稿约 ………………………………………………… / 202

·学术焦点·

奥尔巴赫的"欧洲"意识及《摹仿论》的局限性[*]

王晓燕[**]

摘 要 作为20世纪重要的罗曼语文学家,埃里希·奥尔巴赫自身的文化传统及与生俱来的"欧洲"意识并未随他的流亡得以消解,而是在伊斯坦布尔这一相对于德国的"安全空间"中得到了强化。奥尔巴赫的"欧洲"意识既体现了他作为一名罗曼语文学家精神专注的学术追求与实践,也反映了他流亡的现实处境,并为其《摹仿论》的局限性厘清了源头。

关键词 埃里希·奥尔巴赫　"欧洲"意识　《摹仿论》　局限性

20世纪德国罗曼语文学家埃里希·奥尔巴赫（Erich Auerbach, 1892—1957）在流亡伊斯坦布尔期间撰写的《摹仿论》（*Mimesis*, 1946）,不仅奠定了他在西方文学批评中的重要地位,也被爱德华·W. 萨义德（Edward W. Said, 1935—2003）称为"迄今为止最令人惊叹、最富有影响的文学批评著述之一"[①]。在《摹仿论》中,奥尔巴赫从语文学入手,对其学术研究的内容与方法进行了拓展,并对西方文学史进行了系统性勾勒。但奥尔巴赫自身的文化传统及与生俱来的"欧洲"意识并未随着他的流亡得以消解,而是在伊斯坦布尔期间得到了强化,并体现在他的《摹仿论》中。奥尔巴赫的"欧洲"意识一方面体现了他对罗曼语文学研究领域的坚守,另一方

---

[*] 2023年度高等教育科学研究规划课题"新文科视域下的奥尔巴赫语文学研究"（项目编号：23WW0409）。
[**] 王晓燕,博士,天津师范大学文学院、跨文化与世界文学研究院教师,主要研究方向为奥尔巴赫、比较文学理论。
[①] 〔美〕爱德华·W. 萨义德：《世界·文本·批评家》,李自修译,生活·读书·新知三联书店,2009,第8页。

面也显示了他在流亡艰难的现实处境中试图建构欧洲文明整全性的壮志雄心。这既成就了《摹仿论》在西方文学批评中的独特性地位，也导致了其文本内容的主观性和结构的不连贯性等局限。

一 流亡与奥尔巴赫"欧洲"意识的强化

早在20世纪20年代，奥尔巴赫在其研究中就显现出了将欧洲作为整体的强烈意识。1921年，奥尔巴赫在博士学位论文《关于文艺复兴早期意大利和法国中篇小说的技巧》中通过分析欧洲文艺复兴时期意大利和法国中篇小说之间的联系与差异，进而探讨不同民族文化存在的意义与价值。奥尔巴赫在该文中提出了一个关键的结论，即"文艺复兴早期的中篇小说是一种民族现象，也是一种欧洲现象"。[①] 随后，他在创作的《但丁：世俗世界的诗人》(Poet of the Secular World, 1929) 一书中，以但丁为研究对象，对但丁及其创作进行了较为系统、全面的研究。他认为，但丁的诗歌（尤其是《神曲》）都是建立在欧洲文学和思想的整体遗产之上的。但丁将古希腊、罗马和晚期的古代遗产转变成一种新的、世俗的东西，这同时也是中世纪的结束和概括。奥尔巴赫对中世纪的文学现象很感兴趣，坚持认为它们创造了"欧洲诗歌或文学"。在他看来，但丁对民族诗歌及以民族语言为基础的欧洲诗歌的风格开创具有重要影响。在《但丁：世俗世界的诗人》开篇第一章"历史背景及其文学中人的概念"中，奥尔巴赫便对欧洲文学中人物命运的统一体进行了说明，指出"一个人是身体和精神不可分割的统一体，他的个人命运是从这个统一体而来的"[②]。奥尔巴赫在此强调了欧洲文学历史的深厚与悠久，也指出了个体在欧洲文学发展历程中的重要性，并将此思想贯穿于他的整个学术研究中。随后，奥尔巴赫被迫流亡伊斯坦布尔，但他对于欧洲的强调并未随着他的流亡而消解，而是在伊斯坦布尔这一东西文化的交融地得到了进一步的强化。

[①] Auerbach, Erich. *Zur Technik der Frührenaissancenovelle in Italien und Frankreich.* Zweite, durchgesehene Auflage. Mit Einem Vorwort von Fritz Schalk, Heidelberg, 1971 [1921]. 关于欧洲和中篇小说之间的联系在该书的第2、7、36、39、40页都有所提及。

[②] Auerbach, Erich. *Dante: Poet of the Secular World.* Ralph Manheim, Trans. New York Review Books, 2007, p. 1.

奥尔巴赫的"欧洲"意识及《摹仿论》的局限性

奥尔巴赫于1936年抵达伊斯坦布尔,并在此旅居11年之久,先后创作了《喻象》(*Figura*,1938)、《摹仿论》等作品。众所周知,奥尔巴赫流亡伊斯坦布尔有着深刻的历史和个人原因。一方面,伊斯坦布尔在地缘政治、文化渊源和民族语言等方面所具有的独特性使其成为20世纪欧洲学者重要的"避难所"之一;另一方面,二三十年代土耳其的现代化改革及其对于欧洲学者的大量需求,也为奥尔巴赫流亡于此提供了便利。尤其是1923年,土耳其共和国成立,出台了一种"双重文化"政策:一方面,要求民众"无论其种族或宗教背景如何,都必须符合统一的土耳其文化和语言";另一方面,"它还实施了一项同样具有同化作用的西方化计划,旨在获得欧洲核心国家的文化认可"[①]。为推动土耳其语言文化改革的顺利进行,土耳其引进了大批欧洲流亡学者。在前同事列奥·斯皮策(Leo Spitzer,1887—1960)的推荐下,奥尔巴赫因自身较强的学术能力及在法国和意大利文学研究中的成就,成为伊斯坦布尔大学引进的重要欧洲学者之一,并获得伊斯坦布尔大学的教职。对于奥尔巴赫而言,伊斯坦布尔不仅为他提供了一个相对安全的工作和生活环境,也为他提供了一个外围的、可以观察欧洲形势的客观视角,使他得以跳出欧洲的圈子,重新审视欧洲文化及现实发展,也强化了他建构欧洲文化统一性的理想与信念。置身于伊斯坦布尔这一东西文化的交融之地,奥尔巴赫始终将自己的罗曼语文学作为研究领域,并在具体研究中有意淡化了他对伊斯兰世界的描述,从而更加强化他的"欧洲"意识。1939—1940年,奥尔巴赫在伊斯坦布尔举办了系列关于欧洲文学或文化的讲座,主要有"17世纪的法国公众"(The French Public in the Seventeenth Century,1937)、"让-雅克·卢梭"(Jean-Jacques Rousseau,1939)、"16世纪欧洲民族语言的形成"(The Formation of National Languages in Sixteenth-Century Europe,1939)、"但丁"(Dante,1940)、"文学与战争"(Literature and War,1941—1942)、"十九世纪欧洲的现实主义"(Realism in Nineteenth-Century Europe,1942)、"孟德斯鸠与自由之国"(Montesquieu and the Nation of Liberty,1945)。其中,奥尔巴赫在谈到中世纪文化及但丁时,曾承认东方贸易对欧洲城市发展的影响,却有意淡化了《神曲》

---

① Konuk, Kader. *East West Mimesis Auerbach in Turkey*. Stanford University Press, 2010, p. 83.

中关于穆罕默德的内容（但丁《神曲·地狱篇》第28章）。事实上，20世纪早期的诗歌学者都曾积极地讨论过《神曲》中伊斯兰教和基督教的重叠：一方面，阿拉伯世界对普罗旺斯诗歌及但丁的影响让他们很感兴趣；另一方面，他们认为《神曲》结合了伊斯兰教和基督教的末世论思想。[1] 作为重要的罗曼语文学家及但丁研究者，奥尔巴赫显然不会忽略这些要点。至少在1929年的《但丁：世俗世界的诗人》中，奥尔巴赫曾肯定了但丁创作中的世俗主题及其所受东方和阿拉伯世界的影响，[2] 指出但丁作品中关于神话的总体想象来源于地中海沿岸关于东方和西方的神话素材，这些都是他"呼吸的空气"[3]。而他对于伊斯兰世界的忽略在他之后的作品《喻象》《摹仿论》中都有所体现。可以说，正是在远离欧洲的、蕴含着深厚东方文化的非欧洲空间中，奥尔巴赫重新审视了欧洲的文化及现实，在对"现代欧洲的形成过程，即基督教、犹太教和伊斯兰教的相互关系"[4] 进行深入思考的基础上强化了他的"欧洲"意识，也进而影响了《摹仿论》的内容及思想。这一研究的特殊之处在于，它是在欧洲文化传统中形成并由奥尔巴赫所处的伊斯坦布尔这一外部空间来定义的，由此也更加凸显了奥尔巴赫"欧洲"意识的独特性。

二 奥尔巴赫"欧洲"意识溯源

正如萨义德从西方角度谈论东方一样，伊斯坦布尔时期的奥尔巴赫也在远离欧洲的处境中书写欧洲的历史与文化。对于流亡伊斯坦布尔的奥尔巴赫而言，他的身份不仅是犹太难民、伊斯坦布尔的局外人，还是深受西

---

[1] Asín Palacios, Miguel (1871—1944) 的《伊斯兰教与神曲》（*La Scatologia musulmana en la Di Comedia*, 1919；*Islam and the Divine Comedy*, 1926）、Werner Mulertt (1892—1944)、Theodore Silverstein (1904—2001) 等都是这一思想的主要代表。奥尔巴赫去伊斯坦布尔之前就熟悉 Miguel Asín Palacios 的作品了。具体参看 Konuk, Kader. *East West Mimesis Auerbach in Turkey*. Stanford University Press, 2010, p. 154.

[2] *Dante：Poet of the Secular World*. Translated by Ralph Manheim, The New York Review of Books, 2007, p. 21.

[3] *Dante：Poet of the Secular World*. Translated by Ralph Manheim, The New York Review of Books, 2007, p. 82.

[4] Konuk, Kader. *East West Mimesis Auerbach in Turkey*. Stanford University Press, 2010, p. 152.

方文化熏陶的欧洲学者、专业的罗曼语文学家。他将自己定位为"泛欧洲人，是欧洲文化的参与者，他在地理和时间上都对欧洲文化进行了定义"①。奥尔巴赫虽流亡伊斯坦布尔，却始终坚守自己的研究领域，致力于罗曼语文学研究。众所周知，语文学作为一门古老而深厚的学问，在欧洲有着悠久的历史传统，它以文学文本为研究对象，是"对作者的解释和对语法、修辞学、历史以及与特定语言相关的批评传统进行的研究"②。作为一名罗曼语义学家，奥尔巴赫深谙此理。从20世纪20年代的但丁研究，到流亡时期创作的《喻象》《摹仿论》等著作，奥尔巴赫的研究领域主要集中在古代晚期、拉丁中世纪以及法国和意大利文学方面。其间，他还专门为土耳其大学的学生撰写了一本《罗曼语文学导论》(Introduction aux Etudes de Philologie romane, 1943)，以便学生能更好地理解语文学的起源和意义。这些都彰显了奥尔巴赫作为一名语文学家的学术素养和知识功底。在他看来，语文学作为一门古老的人文学科，其内涵"几乎完全等同于德意志的精神史概念"③。对于语文学者而言，最珍贵的莫过于他们自己的民族语言和文化。而正是在流亡伊斯坦布尔期间，奥尔巴赫的语文学在继承德国传统语文学的基础上也得到了最大限度的发展。在伊斯坦布尔时期，奥尔巴赫将语文学与意识形态相关联，成为他反抗雅利安语文学及纳粹种族主义的重要手段。他在《喻象》中，将喻象词源学的梳理与宗教文本的解读相结合，来回应德国宗教意识形态；而在《摹仿论》这部鸿篇巨制中，则对德国古典传统进行了批判，"进一步控诉了德国人在古典美学完整性模式之后所定义的文化艺术"④。同时，在伊斯坦布尔时期，奥尔巴赫主要讲授罗曼语文学课程，但始终坚持用德语写作。他强调《摹仿论》的创作"源自德国的心智史和语文学的主题和方法"，这本"德国的书"，"只有在德国的浪漫主

---

① Landauer, Carl. "*Mimesis* and Erich Auerbach's Self-Mythologizing, *German Studies Review*, Vol. 11, No. 1 (1988), p. 88.
② Zakai, Avihu. *Erich Auerbach and the Crisis of German Philology.* Springer International Publishing Switzerland, 2017, p. 37.
③ Auerbach, Erich. "Vico and Literary Criticism", in *Time, History, and Literature*, ed. And with an Introduction by James I. Porter, Princeton and London: Princeton University Press, 2014, pp. 9 – 10.
④ Landauer, Carl. "*Mimesis* and Erich Auerbach's Self-Mythologizing, *German Studies Review*, Vol. 11, No. 1 (1988), p. 92.

义和黑格尔的传统中，它才能得到更好的理解。如果不是我青年时代在德国的耳濡目染，这本书是绝不可能完成的"①。他以此标注自己的身份，恪守自己的研究领域，也进而凸显了自己强烈的"欧洲"意识。

在伊斯坦布尔的奥尔巴赫亲身经历了土耳其现代化改革的失败，这使他认识到民族文化多样性存在的必要性，也是其"欧洲"意识得到强化的重要原因。客观而言，土耳其的现代化改革与土耳其"向西转"的历史任务密不可分，使土耳其"有从文化上彻底断根的效果"②。作为欧洲文化的代表，奥尔巴赫适时地参与了土耳其文化的现代化改革。他身上的"欧洲性"是土耳其民族思想"欧洲转向"的重要标杆。他的流亡代表欧洲科学文化的高标准，是推动土耳其民族文化认同的重要引领。但在改革过程中，奥尔巴赫对土耳其在西化计划中将自身传统文化遗产抛弃的行为感到失望。他意识到文化标准化及其后果，指出"对于那些赞美和热爱这个时代的人来说，也许这样的解决方式过于简单。但是他们中只有少数人，并且我估计，除了一些最初的迹象以外，他们中几乎没有人能够有幸经历即将到来的统一和简化过程"③。在之后的《世界文学的语文学》（1952）一文中，他更是直言标准化的普遍性，指出，"人类的一切活动都集中表现为欧美或俄罗斯布尔什维克模式"，"如果人类能经得起如此迅猛的集中化过程"，习惯于一个"标准化的世界"，一种"单一的文学文化"，"那么世界文学的概念在实现的同时又被破坏了"④。可见，即使流亡伊斯坦布尔，奥尔巴赫也始终关注欧洲文化的发展，他通过强调欧洲文化起源中的希腊与犹太因素扩大他的"欧洲"概念，并试图建构一个"包含他自己所在"的欧洲世界。奥尔巴赫对于欧洲及其源头的审视与探讨，与他自身的文化传统、流亡经历、身份意识密切相关，却也是其《摹仿论》存在局限性的重要原因。

---

① 〔德〕埃里希·奥尔巴赫：《摹仿论》，吴麟绶、周新建、高艳婷译，商务印书馆，2018，第688页。
② 甘阳：《从"民族—国家"走向"文明—国家"》，《书城》2004年第2期。
③ 〔德〕埃里希·奥尔巴赫：《摹仿论》，吴麟绶、周新建、高艳婷译，商务印书馆，2018，第650页。
④ 〔德〕埃里希·奥尔巴赫：《世界文学的语文学》，载〔美〕大卫·达姆罗什、刘洪涛、尹星主编《世界文学理论读本》，北京大学出版社，2013，第81页。

三 《摹仿论》的局限性

20世纪40年代，随着《摹仿论》的问世与被追捧，对它的批评也逐渐显露出来。《摹仿论》在出版之后，美国学者赫伯特·迪克曼（Herbert Dieckmann）便在《罗曼语评论》（Romanic Review）的一篇评论中写道，奥尔巴赫"似乎在缺乏明确原则和方法的情况下做出了允分的解释；他对此几乎是有条不紊的"，这即使是奥尔巴赫的风格，"也缺乏理性的控制"。[①] 迪克曼明确指出了奥尔巴赫《摹仿论》在内容结构方面因缺少一定原则而出现的"混乱"现象，但并未对此做详细的说明。事实上，奥尔巴赫的"欧洲"意识在《摹仿论》中体现得尤为明显，这也是《摹仿论》局限性的重要体现。

第一，选文主要聚焦欧洲文学作品，致使全书在内容和结构上呈现主观性和不连贯性的短板。在内容方面，奥尔巴赫主要选择欧洲作家作品为研究对象，其他国别很少涉及，美国文学中他只是简短提及赛珍珠。在具体的文本分析中，奥尔巴赫也带有强烈的自我意识与个人偏见。他在《摹仿论》中断言，19世纪中期的德国作家都没有实现用现实主义的方法进行创作，他偏爱巴尔扎克和福楼拜，认为他们是在真正考察了社会和经济的基础上才进行的创作，而狄更斯和萨克雷则对经济社会的发展不以为意。在结构方面，《摹仿论》的每一章都代表了一个单独的文化时刻，奥尔巴赫试图以彼此之间的逻辑关系来建构欧洲历史的总体脉络，但在整体上却缺乏一个统领性原则，即《摹仿论》是由一系列独立的批评性论文组成的，这些文章甚至在《摹仿论》出版之前就被零散地发表过。[②] 美国文学评论家莱昂内尔·特里林（Lionel Trilling）也曾将《摹仿论》的开篇章节收录进他的一本从柏拉图到桑塔格的批评选集。[③] 可以说，《摹仿论》是由二十篇彼此独立、完整的作品组成的评论集，看似整齐划一，但明显缺少一个主

---

① Dieckmann, Herbert. *Review of Mimesis*. Romanic Review, 1948（39），p. 332.
② 1950年，《党派评论》（*The Partisan Review*）发表了《摹仿论》的开篇一章"奥德赛的伤疤"。
③ Trilling, Lionel. *Literary Criticism: An Introductory Reader*. New York: Holt, Rinehard and Winston, 1970, pp. 521 – 537.

题导引。奥尔巴赫甚至可以在这种开放式的结构中随心所欲地增减章节。这不仅使他最初建构的文学"整体"在结构上呈现出一种不连贯性和间断性,而且使《摹仿论》成为一部支离破碎的、由一系列没有整体论点的小片段文本组成的细读作品。

同时,奥尔巴赫虽声称自己遵循了一条从古希腊到新古典所盛行的"文体分用"原则,在文本中引用大量的作品来证明自己的观点,但在具体的文本分析中,他所选择的作品(论据)与其所论述的文体模式(论点)之间并不完全相符。例如,《摹仿论》在整体上对文本的选择是按历史发展顺序来进行的,从第九章"修士亚伯度"(薄伽丘《十日谈》)到第十四章"着了魔法的杜尔西内娅"(塞万提斯《堂吉诃德》)①,都以文艺复兴时期的作家作品来分析其中文体"分用与混合"的特征,但第十章"德·夏斯泰尔夫人"(安托万·德·拉萨尔)选取的作品"比薄伽丘的《十日谈》晚一百多年,然而相比之下,它却显得更具有中世纪的特点而缺乏现代特色"②。奥尔巴赫进一步分析了该作品的中世纪文风及特点,打断了读者对文艺复兴时期文体风格的整体理解,造成了《摹仿论》整体结构和具体文本研究之间的隔阂,给读者带来"混乱"的阅读体验。奥尔巴赫在《摹仿论》的结语中也承认"所用的大多数文章都是信手拈来的,挑选时基本凭偶然所遇和一时兴起,而不是靠精确的意图"③,这似乎是对他部分"文本选择不当"作出的回应。但实际上,这些不足反映了奥尔巴赫自身思想局限对其作品的影响。而他在《摹仿论》中对于喜剧的分析较少,也可见他对作品选择的主观性、个人化的特点。

第二,通过《荷马史诗》与《旧约》的比较,奥尔巴赫更加强调了"犹太-基督教"在西方文化中的重要地位。作为一名"有犹太信仰的普鲁士人",奥尔巴赫在其学术研究中不可避免地会对他的身份意识有所表达,

---

① 《摹仿论》第九章到第十四章的内容分别为:第九章"修士亚伯度"(薄伽丘)、第十章"德·夏斯泰尔夫人"(安托万·德·拉萨尔)、第十一章"庞大固埃嘴里的世界"、第十二章"人类状况"、第十三章"疲惫的王子"、第十四章"着了魔法的杜尔西内娅"。
② 〔德〕埃里希·奥尔巴赫:《摹仿论》,吴麟绶、周新建、高艳婷译,商务印书馆,2018,第281页。
③ 〔德〕埃里希·奥尔巴赫:《摹仿论》,吴麟绶、周新建、高艳婷译,商务印书馆,2018,第654页。

而其身份意识及信仰又不可避免地会影响其学术研究。早在1938年发表的《喻象》中，奥尔巴赫就重点阐释了《旧约》作为《新约》"前史"的重要性及二者作为一个整体存在的必要性。他强调，历史事件中的第一个事件"意味着自身与第二个事件；第二个事件包含并完成了第一个事件"①。由此，他以《旧约》与《新约》之间的关联为例，重点阐释了西方文化中"犹太－基督教"传统的重要地位。在《喻象》中，奥尔巴赫以"喻象"(figura) 为修辞手段，借喻式地将基督教与犹太教之间的关系与纳粹对犹太人的迫害联系在一起，既强调了《旧约》的宗教文化地位，也抨击了纳粹的种族政策。在《摹仿论》中，奥尔巴赫开篇以《创世记》和《奥德赛》为例，追溯了西方文化的源头，并以写实的叙事风格强调了《旧约》在西方传统文化中的重要性。但奥尔巴赫却在具体叙述中开始对现实主义和风格水平进行讨论。同理，奥尔巴赫强调荷马对奥德修斯归国时的环境和尘世生活的细节进行了详细描述，而他对《圣经》"前景"的轻描淡写却并不能直接地体现他在此所强调的尘世主题。从全书内容来看，奥尔巴赫是以现实主义为主线来勾勒西方文学史脉络的，但关于《创世记》和《奥德赛》的论述显然与全书整体主题并不统一。正如瓦西利斯·兰布罗普洛斯 (Vassilis Lambropoulos) 所言，"它没有任何总体方法和目的的介绍性陈述就直接开始了"，它的副标题"西方文学中的现实再现"所分析的问题是"'秘密的'(surreptitious) 而不是'系统的'(systematic)"，这在第一章"奥德修斯的伤疤"中显而易见，其目的"不是分析这样的荷马文本，而是对比两种文本和描述方式，即荷马和圣经（分析性和解释性），并且要通过后者来研究前者，而不能用它自己的方式"②。奥尔巴赫本人在后来的《拉丁晚期和中世纪的文学语言和公众》一书中也谈到了《摹仿论》的不足，强调后来的作品是对早期作品的"补充"③。他还特别提到了一种间断，即"从公元600年到公元1100年的跳跃，他将这种跳跃归咎于他在土耳其的流

---

① Auerbach, Erich. *Scenes from the Drama of European Literature.* University of Minnesota, 1984, p. 34.
② Lambropoulos, Vassilis. *The Rise of Eurocentrism: Anatomy of Interpretation.* N. J., Princeton, 1993, p. 4.
③ Auerbach, Erich. *Literary Language and Its Public in Late Latin Antiquity and in the Middle Ages.* Ralph Manheim, Trans. New York: Bollingen, 1965, pp. 22 – 24.

亡"①。不可否认的是，正是流亡成就了奥尔巴赫的创作，却也造成了他创作中的局限性。

结　语

　　作为20世纪重要的罗曼语文学家，奥尔巴赫的流亡及其创作一直备受学界关注。加之萨义德的推崇，奥尔巴赫在西方文学批评和罗曼语文学领域的学术地位愈加凸显。《摹仿论》是奥尔巴赫逃离欧洲后，在伊斯坦布尔写下的作品，或者可以说，这本书体现了奥尔巴赫对欧洲历史文化及现实的观照，也反映了他试图通过语文学建构西方文化整全史的理想。但特殊时代背景、流亡经历、专业素养和个人偏好都深刻影响了奥尔巴赫的作品及思想，使他在具体的研究中，无法完全做到将"现实再现的历史与对现实发展的预期"② 相结合。奥尔巴赫对于欧洲传统的坚守使他虽置身国外，却依旧在他的欧洲视野及罗曼语文学的故乡中寻求精神安慰和回归。也正是在这一"精神诉求"的指导下，奥尔巴赫的"欧洲"意识及建构欧洲文明整全性的理想与抱负，为学界重新思考欧洲文化历史开拓了思路。而《摹仿论》在内容和结构上的局限性，使其成为一部说不尽的文学批评著作的同时，也体现了奥尔巴赫的现实处境及强烈的"欧洲"意识，以及作为一名罗曼语文学家精深专注的学术追求和实践。

---

① R. Mufti, Aamir. *Auerbach in Istanbul: Edward Said, Secular Criticism, and the Question of Minority Culture. Critical Inquiry*, Vol. 25, No. 1 (1998), p. 100.
② Costa-Lima, Luiz. *Erich Auerbach: History and Metahistory. New Literary History*, Vol. 19, No. 3 (1988), p. 491.

多丽丝·莱辛诗歌中的女性话语与女性寓言*

刘 燕 周安馨**

摘 要 相比于其闻名于世的众多小说，多丽丝·莱辛的诗歌鲜为人知，但这些精致、流动而细腻的诗歌也是我们理解她作为一个女性主义作家的思想、情感与自我表达的重要路径。莱辛的诗歌主题可分为三类：第一类是表现女性生态意识的自然之歌，与《野草在歌唱》等小说构成某种互文性关系，诗人使用特有的自然意象刻画女性与自然之间的密切关系，解构男性父权控制的传统知识结构；第二类是建构女性寓言的流散之曲，诗人着力表现女性个体在宏观地理空间中的微观流散情绪，审视个人与故土之间的文化距离；第三类是为女性言说的辩护之辞，诗人直接为女性的坎坷命运发声，争取女性的独立地位与话语权。莱辛之诗与其小说、戏剧、文学批评一同构成了她的文学话语与美学实践的整体，从不同的视角书写了诗人基于个体经验与独立意识的现代女性寓言。

关键词 多丽丝·莱辛 《十四首诗》 女性主义 女性话语 女性寓言

多丽丝·莱辛（Doris Lessing，1919—2013）因《野草在歌唱》（*The Grass is Singing*，1950）、《金色笔记》（*The Golden Notebook*，1962）等众多小说闻名于世，并在 2007 年获得了诺贝尔文学奖。或因莱辛作为小说家的名气盖过了其诗人之名，国内学界对其诗歌创作的研究尚存空白。对莱辛诗歌的研究，有助于我们了解她作为女性主义作家的思想、情感与自我表达的心路历程，深入把握其创作文体的多样性与丰富性。

---

* 本文系国家社科基金重大项目"中国当代文学海外传播文献整理与研究（1949—2019）"（项目编号：20&ZD287）中期成果。
** 刘燕，北京第二外国语学院文化与传播学院教授，主要研究方向为比较文学、女性文学与跨文化研究；周安馨，北京师范大学文学院在读博士，主要研究方向为西方文学与中西比较文学。

1949年离异后，莱辛携幼子跨越千山万水，告别了少年时的故乡南罗得西亚（现津巴布韦），也挥别了青年时代的工作地开普敦，从南非好望角辗转漂泊到英国伦敦。当时的她两手空空，只有20美元，全部家当是皮包中的一部小说草稿。① 1959年出版的诗集《十四首诗》（*Fourteen Poems*）②，书写了莱辛作为女性漂泊者的自我探索与觉醒之路。四十多年后，《狼人》（*The Wolf People*, 2002）③ 集录了莱辛的7首诗歌，是时恰逢千禧年，其中既可见诗人以幻想点亮小说之境，④ 又可见她回眸女性意识、描摹现实的创作。其诗风与小说正相呼应。莱辛的一些诗歌还散见于其他的出版物，如伊普（Catharina Ipp）⑤、伯克汉姆（Selma R. Burkham）和威廉姆斯（Margaret Williams）搜集到了莱辛的6首诗⑥，其中5首发表于杂志《新政治家》（*New Statesman*）。《罗得西亚英语文学参考书目（1890—1974/5）》[Rhode-

---

① 1946年，莱辛在开普敦（南非立法首都）为当时的共产党报纸《卫报》工作，做打字员，接触到许多共产党人和农场工人。王丽丽：《多丽丝·莱辛研究》，社会科学文献出版社，2014。

② 该诗集收入14首诗，即《"低冷的天空下"》（"*Under a Low Cold Sky*"）、《从老年女子到年轻男子》（*Older Woman to Younger Man*）（1）及（2）、《为被仇视的死去女人辩护》（*Plea for the Hated Dead Woman*）、《障碍》（*Bars*）、《黑暗女孩之歌》（*Dark Girl's Song*）、《新人类》（*New Man*）、《夜话》（*Night-Talk*）、《歌曲》（*Song*）、《流亡》（*Exiled*）、《"哦，樱桃树，你对我的心来说太过纯白"》（"*Oh Cherry Trees You Are too White for My Heart*"）、《寓言》（*Fable*）、《干旱之时》（*In Time of Dryness*）、《嫉妒》（*Jealousy*）。本文论述的诗歌原文即出于此，下略。Lessing D. *Fourteen Poems*. Northwood: Scorpion Press, 1959.

③ 该诗集收入7首诗，即《在漫长黑暗中》（*In the Long Dark*）、《落落寡欢者》（*The Misfit*）、《好像他们早先便知晓》（*As If They Had Always Known It*）、《洞穴之狼》（*Cave Wolves*）、《何物在言说》（*Something Speaks*）、《天火》（*The Sky-fire*）、《冰至》（*The Ice Comes*）。本文论述的诗歌即出于此，下略。Gould M. P. ed. *INPOPA Anthology 2002: Poems by Doris Lessing, Robert Twigger and T. H. Benson*. Institute of Poetic Patience. Carzdotti Dot Ltd, 2002.

④ 从20世纪末到21世纪初，莱辛著有多部幻想小说，如《玛拉和丹恩历险记》（*Mara and Dann Adventure*, 1999）、《最甜的梦》（*The Sweetest Dream*, 2001）等小说聚焦女性议题。

⑤ 即《我手之下》（*Under My Hand*, 1949）、《为被仇视的死去女人辩护》（1956, 此诗被收入《十四首诗》之中）、《在这里》（*Here*, 1966），参见 Ipp, Catharina, *Doris Lessing: A Bibliography*, Johannesburg: University of Witwatersrand, 1967. 本文论述的诗歌原文即出于此，下略。Ipp. C. *Doris Lessing: A Bibliography*. Johannesburg: University of Witwatersrand, 1967.

⑥ 即《来访》（*Visit*, 1966）、《一个小女孩向摄政公园的天鹅扔石头》（*A Small Girl Throws Stones at a Swan in Regents Park*, 1967）、《饥饿的国王》（*Hunger the King*, 1967）。Burkom S. R. & Williams M. *Doris Lessing: A Checklist of Primary and Secondary Sources*. New York: Whitston Pub Co Inc., 1973.

sia Literature in English: A Bibliography (1890 – 1974/5)]① 收录了莱辛于20世纪40年代发表在南罗得西亚各类期刊上的20首诗歌。

就主题而言，莱辛的诗歌大致可分为三类：第一类是表现女性生态意识的自然之歌，主要刻画女性的创伤，诗人用隐喻女性身体的自然与生态意象，解构了"科学"外表下男性主导的传统知识结构；第二类是建构女性寓言的流散之曲，着力表现女性个体在宏观地理空间中的微观流散情绪，审视了个人与故土之间的文化距离，并构筑"第三文化"和女性"他者文化"的耦合关系；第三类是为女性言说的辩护之辞，直接为女性的坎坷命运发声，争取女性的独立地位与话语权。莱辛的诗歌是其小说的外在延伸与内在深化，是其女性意识与美学实践的展现，与小说、戏剧、散文、文学批评等共同构成了文学话语与美学实践的一个整体，从多个视角呈现了诗人基于个体经验与独立意识所建构的现代女性话语与女性寓言。正如瑞典文学院的颁奖辞称赞的一样：莱辛是"女性经验的史诗作者"，"以其怀疑的态度、激情和远见，清楚地剖析了一个分裂的文化"②。

一　表现女性生态意识的自然之歌

格雷厄姆（Robin Graham）曾将莱辛早期诗歌分为四类：描摹自然之诗、援引神话（invoke the fabulous）之诗、讽刺性人物素描（satirical character sketches）之诗，以及其他更具政治色彩的诗歌。③ 这种归类方式在一定程度上综括了莱辛早期诗歌的创作倾向，体现了其诗歌主题的广泛性与丰富性。

---

① 包括政治诗及神秘主义诗歌，如《飞机》（Aeroplanes）、《之后》（After）、《克莉奥帕特拉》（Cleopatra）、《对话》（Conversation）、《嫉妒者》（The Envious）、《内陆之国》（Landlocked）、《洛本古拉：秋千之歌》（Lobengula: Swing Song）、《在海滩上》（On the Beach）、《诗》（Poem）、《政治》（Politics）、《商人之歌》（The Song of a Bourgeois）、《雨天》（Wet Day）、《雨夜》（Wet Night）等。本文论述的诗歌原文即出于此，下略。Pichanick J. & Chennels A. J. & Rix L. B. Rhodesian Literature in English: A Bibliography (1890 – 1974/5). Gwelo: Mambo Press, 1977.

② 《诺奖得主莱辛离世，颁奖辞"女性经验的史诗作者"》，中国新闻网，2013年11月19日，https://www.chinanews.com.cn/cul/2013/11 – 19/5517393.shtml。

③ Graham R. Twenty "New" Poems by Doris Lessing. World Literature Written in English, 1979, 18 (1): 92.

借助20世纪70年代出现的生态女性主义话语，我们可在莱辛诗歌中发现孕育于非洲情结的女性生态意识和意味深长的自然景观。凯伦·沃伦（Karen J. Warren）认为父权社会既奴役女性主体，也践踏自然存在。女性与自然的类似处境使女性主义话语与生态学视域紧密联系："对妇女的压迫与对自然的压迫有着重要的联系……女性主义的理论和实践必须包含生态学的视角。"① 格里塔·加德（Greta Gaard）指出生态女性主义研究的"概念结构"与被压迫群体的命运息息相关。② 在莱辛的诗中，自然意象往往与女性话语紧密融合，占据主导地位的"雨"（rain）、"天空"（sky）、"风"（wind）等天气意象，"树"（trees）、"樱桃"（cherry）、"草"（grass）等植物意象，以及"河流"（river）等地理意象，出现的频次均远高于非自然事物。莱辛笔下的自然意象与女性经验的关系，或呈现为隐喻交织的联系，或展现为和缓融合的协奏，其中彰显的生态女性主义意识不囿于窠臼，颇有新意。

首先，莱辛以略带神性的自然意象，解构了装饰着"科学"外衣的父权文化。以"雨"这一自然意象为例，在《雨天》中，它体现为人类创造的工业文明对环境的暴力："被污染的棉毛天空"（soiled cotton-wool skies），要承受雨水的"鞭挞"（flogs）。这是莱辛对父权制工业社会奴役自然生态、捆绑女性之事实的寓言性隐喻，现实秩序中的破坏和幻想语境中的碎裂融为一体。在《寓言》一诗中，雨水也具有十足的破坏性："雨终于把墙腐蚀了？"（The rain rotted the walls at last?）《雨夜》中的"雨"同样被赋予消解一切的力量，"洗刷了岛屿和歌唱的溪流"（washed the islands and the singing streams）。这两处所描写的雨水腐蚀他物之情景，均是抽象时间的具体化象征；莱辛将时间流逝具象化为空间中的雨水侵蚀，建构了主观与客观结合、幻想与现实交融的第三空间③中的自然博弈。这将带来一阵"新风"（new wind），即"变革之风"。诗人赋予了自然意象以神话般的解构魔力。

---

① 〔美〕罗斯玛丽·帕特南·童：《女性主义思潮导论》，艾晓明等译，华中师范大学出版社，2002，第370页。
② 〔美〕格里塔·加德：《女人，水，能源：生态女性主义路径》，李莉、韦清琦译，《鄱阳湖学刊》2015年第1期。
③ 〔美〕索杰：《第三空间：去往洛杉矶和其他真实和想象地方的旅程》，陆扬等译，上海教育出版社，2005。

其次，自然意象时常与女性身体构成隐喻关系。在《"哦，樱桃树，你对我的心来说太过纯白"》一诗中，莱辛将圣经传统中象征耶和华之敌的"山羊"（goat），作为隐喻"天使"的喻体，让其凝视着"反信仰之证明"（proof against faith）。于此，她解开了自然意象之枷锁，以女性意识解构男性使用传统意象时所遵循的陈规。在英国诗歌传统中，"樱桃"或"樱桃树"意象并不鲜见，如人文主义诗人托马斯·坎皮恩（Thomas Campion）笔下隐喻女性贞洁的樱桃，以及玄学派诗人罗伯特·赫里克（Robert Herrick）诗中作为女性身体隐喻的樱桃。[①] 而莱辛却打破了这种男性凝视下女性与自然意象之间的传统连接，高歌道："哦，樱桃树，你对我的心来说太过纯白。"这是以"反对圣洁的证明"（proof against innocence）来解构父权的桎梏。诗中所描绘的樱桃树之死，是女性身体从贞洁之锁中挣脱出来的寓言性表述。

最后，莱辛的自然诗歌也与《野草在歌唱》等小说构成互文的寓言性表述。在《诗》中，莱辛用燕子的迁徙隐喻女性命运的流散——"会像燕子一样按照古老的传说生活"（would live by an older lore, like swallows）。诗人从女性感受出发，聆听地球的脉搏与月亮的潮汐，叙述短暂与永恒、自然与人类的循环交织，赋予这首诗以泛灵论的浪漫主义色彩：

> Though petals fall and flights of swallows
> 尽管花瓣飘落，燕子飞舞
> Dying leaves and children pass on the grass,
> 奄奄一息的树叶和孩子们走过草地，
> I press my ear to the hungry ground and hear
> 我把耳朵贴在饥饿的土地上，倾听
> The booming and the swelling of growth,
> 经济的繁荣和膨胀，
> The booming of the flowering and inexhaustible earth.

---

① 陈贵才：《英国诗人的樱桃意象与女性书写》，《西南科技大学学报》（哲学社会科学版）2019年第4期。

盛开的花朵和取之不尽的大地。①

在此，莱辛切身地体会着被取用、被消耗的大地母亲之伤痛，其自然生态意识与女性意识合二为一。后来，莱辛在谈到描写或表现非洲的其他论著时，特地提及讲述黑人妇女生活苦痛的《不安之地》(*Nervous Conditions*, 1988) 和描摹殖民主义、种族隔离的《迟来的瓣蹼鹬》(*Too Late the Phalarope*, 1953)。② 不难看出，她的阅读选择与此诗主题展现出情感共振的一致性：在殖民地父权文化中，文明世界与自然大地、掌握话语权的男性与苦于劳作的女性之间的关系剑拔弩张，男性对自然万物、大地、女性取之锱铢，极尽剥削。《野草在歌唱》中也是如此，自然既是幕布或背景，又是故事的参与者和推动者；女主人公玛丽始终渴慕自然、亲近自然，即便在该小说悲剧结局的前奏之中亦是如此：玛丽看着太阳升起，与神话般的南罗得西亚自然美景共享欢愉。可见，莱辛搭建起女性与自然的紧密联系，使女性可与山川河流一起，共同站在传统父权的对立面。在物我交融之中，莱辛以细腻微妙的感受透视自然，传递出生活在非洲大陆的女性对于自然、土地的深厚眷恋。

劳伦斯·布依尔（Lawrence Buell）认为："生态批评既是在自然环境日益遭到破坏、酸臭的空气迫使批评家抬头凝望天空的情况下应运而生的，又是批评家受到女性主义批评和后殖民批评的启发，在批评的惯性下，将类似的研究手段应用于审视人与自然的关系的产物。"③ 莱辛出生于伊朗，四季分明的自然景致，使之自幼建立起对自然的独特感受，而在非洲的农场生活更使她培养起对自然的热爱与倾慕。非洲这一独特的地理空间与生态环境，成为莱辛诗歌创作的不竭源泉。在非洲草原的旷远天色之中，处于父权压迫与剥夺困境中的女性获得了来自大自然的安慰与纾解，自然的神性与女性的隐痛在光影交叠之间融合呼应，休戚与共。

---

① Graham R. Twenty "New" Poems by Doris Lessing. *World Literature Written in English*, 1979, 18 (1): 93.
② 〔英〕多丽丝·莱辛:《时光噬痕：观点与评论》，龙飞译，作家出版社，2010。
③ 〔美〕劳伦斯·布依尔、韦清琦:《打开中美生态批评的对话窗口：访劳伦斯·布依尔》，《文艺研究》2004年第1期。

二 建构女性寓言的流散之曲

谈及非洲草原,便不可不谈莱辛人生之中的漂泊羁旅。如前所述,她出生于伊朗,曾居于南非,后回到英国。在此种地理空间与自我身份的转换中,语言书写成为莱辛构建自我主体性的方式。女性主义批评家克里斯蒂娃认为,通过象征等方式构建语言意义体系,可见"从一个表意系统到另一个表意系统的转换"①。在莱辛笔下的流亡与漫步之诗中,她借诗性语言,表达了女性个人主体在宏观地理空间之中的微观流亡情绪,构筑了具象客观世界和抽象视域下遥远的文化距离。在隔绝与回归的挣扎旅途中,莱辛作为女性流亡者回到父母的故国后,因流散身份受到外界的排挤和忽视,不得不蜷缩到个人的角落,与社会处于隔绝状态;同时,在经历复杂的融入异国他乡与回归原生故国的过程之后,在身体与精神的辗转漂泊中,她表达出对返乡及返回旅居地的渴望,据此建构了诗歌中有关悲痛世事与变迁时代之感叹的女性寓言。

女性寓言指以比喻性或象征性的意象或故事,来传达女性情感、觉醒女性意识、界定女性身份、建构女性形象的寓言性文本。苏格兰诗人、评论家、翻译家埃德温·缪尔(Edwin Muir,1887—1959)曾对传统的"故事"(Story)与"寓言"(Fables)之间的张力进行阐述。他认为故事是常规叙述,而寓言更具象征意味;前者表现的日常外在生活与后者关注的内在生活之间存在背离:前者呈现出的意识生活之无趣与后者描摹出的寓言世界之有趣也形成了对比。②

由此而言,莱辛有关女性寓言的诗歌关注的是女性的内心生活,具有深刻的象征意义。她在《寓言》一诗中,书写了女性追忆过去的怀旧寓言:记忆中"挂着窗帘的房间"(curtained room)伴随着歌声一起摇荡于心间,这展现出今日现实与昔日寓言间的抽象鸿沟,完成了女性神秘的情感表现,"当我回首往事,我恍惚记得自己在歌唱"(When I look back I seem to re-

---

① Kristeva J. Revolution in Poetic Language. in Selden R. ed. *The Theory of Criticism: From Plato to the Present: A Reader*. London & New York: Longman, 1988: 418.

② Muir E. *An Autobiography*. London: Faber, 1954: 48–49.

member singing)。并且,此种寓言性表述是女性独有的"光芒/恣意闪耀/于女孩头上,于年少的四肢上"(The light/ Shone on the head of a girl or young limbs /Spread carelessly)。莱辛描摹的女性寓言同样存在于她那些反映人类未来可能性的科幻类小说中。在《玛拉和丹恩历险记》中,玛拉作为探索与冒险路上的女性,在失去生育能力后,反而觉得这是值得庆幸之事。作家以冒险寓言的形式展现出现代女性对传统女性生育角色、自主地位的反思。

莱辛有关流散经验的诗歌之寓言性,体现在以下三个方面。

其一,其诗构想了流散者的"第三文化"及其与女性"他者文化"的事实关联。对移民而言,"第三文化"存在于作为故国的"第一文化"与作为东道主的"第二文化"之间,是"一种中间文化或'文化之间的文化'"[1]。女性作为传统社会中的他者,建构了他者视域下的独特的文化身份。实际上,流散者的"第三文化"与女性的"他者文化"强化了莱辛精神的游离性与开放性。在《流亡》一诗中,"无家可归的流浪汉"(Wandering homeless)萌发出"对街道或山谷的记忆"(A memory of streets or valleys),移民的创伤阻碍了女性个体的主体性建构进程:莱辛身处非洲与欧洲的夹缝之中,非洲草原的游牧精神无法补偿她心中无家可归、有家难回之苦。这类诗歌也可视为对《野草在歌唱》、《木施朗加老酋长》(The Old Chief Mshlanga, 1951)等小说的呼应。正如沃特金斯(Watkins)所言,"承认殖民历史和种族差异的相对性和特殊性,就质疑了叙述者将非洲作为'家'的绝对理解"[2]。莱辛诗中的怀旧之情尤为易碎,其间表现出的徘徊与辗转之哀叹与女性身份的"他者"特征对应。诗中所表达的对土地的眷念,则能够唤醒人的回忆,使诗人置身于自己熟悉的话语环境,但女性与传统土地文化所对应的父系社会存在隔膜,这逼迫莱辛生出焦虑之情,促成其文学具有超出现存困境之寓言意识的萌发与表达。

其二,其诗中的流散与漂泊特质,往往与"道路"等意象相关。在莱

---

[1] Pollock D. C. & Reken R. E. *Third Culture Kids: Growing Up Among Worlds*, Revised Edition. London: Nicholas Brealey Publishing, 2009: 14.

[2] Watkins S. *Doris Lessing*. Manchester: Manchester UP, 2010: 34.

辛笔下,"道路"既是创伤的具象痕迹①,又是通向未来、弥合罅隙的可能之桥。非洲土地上"糟糕的道路""草丛间的几道车辙",使她终生难忘②,那是年少创伤的缩影。传统的乡土社会与女性个体间的决裂与背离,使诗人尝尽其间酸楚。在《在街道阳光灿烂的一边》(To the Sunny Side of the Street)③一诗中,莱辛写道:

> I used to walk in the shade
> 我习惯了影中漫步
> My blues on parade
> 带着忧郁前进
> Now this rover
> 如今这个流浪者
> Crossed over
> 穿越
> To the sunny side of the street
> 来到街道阳光灿烂的一边

"影中漫步"是指孤独者与自我影子的相随相依;"街道"成为流浪者移步换形的场所,但它也是通向灿烂未来的穿越路径。在身体流亡与精神还乡的羁旅中,通过书写女性自我孤独而忧郁的漫步,诗人不断追寻前方的道路,穿越到另一个空间,来到"阳光灿烂"、自我身心得以真正安顿的另一处。

其三,其诗描摹了流散境遇下女性主体面临的空间距离、身体间隔、情感隔膜、时间沟壑和物质差距。《嫉妒》中谈及地理意义上大陆与海洋间"一片寒冷的分裂"(Of cold division),近万里的距离使莱辛难以弥合空间

---

① 卡鲁斯(Cary Caruth)认为文学中的创伤描绘是对难以承受之痛苦的经验,此种反应往往具有滞后性,且夹杂幻觉与虚构。莱辛诗中作为创伤描摹的文学经验也是如此。Caruth C. *Unclaimed Experience*: *Trauma*, *Narrative and History*. Baltimore: The Johns Hopkins Press, 1990.

② 〔英〕多丽丝·莱辛:《时光噬痕:观点与评论》,龙飞译,作家出版社,2010。

③ 〔英〕多丽丝·莱辛:《影中漫步》,朱凤余等译,陕西师范大学出版社,2008。Lessing D. *Walking in the Shade*: *Part Two of My Autobiography*, *1949–1962*. London: Harper Collins, 1997.

罅隙。《"低冷的天空下"》叙述了情感层面那位熟悉的陌生人和离去的"你",用以打造身体间隔。此外,莱辛还用自然的枯败象征社会关系的破灭,用梦境与现实的对立隐喻不可打破的情感隔膜。这与其小说《金色笔记》的女主人公安娜婚姻破裂、梦想幻灭、情感丧失的经历形成互文,"'自由女性'其实说到底并不怎么自由",触及了"妇女解放"之反思。①在《嫉妒者》中,莱辛试图缩短自我与被殖民者的情感间隔,释放了女性解构殖民统治的动能:

> Shall we pity them, the fallen, who once
> 我们应该同情他们,那些曾经堕落之人
> Knew the sun's warmth and saw diamonds on the grass
> 了解太阳的温暖,看见草地上的钻石

在《双城》(The Two Cities)中,莱辛将大都会与乡村的物质差距加以对比,描写了"渺小的流浪者"(Small outcasts)饥寒交迫、恐惧痛苦之貌。除却空间及情感之隔阂,莱辛还写今昔之鸿沟,她在小说《野草在歌唱》中将这鸿沟与人生道路的转变相联系,引出女主人公玛丽所面临的困境:重塑自我,转而扮演另一个全然陌生的角色。莱辛从好望角来到伦敦之时,正是需要将自我重塑为另一个陌生角色之时。

莱辛以诗写就了女性寓言,将女性惶惑、犹豫的矛盾心理,进退维谷而不知所归的状态与获得精神重生的希望相结合,也把时代的社会气氛、风俗习惯与女性个体的喜怒哀乐、微妙心态浓缩在每一句诗行之中。由此我们可管窥诗人从女性经验出发,对流散漂泊、人事变迁、历史更迭等的象征性审视。

三 为女性言说的辩护之辞

在莱辛所处的西方父权话语中心,女性长期处于被男性言说的话语边

---

① 〔美〕肖瓦尔特:《她们自己的文学:英国女小说家,从勃朗特到莱辛》,韩敏中译,浙江大学出版社,2012。

缘，女性诉求与男性阐释之间仍然存在无法弥合与跨越的沟壑。女性竭力争取生存机会的话语，于男性而言仅仅是遥远的沉默之声。在西方传统父权社会中女性的声音不断被消解，为了与此对抗，莱辛写下了女性争夺话语权的辩护之辞。

其一，莱辛诗中对传统知识分子与知识体系的质疑与叱问，体现了其在掌握文字与知识武器后，力图颠覆与解构传统父权的知识结构。在《之后》一诗中，诗人如是讽喻：

Becomes for me
对我来说
The whip-bent slave whose philosophy was pain.
被鞭笞得折腰的奴隶，以痛苦为哲学。
Paying in blood for the slow talk of old men.
为老人们的漫谈付出鲜血的代价。
……
The peasant, knowing nothing but the sun, the rain,
那个农夫，除了阳光和雨水，一无所知，
Endures, hugging to his thin breast a fist of hoarded grain.
忍耐着，攥紧一拳贮藏的谷物，将其紧贴在他瘦弱的胸膛。

诗人援引古希腊的哲学思辨为背景，暗示古希腊哲学家的思想是建立在奴隶制城邦对奴隶们的剥削与压榨之上的：垄断知识之人不过漫谈闲思，奴隶却要付出鲜血的代价。后段颇有"农夫犹饿死"的讽喻意味，农夫成为对抗精英知识分子的隐喻，对西方哲学传统、文学传统进行责问与反叛。虽然此诗并非女性对传统父权知识结构的直接批判，但由"Becomes for me"可见，莱辛对传统的反思，体现出女性知识分子的成长、女性对传统知识结构的反思，使之成为女性跻身知识界、抢夺知识话语权之萌芽的展现。同样极具反叛意味的诗歌还有《革命者》，诗人直截了当地塑造出革命者鲜血淋漓的悲惨命运，以及尘土飞扬之中匍匐的身影（Groveling shadowed），其站起来（to raise）且"咆哮"（howling）的姿态，正是对男性固有压迫的反抗。诗人对男性资本主义暴力文化的批判还体现在《商人之歌》中，"子弹如回旋镖一般"（bullets are boomerangs）使施暴者自食其果。在莱辛开始创作的时代，"文学"及其他知识领域仍由男性占据话语中心地位；即使已有女性小说家的代际更替与传承发展，但传统父权社会的知识垄断是女性获取知识、文学位面话语权的枷锁；诗歌作为传统文学的中流砥柱，也一直由男性诗人及诗评家主导。或许这也是莱辛转而以小说为创作中轴、暂时搁置诗歌创作的原因之一。综上所述，不难看出，莱辛早期的诗歌显现出她对传统知识领域的反思。

其二，莱辛的部分诗歌直接以女性为主体，或与社会上、诗歌中的其他女性对话，或为之进行辩护。《对话》中，诗人设置了现实主义者与理想主义者的对话，现实主义者并不赞同理想主义者对耶稣的信赖之心，如是对《圣经》传统的某种解构正是莱辛女性主义思想的展现，格雷厄姆视此为其诗歌之"琼森式风格"（Jonsonian）[1]的表现，并认为莱辛有时也会在不经意间表现出"燕卜逊式"（Empsonian）知识分子之傲慢。更为明显的是，在《致一位中年女士》（To a Middle Aged Lady）中，女性身体与道德观念成为主题，她疾呼"想想你的道德观念是如何改变/以适配你四肢那蜷缩的范围"（Consider how your morals change /To match your limbs diminished range）。在此，女性蜷缩的肢体是女性道德被桎梏的具象表现。如波伏瓦所言，社会塑造的道德观念使女性无法施展拳脚。[2] 莱辛试图在外部边界之中塑造女性自我，但其自我已然溢出边界，呈佚散态势，使该诗极具反讽意味。《为被仇视的死去女人辩护》一诗与莎士比亚的《哈姆雷特》构成某种互文关系，诗人沿用了陷入精神困局、失足溺毙而亡的奥菲莉亚之典故，提及一位身份不明、"抛下"五个孩子自杀身亡的女性：

  Wrath sunk her water-stopped in weed；
  愤怒使她沉沦于杂草丛生的水中；
  Nor ever can those silences
  那些沉默也永远不能

---

[1] 指与本·琼森（Ben Jonson）相关的琼森主义创作，以讽刺见长。
[2] 〔法〕西蒙娜·德·波伏瓦：《第二性》，郑克鲁译，上海译文出版社，2014。

Compel the sympathy we need
迫使我们产生必要的同情
To thaw our frozen consciousnesses.
以解冻我们冰冻的意识。
……
From our strained stores of pity, whence
从我们紧张的怜悯中，从那里
You ask us to find more for her!
你让我们为她找到更多！

  因自杀而死去的女性遭受到的仍是周围人的谩骂与责备。其时，人们视女性自杀为重罪，自杀者尸体将被亵渎、财物会被没收。① 莱辛这首诗写于20世纪40年代，此时莱辛与母亲正处于撕裂争执的矛盾冲突中。母亲也如这些谩骂者一样，支持以传统规约惩罚自杀的女子，但莱辛坚持自己的看法，为这位被憎恨的自杀女人做出辩护。② 本特利（Nick Bentley）认为这首诗的结尾"骨头没有争论"（There is no argument with bone）一句与《哈姆雷特》第五幕小丑约里克与哈姆雷特的对谈形成互文关系，约里克声称一个人意外溺毙而亡的话，不能以基督徒的仪式下葬，除非此人出身贵族或执掌权柄。③ 莱辛质询的是父权文化对男性与女性自杀者持有的不同态度，并为女性的悲惨命运做出辩护，试图唤醒人们的"冰冻意识"，这也是其诗歌中女性意识的直白表现。莱辛一直未放弃对女性命运的关注，千禧年前夕其依然在叹息："女权主义还没有触及第三世界的穷苦而辛劳的妇女们，这一点令我难过。"④

  通过为女性执掌身体之自我权利的辩护，莱辛展现出女性支配自我身体之动能的觉醒意识，女性身体之上承载的是作为女性的社会文化身份。

---

① 赵秀荣：《近代早期英国对自杀者的惩罚》，《史学月刊》2018年第4期。
② Lessing D. *Walking in the Shade: Part Two of My Autobiography, 1949–1962*. London: Harper Collins, 1997: 194.
③ Bentley B. "Unanchored Fragments of Print": Lessing's Experiments with Drama and Poetry in the Late 1950s. *Doris Lessing Studies*, 2015, (1): 19–26.
④ 杨靖：《八十回顾人生之旅：多丽丝·莱辛访谈录》，《外国文学动态》1999年第5期。

正如霍米·巴巴（Homi Bhabha）所言："这种二元的、两分的身份在一种对另一身份的自恋反映中发挥作用，在欲望的语言中通过精神分析的身份认同过程来应对。"① 文化身份的建构是渐进于总体形象的微妙难言之过程，具有二元性意义。莱辛不仅在小说也在诗歌中对传统知识结构发出斥问，展现出女性诗人作为知识主体的反思能力与批判意识，试图使女性得以进入知识界，获得文化话语权。她通过为女性辩护的方式，质疑不合理的传统道德观念，在黑暗的摸索之中建构女性作为话语主体、写作主体的文化身份。

结　语

年轻时代的莱辛诗意盎然，书写心灵与自然之歌；年过中年，她对诗歌的兴趣如昙花一现，消弭无踪；直至耄耋之年，她又重拾诗歌，断断续续地书写女性寓言。与此形成鲜明对照的是，莱辛在小说之域长年不断地深耕勤耘，这主要与她对不同文体的个人偏好有密切的关联，她曾言："小说是硕果仅存的流行艺术形式，艺术家可以用明确的语言直接与观众对话。"② 虽莱辛一生思想驳杂复合、前后承续发展倾向不一，但这一观点基本能代表她对各类文体的广泛兴趣及偏好。的确，更为含蓄、晦涩、内敛的诗歌文体或许更适合文人墨客的孤标独步。

虽然莱辛以小说创作见长，但若对其诗作进行发掘，我们仍可窥见其诗中闪现的沉沉情思与哲意，以及多样文体与文本之间的互文性与互补性关系。这也显现出女性话语不同于男性话语的特色：对自然生态的圆融观照，与流散文化的天然亲近，以及莱辛与女性争取话语权行动的紧密交融。本特利曾针对莱辛诗歌与其他文本形式的互文性关联进行阐述：当莱辛在《金色笔记》中探索不同文学形式时，诗歌创作也与此同声相应。③ 莱辛的诗歌从主题意涵、创作手法等方面，补充了其余写作文体的遗漏、空缺的

---

① Bhabha H. *The Location of Culture*. London & New York：Routledge，1994：51.
② Lessing D. The Small Personal Voice. in Schlueter P. ed. *A Small Personal Voice*：*Essays*，*Reviews*，*Interviews*. New York：Alfred A. Knopf，1974：21.
③ Bentley B. "Unanchored Fragments of Print"：Lessing's Experiments with Drama and Poetry in the Late 1950s. *Doris Lessing Studies*，2015，(1)：19–26.

文本空间，呈现了其创作风格的另一面，以诗意的、流动的思想与个人化的审美经验为内核，语言隽秀、思想深刻，体现出女性写作的诗性特点，与小说中的叙事情景共同构成其骨肉丰满的创作整体。莱辛之诗宛如光彩流溢的星辰，编织出个体经验与意识觉醒后传达新声的女性寓言。

于女性书写者而言，写作成为保存女性记忆、建构女性话语的重要路径。她们在蔓延的黑暗中辗转，将无限想象付诸文字，以生命体验熔铸言语之光。通过解读莱辛的诗思词义，我们不难管窥其创作中女性经验、女性意识、女性寓言解构式的"溢出"（excess）。她以碎片式的诗歌书写在其小说话语间凿出罅隙，其含混与杂糅的女性话语及流亡情绪便如微光乍现，山鸣谷应。由此可见，莱辛女性意识的自觉性、开放性与迂回性，在诗歌的字里行间展现出自然生态意识与女性细腻情感，以及争取话语权与文化主体身份的诉求。

女性解放之路漫长而遥远，但在黑暗的绝望之处必定充满希望与光明，正如莱辛在《夜话》一诗中所期待的："黑暗是黑暗降临之地。""然而在黑暗之地必有光明。"

·文论研究·

"迷狂" 考论
——跨文化视域下文艺创作心理探析

庄振富[*]

摘 要 古今文艺家普遍承认文艺创作中存在迷狂心理现象。古希腊时代，迷狂即具有灵感的特质，但被柏拉图赋予了神秘的色彩。近代启蒙思想和德国古典哲学将迷狂的外在神灵的特征转化为天才的创造力，人的自觉、主体的高扬以及对于知识的重视和追求是迷狂的时代背景。二战后的现代社会，克罗齐、柏格森、弗洛伊德等人分别以直觉说和无意识理论来阐释文艺创作心理。从古希腊到现代社会，西方文化对迷狂心理的论说体现出"由非理性到无意识"的演进路径。另外，中国文艺传统中的虚静、天机、兴会、妙悟等概念皆与迷狂有共通之处，需要将之放在具体的文化语境中比较异同。除此之外，原始文化中的迷狂现象具有浓厚的萨满教巫术色彩，先民的"艺术创作"被认为与特定的巫术仪式密切相关。总而言之，从跨文化的角度考察文艺创作中的迷狂心理，可以看到不同社会和历史阶段对"迷狂"做出的多样性的解释和哲学思考。

关键词 迷狂 灵感 跨文化 文艺创作心理

钱锺书在《诗可以怨》中论述了文艺创作领域普遍存在的心理现象，即优秀的诗篇大都是诗人在穷苦、忧愁、抑郁等不得意的情境下写出来的。[①] 这种观点在中国文艺传统里出现甚早。司马迁在《报任少卿书》中从《周易》到《诗经》，将历来文艺创作归结于诗人"意有所郁结"的发愤舒

---
[*] 庄振富，中国艺术研究院2021级艺术学博士研究生，主要研究方向为艺术美学。
[①] 钱锺书：《七缀集》，生活·读书·新知三联书店，2002，第116页。

愤之举，尽管语气激烈，却在一定程度上解释了文艺创作的动机和心理。①后世许多说法，如"蚌病成珠""诗必穷而后工""不平则鸣"等，无非对司马迁"意有所郁结"说的回应。

按照现代心理学的诱导规律，人的高级神经活动有兴奋（正诱导）和抑制（负诱导）两种。②这种对立统一的心理活动可以用来解释艺术家创作的审美心境：假使抑制与兴奋是艺术家创作心理最为重要的两种情感或精神状态，那么钱锺书所论述的"诗可以怨"传统，就是抑制一端，亦即负诱导；另一端则为兴奋，亦即正诱导。当兴奋走向极致，就达于酒神迷狂的境地，而兴奋亦可说是迷狂状态的表现特征。那么，艺术家在创作过程中，究竟依凭哪种情感或精神状态？实际上，抑制与兴奋常常水乳交融不可分割，犹如硬币的两面。例如，屈原的诗歌创作常常表现出忧郁、愁苦的迷狂心理，即跟他的被疏离和放逐有关。③屈原的迷狂状态是心底情思郁积已久造成的，所以构成其迷狂底色的是一种穷愁潦倒、抑郁不得志。

《离骚》《天问》不仅客观上突破了儒家所倡导的以"温柔敦厚"（《礼记·经解》）为主的诗教传统，而且开启了张扬自我、表现个性的先例，这很符合"迷狂"的特征。然而，如果说迷狂是人类文艺创作心理普遍存在的精神状态，那么它的由来与演变，它在各民族文化中的表现形态，以及它所依据的全人类的共同心理和社会基础又是怎样的？本文试图就此问题作出回答，企望能接续钱锺书先生论述"诗可以怨"（《论语·阳货》）的话头，从另一面探析艺术创作心理。

---

① 朱光潜亦说："艺术是一种情感的需要。真正艺术家心中都有不得不说的苦楚。如果可以不说而勉强寻话说，那就是无病呻吟。音乐家贝多芬有一个时代以人世为苦，烦闷想自杀，因为胸中蕴蓄没有泄尽，所以隐忍不死。司马迁受腐刑后，也常说他所以忍辱不死者是为着完成他的《史记》。饥寒可忍，垢辱可忍，烦恼可忍，一切可摆脱，独有艺术不能摆脱。……苦乐都是从生机的郁畅得来的。'舒畅'就是快乐，'抑郁'就是痛苦。文艺是表现情感的，就是帮助人得到舒畅而免除抑郁的一种方剂。"（朱光潜：《文艺心理学》，《朱光潜全集》第一卷，安徽教育出版社，1987，第393页）
② 叶奕乾、何存道、梁宁建主编《普通心理学》（第五版），华东师范大学出版社，2016，第24页。
③ 彭红卫：《试论屈原创作的迷狂心理》，《三峡论坛》2010年第1期。

一 迷狂（madness）[①] 释义：诗神凭附的灵感特质

古希腊文化是产生"迷狂说"的肥沃土壤。古希腊戏剧发展的源头可追溯至酒神祭礼，典祭者在仪式中酩酊大醉、载歌载舞，如同酒神凭附一般。除了酒神狄俄尼索斯，太阳神阿波罗同样能使人陷入迷狂，不受控制。如德尔斐阿波罗神庙的女祭司在宣布阿波罗神谕时，就需要进入迷狂状态：女祭司皮提亚（Pythia）在举行献祭仪式的同时，"要用灵感之泉举行沐浴净化仪式，皮提亚还在神庙内焚烧月桂枝叶熏蒸自己。一切准备妥当以后，皮提亚进入内殿，坐到一个三脚架上，口中嚼着月桂叶。……在发布神谕过程中，皮提亚是处于一种迷狂的状态，这一点至关重要，因为古希腊人尤为看重迷狂状态下的预言"[②]。古希腊人认为神灵与他们共存于这个世界，所以相信神灵的神谕，相信为神代言的祭司，相信那种神灵附体的迷狂状态。在柏拉图之前，德谟克里特曾说："诗人只有处在一种感情极度狂热或激动的特殊精神状态下才会有成功的作品。"[③] 柏拉图接受并发挥了诗人必须迷狂的理论，这在他的《伊安篇》和《斐德若篇》表述最甚。在《斐德若篇》，柏拉图根据所凭附神灵的不同将迷狂分为四类：一是阿波罗凭附的预言迷狂，二是狄俄尼索斯凭附的宗教迷狂（希腊宗教起源于酒神崇拜），三是缪斯女神凭附的诗歌迷狂，四是阿佛洛狄忒和爱若斯凭附的爱情迷狂。[④] 这四种迷狂的共同点是，一旦神灵凭附，他就会获得某种福泽或能力，也就是灵感。

在《伊安篇》中，柏拉图直接阐述了诗人灵感的源泉，他说：

诗神就象这块磁石，她首先给人灵感，得到这灵感的人们又把它

[①] 柏拉图用"mad"或其名词"madness"来形容诗人的迷狂状态。实际上，"mad"主要有四个方面的指向：从情绪上讲，它是生气的、愤怒的、暴躁的；从理智上讲，它是愚蠢的、疯狂的、非理性的；从生理上讲，它是疯癫的、精神错乱的；从行为上讲，它是狂暴的、失控的。当它用以指代诗人的灵感时，强调的是外力（如神灵）强加于诗人的影响（参见《柏拉图文艺对话集》，朱光潜译，人民文学出版社，1963）。
[②] 李永斌：《德尔斐神谕探析》，《世界宗教研究》2011年第5期。
[③] 参见〔英〕H.奥斯本《论灵感》，朱狄译，《国外社会科学》1979年第2期。
[④] 《柏拉图文艺对话集》，朱光潜译，人民文学出版社，1963，第151~152页。

递传给旁人，让旁人接上他们，悬成一条锁链。凡是高明的诗人，无论在史诗或抒情诗方面，都不是凭技艺来做成他们的优美的诗歌，而是因为他们得到灵感，有神力凭附着。①

柏拉图认为诗人能写出优美的诗歌全凭灵感，而得到灵感又全凭神力的着附。他把诗人看成"一种轻飘的长着羽翼的神明的东西，不得到灵感，不失去平常理智而陷入迷狂，就没有能力创造，就不能做诗或代神说话"②。在柏拉图的观念中，诗人无法在头脑清醒时作诗，即使凭自己的理智作出了诗，也无法媲美迷狂状态下作出的诗歌，因为后者是为神代言，替神说话，只有诗神才能吐露优美珍贵的词句。诚如柏拉图描写的，诗神"凭附到一个温柔贞洁的心灵，感发它，引它到兴高采烈神飞色舞的境界，流露于各种诗歌，颂赞古代英雄的丰功伟绩，垂为后世的教训。若是没有这种诗神的迷狂，无论谁去敲诗歌的门，他和他的作品都永远站在诗歌的门外，尽管他自己妄想单凭诗的艺术就可以成为一个诗人。他的神志清醒的诗遇到迷狂的诗就黯然无光了"③。那么，柏拉图所重视的迷狂的诗指向什么？仅仅指向滔滔不绝的灵感源泉吗？

实际上，柏拉图的"迷狂说"与其哲学思想密切相关。有论者指出，柏拉图最早建构了典型的二元论哲学体系，在此基础上，柏拉图将世界一分为二：现实的世界是不可靠的世界，是短暂的、变动的、不纯粹的、混杂的、不完满的，因此不是真实的，也是个别的；理念的世界是永恒的世界，是静止的、纯粹的、完满的，因此是真实的，具有一般性。真正的知识就是关于"理念"的知识。④ 这正是柏拉图在《理想国》中阐发的"理式"观念，比如床，神（"自然创造者"）创造出一切床的理式，木匠根据理式创造出具体的个别的床，而艺术家不过是对个别的床的摹仿，就像旋转镜子马上就可以造出太阳、星辰、大地等一切东西，但只得其形式，而

---

① 《柏拉图文艺对话集》，朱光潜译，人民文学出版社，1963，第8页。
② 《柏拉图文艺对话集》，朱光潜译，人民文学出版社，1963，第8页。
③ 《柏拉图文艺对话集》，朱光潜译，人民文学出版社，1963，第118页。
④ 孙博、冯建庆：《柏拉图的灵感说——指向理智的迷狂》，《长春师范学院学报》（人文社会科学版）2007年第3期。

不得其实体,所以是不真实的,是摹仿的摹仿,与真理隔着三层。[1] 按照柏拉图的客观唯心主义哲学,那个抽象的整一的"理式"才是永恒、完满和真实的世界,最高的理式即真、善、美,亦即不朽的灵魂或神灵,"所谓神灵的就是美,智,善以及一切类似的品质。灵魂的羽翼要靠这些品质来培养生展",不朽的灵魂亦是本然自在的绝对正义、绝对美德、绝对真知,[2]而现实的杂多的形象与艺术家摹仿出来的东西都是短暂的、不纯粹的。如何沟通二者,柏拉图提出了灵魂回忆说。[3] 通过灵魂回忆的方式就能达于理式,但这并不是所有人都能轻易做到的事,而只是少数人具备的本领。

总而言之,柏拉图的迷狂说有其产生的神话宗教背景和哲学思想基础,在文艺创作领域表现为诗神凭附的灵感说,这在西方文化中产生了广泛的影响:"德国狂飙突进时代的天才说,尼采的'酒神精神'说,柏格森的直觉说和艺术的催眠状态说,佛洛依特的艺术起源于下意识说,克罗齐的直觉表现说以及萨特的存在主义,虽然出发点不同,推理的方式也不同,但是在反理性这一点上,都和柏拉图是一鼻孔出气的。"[4] 在柏拉图那里,灵感是艺术创作的源泉,而神赐的迷狂则是灵感的源泉。那么,从迷狂到灵感,它在西方文化中经过了哪些演变,这是以下试图去梳理的问题。

二 西方文化的迷狂路径:从非理性到无意识

英国美学家奥斯本在《论灵感》中对灵感有一个简单的界定:

> 一个人(在他自己或者别人看来)仿佛从他自身之外的一个源泉中感受到一种助力和引导,尤其是明显地提高了效能或增进了成就,这个时候我们势必会说这个人获得灵感了。对于那样的灵感的源泉可以被认为是由自然所赐或由某种超自然的神奇力量所赐。[5]

---

[1] 《柏拉图文艺对话集》,朱光潜译,人民文学出版社,1963,第69~71页。
[2] 《柏拉图文艺对话集》,朱光潜译,人民文学出版社,1963,第121~122页。
[3] 《柏拉图文艺对话集》,朱光潜译,人民文学出版社,1963,第125页。
[4] 朱光潜:《西方美学史》,人民文学出版社,2003,第59页。
[5] 〔英〕H.奥斯本:《论灵感》,朱狄译,《国外社会科学》1979年第2期。

显然，奥斯本的界定很大程度上是在转述柏拉图所谓的迷狂，例如巫师在施行降神术时的精神恍惚状态，如同着了魔，被神所陶醉，这是因为宗教的迷狂给他带来了宗教的灵感。奥斯本对灵感研究的重要意义就在于他以18世纪为节点，认为18世纪之前一直是以传统的灵感理论为主流，18世纪之后由于启蒙主义、浪漫主义等思想运动和文艺思潮的兴起，出现了强调主体主观性的灵感说，比如康德的天才理论和弗洛伊德的无意识心理结构。尽管现代艺术理论中的灵感说与传统的灵感理论之间有其内在的承继关系，但它们最突出的不同在于"灵感的源泉主要是存在于艺术家本身而不存在于艺术家之外"[①]。这个洞见有助于我们看清灵感说在西方文化中的演进之路：从非理性到理性，从外在神性到主体的心理结构。

（一）非理性的迷狂

从柏拉图时代到18世纪启蒙运动之前，西方文化中艺术创作的灵感现象，通常被解释为非理性的迷狂。就像奥斯本对灵感的简单界定一样，非理性的重要特征之一，即是在诗人自身之外存在一种神秘的不可控的力量或源泉，它支配、引导着诗人进行创作。在古希腊思想中，诗人往往需要向诗神祈求灵感，比如荷马和赫西俄德对缪斯女神的祈求和依凭。但是，将诗歌的灵感解释为非理性的迷狂，这种观念本身也有其局限性，受到后世诸多文艺家的批评或补充。以下将从迷狂与技艺的关系、非理性与理性的关系等方面进行论述。

首先，非理性的迷狂似乎与技艺形成一种对立关系。柏拉图就曾断言迷狂状态下写的诗要比头脑清醒时做的诗好，最平庸的诗人有时也能唱出最美妙的诗歌。陈明珠则指出，技艺的观念可能和灵感一样古老。[②] 亚里士多德的《诗学》被认为是一部试图全面探讨诗之技艺的著述，因而也是一部与其老师柏拉图针锋相对的著作。但是，陈明珠回归柏拉图和亚里士多德具体文本的细节和理路，通过二者的对观，得出结论："亚里士多德与柏拉图的呼应可能远比我们想象的全面、细密，两者在很多问题上的看法也

---

① 〔英〕H. 奥斯本：《论灵感》，朱狄译，《国外社会科学》1979年第2期。
② 陈明珠：《技艺与迷狂——柏拉图〈伊翁〉与亚里士多德〈诗学〉对观》，《浙江学刊》2011年第2期。

远非简单对立。……在回应柏拉图时,亚里士多德好像总能将柏拉图有意混淆的东西细分开来,将柏拉图巧妙隐蔽起来的东西暴露出来。"① 其理由有两点需要注意:一是亚里士多德并未完全否认迷狂,比如在《诗学》中,亚里士多德曾说一个天才诗人的标志乃是善用隐喻,并说在这一点上,诗人不能受教于人,因而乃是天赋的标志;二是亚里士多德所说的天赋与柏拉图的迷狂虽有共同点,但并不等同。在亚里士多德的语境里,天赋乃是神之馈赠,是神馈赠的"知"和"技艺";而在柏拉图的文本中,神灵凭附乃是失去正常心智、神志不清,所以天资聪颖者富有可塑性,而迷狂者会出离自我。② 可见,到了亚里士多德那里,非理性的迷狂隐然有由关注外在的神灵③回归到关注主体的天性的倾向了。

其次,非理性的迷狂似乎并非全然排斥理性。实际上,柏拉图主义的迷狂说既有忠实的接受者、推崇者,也不乏严厉的批判者。奥斯本曾指出:"柏拉图的'神赐的迷狂状态'这一学说,在希腊文化的时代就被公认为是正统的,并且在罗马的文学理论中仍然保留着。通过15世纪文艺复兴初期和16世纪意大利艺术中的诸如莱奥纳多·布鲁尼,马尔西利奥·菲西诺,弗朗西斯科·帕特里齐等柏拉图主义者的批评而再度流行。"④ 朱狄在《译后杂记》中也写道:"除柏拉图外,德谟克利特、歌德、黑格尔、费尔巴哈、尼采、巴尔扎克、托尔斯泰、弥尔敦、萨克莱、科尔里奇、屠格涅夫、罗曼·罗兰等都从不同角度对灵感作过肯定或作过亲临其境的描述。"⑤ 具体来讲,尼采对柏拉图迷狂说的肯定,体现在他的《悲剧的诞生》中用希腊人的日神信仰和酒神崇拜来指代造型艺术和非造型音乐艺术,这是两种分别为梦与醉的对立本能。如果说日神的梦的形象是克制、静穆、庄严,

---

① 陈明珠:《技艺与迷狂——柏拉图〈伊翁〉与亚里士多德〈诗学〉对观》,《浙江学刊》2011年第2期。
② 陈明珠:《技艺与迷狂——柏拉图〈伊翁〉与亚里士多德〈诗学〉对观》,《浙江学刊》2011年第2期。
③ 关于古希腊人所谓的神灵、精神或灵魂,加塞尔认为它跟人的内在自我无关,因为古代的人一直未能发现"自我","对古代的人来说,面对当时的生存环境,'外向'的专注是尤其迫切的。就是对于'我',也得把它放到所专注的环境中去考虑""从语源来说,古代之所谓'沉酣、狂醉'(ecstasy),就正是脱出了己身之外。"参见〔西〕何·奥·加塞尔《什么是哲学》,商梓书等译,商务印书馆,1994,第92页。
④ 〔英〕H. 奥斯本:《论灵感》,朱狄译,《国外社会科学》1979年第2期。
⑤ 朱狄:《译后杂记》,《国外社会科学》1979年第2期。

那么酒神的醉的律动就是狂喜、激情、忘我,因而酒神的醉具有一种破坏性的力量,如尼采所说:"作为醉的现实,这一现实同样不重视个人的因素,甚至蓄意毁掉个人,用一种神秘的统一感解脱个人。"① 他又说,几乎所有地方的酒神节的核心"都是一种癫狂的性放纵,它的浪潮冲决每个家庭及其庄严规矩"②。除了尼采,英国浪漫主义诗人雪莱对柏拉图所说的灵感更是笃信不疑。勃兰兑斯说雪莱的精神素质只属于希腊,"他的创作禀赋,从我们现在借以评价的观点看来,是希腊式的;他的宗教感情、他的想象和思辨能力的全部表现,也可以归入这同一类型"③。受柏拉图的影响,雪莱认为诗的创作全靠灵感,他在《为诗辩护》中谈论道:"若说最美好的诗篇都产自苦功与钻研,这说法是不是错误。批评家劝人细意推敲和不求急就,这种意见如果予以正确的解释,不过是主张应当留心观察灵感袭来的瞬间,在没有灵感提示之时就用传统词句织成的文章来予以人工的补缀;这种作法只因诗才所限才有此必要。"④ 尽管雪莱在论述灵感时淡化了柏拉图有关"神灵凭附"⑤的迷信色彩,但仍然可见这种难以捉摸、不可掌握的神秘力量的强大生命力。

然而,对于柏拉图提出的非理性迷狂的灵感论,有不少学者表示出不同的意见,比如朱光潜批评柏拉图的灵感说和迷狂说是神秘的、反动的,在西方文艺中产生了长远的毒害影响,而柏拉图的错误即在于将灵感和人的理智、天才和人的技艺完全对立起来,并把艺术的感染力归结于灵感而不是人民大众的实践生活以及作品内容的真实性与艺术性上。⑥ 尽管这一批判性意见或有其偏颇之处,但它无疑丰富和深化了我们对柏拉图灵感说的理解。无论如何,正如加塞尔所说的那样,经过圣奥古斯丁和笛卡儿等思想家、哲学家的发挥,人类那种希腊式的外向天性终于过渡到现代式的自我内省中来,就像亚当和夏娃被逐出伊甸园之后,首先发现的也是自己。⑦

---

① 〔德〕尼采:《悲剧的诞生:尼采美学文选》,周国平译,上海人民出版社,2009,第93页。
② 〔德〕尼采:《悲剧的诞生:尼采美学文选》,周国平译,上海人民出版社,2009,第94页。
③ 〔丹〕勃兰兑斯:《十九世纪文学主流》(第四分册),徐式谷、江枫、张自谋译,人民文学出版社,1984,第300页。
④ 刘若端编《十九世纪英国诗人论诗》,人民文学出版社,1984,第153~154页。
⑤ 《柏拉图文艺对话集》,朱光潜译,人民文学出版社,1963,第151~152页。
⑥ 朱光潜:《西方美学史》,人民文学出版社,2003,第58~59页。
⑦ 〔西〕何·奥·加塞尔:《什么是哲学》,商梓书等译,商务印书馆,1994,第101页。

于是，在现代社会，非理性的迷狂从外在的神灵、精神、灵魂转向了人内在的天才、直觉、无意识。

（二）"天才"说

18世纪继续探讨柏拉图灵感话题的学者不在少数，但康德和黑格尔最具代表性。康德是德国古典唯心哲学的开创者，是西方"现代哲学的源泉"。[①] 黑格尔则是德国古典哲学的集大成者，他在《美学》中对天才与灵感的论述，与康德的天才说存在一定共通性。

康德生于启蒙运动的时代。启蒙运动倡导的自由主义精神自英国流播至德国的知识阶层，这对康德来说那种震撼是自不待言的，所以日本学者桑木严翼说康德"彻头彻尾与启蒙思想有不可离的关系"[②]，又说"所谓十八世纪的德国哲学，即是莱勃尼兹（G. W. Leibniz）及吴尔夫（Christain Wolff）的理性论的形而上学；所谓德国的启蒙宗教，是以道理为根据而解释神和灵魂等问题的宗教；所谓德国的启蒙道德，是依据人性之自然而建立的一切行为的规律。在康德思想的背景上，常常有这种启蒙思想存在。但是康德又想从这种启蒙思想中超脱出来。其实这种现象不仅是康德如此，整个十八世纪的思想界就表现出有这种倾向：一方面接受从来的思想，同时又孕育新思想的萌芽"[③]。可见到了康德的时代，受着启蒙思想的洗涤，已经是注重人的主体性、理性和知识的时代，全然不同于希腊时代的外向天性，人类在认识论上的自觉俨然从童年时期过渡到了青年，康德的《纯粹理性批判》即是这种伟大转向的代表。

就艺术创作的灵感来说，康德对"天才"的论述，仍可看到柏拉图的影子。他在《判断力批判》中认为"天才"必须满足四要素：第一，天才不等同于技巧，独创性是天才最重要的属性；第二，天才的作品必须是典范，供另一个天才模仿学习，但不是技巧的复制；第三，天才的灵感不由人的理性所掌控，不管这种理性是经验理性还是纯粹理性；第四，天才只

[①] 贺麟编《现代西方哲学讲演集》，上海人民出版社，1984，第3页。
[②] 〔日〕桑木严翼：《康德与现代哲学》，余又荪译，商务印书馆，1967，第8页。
[③] 〔日〕桑木严翼：《康德与现代哲学》，余又荪译，商务印书馆，1967，第8页。

限于美的艺术的领域内,即科学家有伟大发现也不能称为天才。① 在这四点中,康德对天才与技艺(熟巧的素质)的关系、天才不由控制的论述,最接近柏拉图的迷狂说,但他们的不同也很显见:柏拉图的迷狂说是诗人代神说话,因而没有自主意识、不能控制;康德的天才说则源自人的禀赋,仍然是作为人的一种才能而给艺术立法。于是,在美的艺术领域,天才是自然的宠儿,凭借其头脑中那些充满幻想但同时又思想丰富的理念就能创造出经典的作品,尽管他自己并不知道这一点,也不能把它教给别人。但是康德并没有忽视技艺的重要性,他认为:"天才只能为美的艺术的作品提供丰富的材料;对这材料的加工以及形式则要求一种经过学习训练而成的才能,以便在这方面作一种在判断力面前能够经得起考验的运用。"② 康德还提到想象力、理念、知性等概念,凭借想象力,"诗人敢于把不可见的存在物的理性理念,如天福之国,地狱之国,永生,创世等等感性化;或者也把虽然在经验中找得到实例的东西如死亡、忌妒和一切罪恶,以及爱、荣誉……在某种完整性中使之成为可感的"③,这些强调想象力和理念的表述实际上对黑格尔的影响很大。

  黑格尔对艺术天才的理解,即是基于想象力(形象思维)和创造性上,而且黑格尔认为想象的过程必定是创造性的活动,不同于纯然被动的幻想。于是,黑格尔对"天才"的描述就是:"通过想象的创造活动,艺术家在内心中把绝对理性转化为现实形象,成为最足以表现他自己的作品,这种活动就叫做'才能'、'天才'等等。"④ 正如奥斯本在《论灵感》中所说:"当天才概念在十八世纪的进程中开始被设想为有一种新的重要性的时候,关于天才与才能关系的两种意见出现了:这两种意见都同意才能可能是天生的或者是后天的,而天才却总是天赋的(虽然并不一定是遗传的)。并且这两种意见也都同意天才意味着某种出人意表的异乎寻常的才能。这两种意见的区别在于:天才和才能的差别究竟是程度上的差别还是它们根本就是两种东西。"⑤ 在黑格尔看来,单纯的才能只是某种熟练的艺术技巧,而

---

① 〔德〕康德:《判断力批判》,邓晓芒译,人民出版社,2017,第116页。
② 〔德〕康德:《判断力批判》,邓晓芒译,人民出版社,2017,第119页。
③ 〔德〕康德:《判断力批判》,邓晓芒译,人民出版社,2017,第122页。
④ 〔德〕黑格尔:《美学》(第一卷),朱光潜译,商务印书馆,2015,第360页。
⑤ 〔英〕H. 奥斯本:《论灵感》,朱狄译,《国外社会科学》1979年第2期。

天才却可以提供一般性的艺术本领，具有灌注生气的作用；这种看法类似于中国古人所讲的匠气与匠心的区别。黑格尔认为，才能和天才对于人是否天生，需要辩证看待。一方面，艺术创作不能离开天生的因素，这种因素可以理解为艺术家与生俱来的灵气、才情与秉性，总之它不是艺术家后天学习所能产生的，而是本来在他身上就已直接存在的；另一方面，黑格尔又注意到民族文化的因素对天才形成的影响，认为"各门艺术都或多或少是民族性的，与某一民族的天生自然的资禀密切相关"[1]。比如意大利人天生就在歌曲方面擅长，希腊人则特别擅长史诗和雕刻，等等。这种看法虽然不尽是普遍的真理，但它毕竟看到了艺术天才与民族特性的关系。此外，黑格尔认为"真正的艺术家都有一种天生自然的推动力，一种直接的需要，非把自己的情感思想马上表现为艺术形象不可"[2]。这种艺术形象的构造与表现在天才艺术家身上是轻而易举的事，不过，"艺术家对于他的这种天生本领当然还要经过充分的练习，才能达到高度的熟练；但是很轻巧地完成作品的潜能，在他身上却仍然是一种天生的资禀；否则只靠学来的熟练决不能产生一种有生命的艺术作品"[3]。可见黑格尔对天才与技巧的认识是持一种辩证看法的；他当然还提到灵感，只不过早已失去柏拉图讲迷狂时的那种"神性"，此时灵感就是艺术家"想象的活动和完成作品中技巧的运用"，就是艺术家"完全沉浸在主题里，不到把它表现为完满的艺术形象时决不肯罢休的那种情况"[4]，这里突出和强调的只有艺术家的主观能动性了。

（三）直觉与无意识

到了20世纪初，克罗齐、柏格森和弗洛伊德等人成为探讨文艺创作心理的代表人物。他们不再谈论柏拉图所谓的"迷狂"，也不必坚持康德以来的"天才"说，但他们各自的理论却又在某种程度上构成对前二者的回应。

首先，克罗齐和柏格森都主"直觉"说，二者的共同点都是把直觉与

---

[1]〔德〕黑格尔：《美学》（第一卷），朱光潜译，商务印书馆，2015，第361页。
[2]〔德〕黑格尔：《美学》（第一卷），朱光潜译，商务印书馆，2015，第362页。
[3]〔德〕黑格尔：《美学》（第一卷），朱光潜译，商务印书馆，2015，第363页。
[4]〔德〕黑格尔：《美学》（第一卷），朱光潜译，商务印书馆，2015，第364~365页。

理智或概念对立起来,但他们的区别也足够明显。就克罗齐来说,他的《美学原理》一书出版于1910年,淋漓尽致地体现了他"直觉即表现"的美学思想。朱光潜认为克罗齐的美学思想实际导自他的哲学体系,而他的哲学体系又是在吸收康德和黑格尔的思想的基础上形成的,比如克罗齐一方面认为直觉是感性认识的最低阶段,是因为他抛弃了康德的"物自体",否定了"物质"的存在,因而把主观唯心主义推演到了极端;另一方面他又着重批评黑格尔的辩证法,提出了"'相异面'不同于'对立面'"的观点,这就抹除了心灵世界与真实世界的辩证关系,丧失了二者发展的推动力。① 作为一个主观唯心主义哲学家,克罗齐确实认为"艺术是一种完全特殊的直觉"②,但有趣的是,他不承认人有艺术天才与非艺术天才的区分,也就是说,一方面,他反对康德以来的那种天赋异禀的天才,认为人人都是艺术的天才,只是程度不同罢了;另一方面,他也反对将"无意识"视为天才的一个主要特性,总的理由就是那些人要么把天才捧高到人不可仰攀的地位,要么将天才降低到人不可俯就的处境。③ 到此我们也可知,克罗齐对文艺创作心理的看法,即认为艺术活动就是直觉表现的活动,因为在他看来"直觉、想象、表现、创造、艺术以及美都是一件事"④,都是一种心灵的综合。

与克罗齐不同的是,柏格森的"直觉"说并非表现或创造。德勒兹指出,柏格森的直觉"既非感觉,也非灵感,更不是一种模糊的感应,而是一种精心设计的方法,甚至是最精心设计的哲学方法之一"⑤。那么,该如何理解柏格森的作为哲学方法的直觉呢?柏格森最主要的两部谈直觉的书分别是《形而上学导言》(中译本参考刘放桐译,商务印书馆,1963)和《创化论》(中译本参考张东荪译,商务印书馆,1943),这两本书的英译本出版于20世纪初,和克罗齐的《美学原理》几乎同时。贺麟先生根据英译

---

① 参见朱光潜《西方美学史》,人民文学出版社,2002,第618~620页。
② 〔意〕克罗齐:《美学原理》,朱光潜译,《朱光潜全集》第十一卷,安徽教育出版社,1987,第143页。
③ 〔意〕克罗齐:《美学原理》,朱光潜译,《朱光潜全集》第十一卷,安徽教育出版社,1987,第146页。
④ 朱光潜:《文艺心理学》,《朱光潜全集》第一卷,安徽教育出版社,1987,第354页。
⑤ 〔法〕吉尔·德勒兹:《康德与柏格森解读》,张宇凌、关群德译,社会科学文献出版社,2002,第99页。

本来阐述柏格森的哲学思想，认为柏格森的直觉说实际有两个不同的含义：一为本能，指的是有机体对目前环境的完美适应，这是一种非人的理智所能做到的神秘本能，如胡蜂能够本能地刺螫甲虫，在甲虫身上产卵，使其卵借甲虫之体温孵化，孵化出来的幼虫便可食甲虫果腹。值得注意的是，甲虫有硬壳护体，全身九节中只有一节可受伤，而且即使刺中了，轻重拿捏不好，最后也是白费气力。尽管如此困难，胡蜂却总能百无一失。二为直观，指的是与物为一和与物共变。① 要想理解这一点，还需要联系柏格森的绵延、记忆、生命冲动等哲学思想。柏格森的"绵延"是与空间相对的时间概念，但此时间非彼数量叠加的可区分的物理时间，而是异质杂多、相互贯通的绵延，"譬如说现在，则过去的一切都累积在现在里面，将来的一切希望一切发展也都蕴蓄在现在里面"②，这就很类似于巴什拉所讲的"垂直瞬间"，比如"我们面对所爱之人的意外死亡时的残酷瞬间，或是突然意识到自己对于反复出现的错误和习惯（它们支配着我们挫败的生活或群体的世界观，正如那些导致两次世界大战的原因）负有不可推卸的责任时所经历的瞬间"③。根据现有研究，柏格森的绵延亦是直觉的、瞬间的，巴什拉的瞬间亦是绵延的，绵延和瞬间都不是物理上的线性流动，而是立体—多方位地延展着；诗的瞬间即是这样的垂直时间，时间之流遭遇诗的瞬间时就发生了"断裂"，但并非时间的停止，而是一种跳脱。④ 至此，我们就知道柏格森的直觉和绵延处即是一个真我的世界，这种"真我的精神状态具有本原性、创造性、新奇性，它是五彩缤纷但又不可名言的"⑤，如此当然很迫近柏拉图所说的迷狂了。

最后是心理分析的"无意识"⑥ 理论。虽然西方现代心理学派别众多，但弗洛伊德无疑是最具代表性的精神分析学家，其学说主要体现在《梦的

---

① 贺麟编《现代西方哲学讲演集》，上海人民出版社，1984，第14~15页。
② 贺麟编《现代西方哲学讲演集》，上海人民出版社，1984，第17页。
③ Bachelard, L'intuition de l'instant, Stock（Le Livre de Poche），1994, p. 104, p. xii. 转引自吴清原《论"垂直向度的时间"——从柏格森、巴什拉到海德格尔的瞬间问题》，《哲学动态》2020年第4期。
④ 吴清原：《论"垂直向度的时间"——从柏格森、巴什拉到海德格尔的瞬间问题》，《哲学动态》2020年第4期。
⑤ 贺麟编《现代西方哲学讲演集》，上海人民出版社，1984，第17页。
⑥ "无意识"理论来自精神分析学派，主要代表人物有弗洛伊德和荣格。

解析》这本书中。弗洛伊德把梦解释为个人欲望的满足（wish fulfillment），把文艺视为欲望的升华，认为"文艺象梦一样，用处在使欲望得到化装的满足"①，因此文艺也是欲望的象征。那么，如何解释艺术家创作时的迷狂灵感状态？按照弗洛伊德的学说，人的精神分为意识、前意识（可复现的记忆）和隐意识（被压抑的欲望）三个阶段，前意识和隐意识也是一般心理学所讲的潜意识或无意识，是意识所察觉不到的领域。那些被社会教育、习俗、道德和法律所压制的欲望逃到了无意识或隐意识的领域，要么通过凝缩、换值、戏剧化、润饰等手段，以梦的形式达到满足；要么进行升华、化装，在文艺中得到表现。艺术家的迷狂灵感即来自意识之外的隐意识领域。此外，荣格在弗洛伊德的基础上提出"集体无意识"和"原始印象"说，认为"科学家的发明和艺术家的创作都凭借'原始印象'，不仅靠个人的努力。一般人看到他们的成绩那么神奇，以为他们是'如有神助'或是得着灵感，其实他们也只是叨祖宗的光"②。可见，无论是弗洛伊德、荣格还是其他心理学家，都倾向于把柏拉图所谓诗人狂热式的灵感归因于无意识。也就是说，理智的想象或情感的想象都是有意识的，而无意识的想象活动更具创造性，文艺创作需要无意识的心理活动。

以上，通过对西方灵感论文献的梳理，我们看到西方灵感说大体经历了从"非理性的迷狂"到"天才"说，再到"直觉与无意识"理论三个阶段。在古希腊时代至启蒙时期，灵感的主要特点是外在的神赐，带有神秘色彩，因此表现为非理性的迷狂状态，无论是柏拉图，还是诗人雪莱，都一致承认写诗是"代神说话"，诗人往往"身不由己"；到了笛卡儿理性主义之后，康德、黑格尔等哲人皆将目光由神转向人，此时人的主体性、理性和知识成为主要关注的问题，"天才"说即是两位哲学家对人的先验能力——灵感——的概念解释；20世纪以来，随着心理学、实证科学方法的发展，哲学家们开始关注人的心理活动和意识结构，将灵感来源等同于直觉与无意识，使灵感论进一步科学化。然而，尽管如此，西方灵感论仍然有其局限性，人类仍需要进一步探究才能更深入地了解灵感与迷狂的奥义。

---

① 朱光潜：《文艺心理学》，《朱光潜全集》第一卷，安徽教育出版社，1987，第394页。
② 朱光潜：《变态心理学》，《朱光潜全集》第二卷，安徽教育出版社，1987，第165页。

三 迷狂与中国文艺传统

柏拉图所讲的诗人创作时神灵凭附的那种迷狂灵感状态,尽管有其具体的文化语境,但绝不是一种特殊的现象,而是普遍存在于各民族文艺创作过程中。从源头上讲,世界各民族的艺术似乎都与巫术脱不开关系,巫术礼仪活动中狂热的心理状态是艺术在史前时代不落理路、神幻无方的生动写照。比如"龙飞凤舞"这个图腾符号,凝聚着华夏祖先狂热迷醉的情感、观念和心理。李泽厚在《美的历程》中指出,原始人的"审美意识和艺术创作并不是观照或静观,不像后世美学家论美之本性所认为的那样。相反,它们是一种狂烈的活动过程。之所以说'龙飞凤舞',正因为它们作为图腾所标记、所代表的,是一种狂热的巫术礼仪活动。后世的歌、舞、剧、画、神话、咒语……在远古是完全糅合在这个未分化的巫术礼仪活动的混沌统一体之中的,如火如荼,如醉如狂,虔诚而蛮野,热烈而谨严"①。此处巫文化的狂烈、狂热、狂醉正契合彼时柏拉图假借于日神、酒神或缪斯女神的迷狂。虽然如此,中国文化的走向毕竟与西方文化有所不同,这种差异亦主要体现在民族艺术的创作心理上。从先秦开始,大概是儒家"对远古之巫史工祝乐进行了理性的提升,特别是将之按照尊史崇礼敬天的方向提升"②,抽掉了其中非理性的成分,于是儒家的礼乐文化特别推崇"温柔敦厚"的诗教传统,强调美善统一、中和守正、文质彬彬的君子品质、中庸之德,决计不会滑向狂狷两极。在情感心理上,儒家主张艺术家要"乐而不淫,哀而不伤"(《论语·八佾》),应有所节制。无疑,儒家的这种艺术美学思想对后世影响甚深,尤其助益诗人艺术家自身的品性修养,亦助益诗人艺术家以理性的眼光关怀现实社会的审美境界,而不是虚无缥缈的巫神迷狂。然而,屈原这位冲破儒家"温柔敦厚"之诗教传统的文学鼻祖,以他近神的个性的张扬开创了不同于儒家的美学路线,为后世的文艺创作埋下一个迷狂而浪漫的因子。除此之外,另一个最为重要的源头即老庄哲学——老子的"涤除玄鉴"说和庄子的"心斋坐忘"说似乎对后世

---

① 李泽厚:《美的历程》,生活·读书·新知三联书店,2009,第11页。
② 张法:《中国美学史》,四川人民出版社,2020,第106~107页。

文艺家的影响更大。那么，中国文化语境中的审美心胸和创作心境与西方的迷狂说异同何在？下面试将迷狂与虚静、天机、妙悟等范畴进行简要对比与简单梳理，或能见出其中差异。

第一，迷狂与虚静比较，前者突出主客二元的对立，后者显示天人合一的特点。"虚静"说出自《老子·第十六章》："致虚极，守静笃。万物并作，吾以观复。夫物芸芸，各复归其根。归根曰静，静曰复命。复命曰常，知常曰明。"① 一般认为，致虚守静是道家的工夫论，强调心灵的澄明清澈，以纳万物。陈鼓应对此段解释道，道家"以为人心原本清明透澈的，只因智巧嗜欲的活动而受骚乱与蒙蔽。故应舍弃智巧嗜欲的活动而复归于原本的清净透明的境地"②。叶朗亦说："'复'，即回到老根。'观复'，就是观照万物的根源、本原。这段话意思是说，人心只有保持虚静的状态，才能观照宇宙万物的变化及其本原。"③ 可见，在老子看来，"虚静"是道的根源，是澄澈清明的状态，是最根本的"无"的境界，这种"无的境界就是虚一静，就是使我们的心灵不粘着固定于任何一个特定的方向上。生命的纷驰、心理的情绪、意念的造作都有特定的方向，粘着在这个地方，就着于此而不能通于彼，你生命粘着于此，我生命粘着于彼，各是其是，冲突矛盾就出现了"④。这种对于道的本原的讨论，有助于深入了解中西方文化的差异，比如在审美主客体的问题上，"中国古代美学强调通过'虚静'的无我状态来实现天人合一，以此抵达审美境界；而西方美学则执着于自我及主体性，也就难以完全弥合人与世界间主客对立之二元关系。……并且在如何实现主客融合的途径上，西方更倾向于主张'迷狂'"⑤。在"虚静"与"迷狂"的比较上，马大康分析道："对于西方人来说，由于个体性、主体性得到充分发展，人与自然间相互对立的二元性压倒了追求融合的一元性。要改变这种主体与客体、人与自然间的分裂状态，势必存在激烈博弈，并且需要经过迷狂的激情状态，以勃发的无意识和强力意志来扭转这种关

---

① 陈鼓应注译《老子今注今译》，商务印书馆，2016，第134页。
② 陈鼓应注译《老子今注今译》，商务印书馆，2016，第140页。
③ 叶朗：《中国美学史大纲》，上海人民出版社，1985，第39页。
④ 牟宗三：《中国哲学史十九讲》，上海古籍出版社，2005，第75页。
⑤ 马大康：《"迷狂"与"虚静"——中西方不同的审美回归之路》，《文艺争鸣》2021年第4期。

系，重新调和主体与客体、人与自然的对立，弥合双方间的分裂。对于古代汉民族而言，家族而非个人才是社会的基本细胞，个体性往往湮没于群体性之中，并未得以充分发育，尚缺乏强势、明确的主体意识。因此，并不需要借助于强力意志和激情来改变已有状态，甚至要排除强力意志和激情，而是如老子所言'损之又损之'，不断地淘洗胸襟，涤除玄鉴，向本源回溯，直至抵达虚静无为，其间并不存在冲突，而是自然而然地回归自然，实现人与自然纯然一体。"① 这即是从哲学和审美主客体的关系上对"虚静"与"迷狂"的比较。二者的共同点都是突出无意识经验的重要性，从而实现主客体的融合；不同点则是"迷狂"说突出了主客二元的对立，"虚静"说显示了天人合一的特点。

老子的"虚静"说对后世产生了很大影响，比如庄子讲"惟道集虚""心斋坐忘"，宗炳讲"澄怀味象""澄怀观道"，陆机讲"伫中区以玄览，颐情志于典坟"，刘勰讲"疏瀹五脏，澡雪精神"，刘禹锡讲"虚而万景入"，苏轼讲"静故了群动，空故纳万物"，郭熙讲"林泉之心"，等等，这些说法都和老子"虚静"说一脉相承。

第二，迷狂与天机相比，前者强调灵感的神赐而忽略主体的能动作用，后者则以虚静空明的直觉心态为艺术创作的前提，强调通而不塞的心理契机；二者都承认灵感的不可知与不可控性。"天机"说出自西晋陆机的《文赋》。陆机所描述的，正是诗人在创作时遭遇的灵感现象。他说：

> 若夫感应之会，通塞之纪，来不可遏，去不可止。藏若景灭，行犹响起。方天机之骏利，夫何纷而不理。思风发于胸臆，言泉流于唇齿。纷葳蕤以馺遝，唯毫素之所拟。文徽徽以溢目，音泠泠而盈耳。及其六情底滞，志往神留，兀若枯木，豁若涸流。揽营魂以探赜，顿精爽于自求。理翳翳而愈伏，思乙乙其若抽。是以或竭情而多悔，或率意而寡尤。虽兹物之在我，非余力之所戮。故时抚空怀而自惋，吾未识夫开塞之所由。②

---

① 马大康：《"迷狂"与"虚静"——中西方不同的审美回归之路》，《文艺争鸣》2021年第4期。
② 《陆机集》，中华书局，1982，第4~5页。

在陆机看来，灵感（天机）最突出的特点就是不由人所控制，它来不可遏，去不可止，虽由我生，却非我能强求。这似乎道出了柏拉图那种神赐迷狂的特点，但天机与迷狂的对比，仍可从审美主客体关系的角度去言说：陆机的"天机"注重创作主体与客观对象的互感互动（应感之会），而柏拉图的"迷狂"则忽略客观环境对主体的出发契机，只是把灵感归为不可知的"神赐"。于是，在心物关系上，"天机"说即指"艺术家以虚静空明的心态为情感想象飞跃的起点、艺术思维的产生基础和创作的前提。这种观照和冥想的方式使直觉感受达到高度融合，形成审美对象、主体情感及审美意向完全的综合，达到'天机骏利'、'天人合一'的艺术创作境界。……而柏拉图的审美观念以神的理念为基础，强调的是'神人合一'，在对神的顶礼膜拜和对灵感的渴求的同时，企图在审美主体的情感与思维之中构架一个令人迷狂的'理式世界'，因而这种审美主体与外界事物的沟通方式和陆机截然不同"①。从这个意义上讲，"天机"亦与"虚静"相通，尤其是刘勰所主的"虚静"（《文心雕龙·神思》"陶钧文思，贵在虚静"）。但刘勰的虚静说与老庄的虚静说有很大不同，后者"把虚静理解为一种绝圣弃智、无知无欲的混沌境界，并以这种境界作为养生的最高目标"，而前者"只是把虚静作为一种陶钧文思的积极手段，认为这是构思之前的必要准备，以便借此使思想感情更为充沛起来"，所以二者"恰恰成了鲜明的对照。老庄把虚静视为返朴（璞）归真的最终归宿，作为一个终点；而刘勰却把虚静视为唤起想象的事前准备，作为一个起点"②。由此，天机与虚静之所以相通，是因为欲得"天机骏利"，必先做到刘勰所谓的"虚静"，二者既然首尾相接、逻辑一贯，自然均与迷狂说有别。

此外，迷狂与兴会也存在关系。"兴会"被用于文学批评，始出于南朝梁沈约的《宋书·谢灵运传》："灵运之兴会标举。"③ 此时，"兴会"所指仍是陆机所讲的"应感之会"。清人王士禛《池北偶谈》中有云："大抵古人诗画，只取兴会神到，若刻舟缘木求之，失其指矣。"④ 这种"兴会神到"

---

① 李舫、李正平：《试论"天机说"与"迷狂说"在审美心理上的差异》，《长江师范学院学报》2012年第7期。
② 王元化：《文心雕龙讲疏》，上海古籍出版社，1992，第118~119页。
③ 《宋书·谢灵运传》，中华书局，1974，第1778页。
④ （清）王士禛：《池北偶谈》，中华书局，1982，第436页。

即是文艺创作中的灵感现象，若以人的理智去求索，是永远无法达到的。王士禛是清初诗坛标举"神韵说"的诗人，他极力推崇钟嵘、司空图和严羽等人的诗论，于此可见兴会、神韵和妙悟的内在一致性。归庄也谈过"兴会之感"。他在《吴门唱和诗序》中指出：

> 余尝论作诗与古文不同：古文必静气凝神，深思精择而出之，是故宜深室独坐，宜静夜，宜焚香、啜茗。诗则不然。本以娱性情，将有待于兴会。夫兴会则深室不如登山临水，静夜不如良辰吉日，独坐焚香啜茗不如与高朋胜友飞觥痛饮之为欢畅也。于是分韵刻烛，争奇斗捷，豪气狂才，高怀深致，错出并见，其诗必有可观。①

在归庄看来，虚静（静气凝神）和兴会是有区别的，前者主要诉诸人的主体意识和主观想象力，只要能做到刘勰所讲的"虚静"起点，诗人就可以思接千载了；后者则需要登山临水、良辰吉日、高朋胜友这些外在环境的刺激，也就是说，兴会需要一个外力的碰撞才能产生，这就好像迷狂需要一个神灵的凭附才能产生一样。不过，兴会的状态仍然不失诗人的理性，不会达至柏拉图所讲的"非理性"状态。陈定家曾指出这样耐人寻味的现象，认为中国诗人的创作总是"发乎情止乎礼义"，反倒是中国的批评家们常常以非理性而任自然的笔触阐发灵感现象和艺术至境。对比西方，则呈现出恰好相反的情形：西方诗人的创作尽可以任情任性，置理智于不顾，而西方文论家或美学家却以严密的逻辑思维来讨论灵感或迷狂。② 从这一点看，当我们谈论与迷狂相似的中国美学范畴，比如虚静、天机、兴会时，除了要看到它们来源于道家思想外，还要不忘它们内在含有的儒家思想的成分。到了妙悟说，其更是以禅宗思想为主导的灵感理论。

第三，迷狂与妙悟相较，前者重视先天或外在灵感的赋予，后者则更重视后天学习，妙悟只有在后天的不断学习中才有可能生发。严羽《诗辨》曰："大抵禅道惟在妙悟，诗道亦在妙悟……夫诗有别材，非关书也；诗有

---

① 《归庄集》，上海古籍出版社，1984，第 191～192 页。
② 陈定家：《"兴会"与"迷狂"——从文学思维视角看中西灵感理论的异同》，《探索与争鸣》2017 年第 5 期。

别趣，非关理也。然非多读书，多穷理，则不能极其至。"① 很明显，严羽谈论的核心问题是"妙悟"与"工夫"的辩证关系，一方面作诗与学问并非对等；另一方面要想诗作得好，似乎非大学问（读书穷理）不可，因为"悟"在古人看来就是物格知至，只在体验处有所得。清初理学家陆世仪有云："人性中皆有悟，必工夫不断，悟头始出。如石中皆有火，必敲击不已，火光始现。然得火不难，得火之后，须承之以艾，继之以油，然后火可不灭。得悟亦不难，得悟之后，须继之以躬行，深之以学问，然后悟可以常继，不然而动称忽然有悟，言下不省，此正如击石见火，旋见旋灭耳，安足尚乎！"② 钱锺书对此表示："夫'悟'而曰'妙'，未必一蹴即至也；乃博采而有所通，力索而有所入也。"③ 可见，中国文艺家谈妙悟与工夫的关系，是类似于迷狂灵感与技艺知识的关系的。不同的是，中国文艺传统十分重视后天的工夫修养，对于先天独绝的重要性，似乎着墨不多。尽管艺术是系乎才情品性的，艺术家除了需要充沛旺盛的情感外，还得具备异乎常人的才气，就像颜之推《家训》所言"为学士亦足为人，非天才勿强命笔"，杜甫《送孔巢父谢病归游江东兼呈李白》所吟"自是君身有仙骨，世人那得知其故"，林寿图《榕阴谈屑》所记"君等作诗，只是修行，非有夙业"。这些说法多少让人瞧见柏拉图贬斥技艺而张扬迷狂的影子。不过，中国文艺传统的论点在于，天才固然重要，但天才也不能舍弃工夫修养，只有如此才能维持"击石之火"。

以上主要从天人关系、心物关系、先天才能与后天修养关系的角度辨析了迷狂与虚静、天机、兴会、妙悟的异同，呈现了中西方不同语境下人们对于灵感问题的认识。中西文化语境的差异决定了中西文艺家对待文艺创作时的灵感现象的不同态度。

四 迷狂与原始文化的艺术创作

原始文化中的迷狂现象普遍存在于原始宗教、巫术咒语、原始歌舞以

---

① （宋）严羽：《沧浪诗话校释》，郭绍虞校释，人民文学出版社，1961，第12、26页。
② （清）陆世仪：《陆桴亭思辨录辑要》（册一），中华书局，1985，第36页。
③ 钱锺书：《谈艺录》（上卷），生活·读书·新知三联书店，2001，第279页。

及他们的造型艺术的创作中,而人类学家对迷狂的研究亦形成了一条清晰可见的历史路线。① 早期人类学家对迷狂的研究始终围绕着"西方与非西方""理性与非理性"等二元对立的话题展开,而这些话题又都带着欧洲中心论色彩。不过,人类学家和考古学家对原始文化或小型社会的造型艺术研究,为我们提供了探讨迷狂与原始人的艺术创作心理案例。

首先是三星堆青铜神像的艺术迷狂。古蜀三星堆文化出土了大量精美的青铜神像,包括青铜神树、青铜尊、青铜罍、青铜纵目面具和青铜扭头跪坐人像等,这些青铜神像与先民的宗教信仰、巫术仪式和祭祀活动息息相关。比如从铜像的纹饰上分析,四号祭祀坑出土的青铜扭头跪坐人像,其腿部的羽冠纹和歧羽纹被认为是以鸟的局部特征表示鸟的形象,而鸟的形象在三星堆文化中占有重要地位,可能跟三星堆文化的图腾崇拜或偶像崇拜有关,② 或者像张光直所提出的,鸟在先民文化中的象征意义是作为巫师沟通天地人神的助手,③ 并进一步认为"中国古代文明是所谓萨满式(shamanistic)的文明"④。三星堆文化中的青铜神像、人面具、兽面具以及其彝器的艺术形式,均可称为几何的、装饰的、形式主义的、风格化的、图解的、符号的等,它们与现实生活的内容相去甚远,似乎只是为了表现神灵的世界。于是,从创作目的、创作手法和创作心理的角度去分析,不难发现,这些青铜神像"既不是产生于单纯的好奇心,也不是产生于创造性的冲动本身。它的目的,并不在于去产生愉快的形象,而是把它作为日常生活中的重要的实践工具和一种超凡的力量。在各式各样的盛大典礼中,它甚至取代了人、动物和事物的作用。它既可以记录和传递信息,又可以对那些不在眼前的事物和精灵施加魔法"⑤。其创作心理非同寻常,几近一种迷狂心理:"当先民在制作这种神像时,一定是处于某种特殊的精神状

---

① 参见马丹丹、刘统霞《人类学与迷狂研究》,《西北第二民族学院学报》(哲学社会科学版)2008年第1期。
② 四川省文物考古研究院:《三星堆遗址四号祭祀坑出土铜扭头跪坐人像》,《四川文物》2021年第4期。
③ 〔美〕张光直:《美术·神话与祭祀》,郭净、陈星译,辽宁教育出版社,1988,第43~65页。
④ 〔美〕张光直:《考古学专题六讲》,文物出版社,1986,第4页。
⑤ 〔美〕鲁道夫·阿恩海姆:《艺术与视知觉》,滕守尧、朱疆源译,中国社会科学出版社,1984,第178页。

态。他使用最原始的语汇,最虔诚的宗教感情,与其说是一种创作活动,不如说是宗教仪式,他们燃烧着要脱离现实的欲望和情感。他的理智在神话世界游走,关于各种仙鬼的幻想、神的观念的梦幻,逐渐转化成简化生成的趋势,在宗教的情感中自由展现。"① 由此,我们看到,三星堆青铜神像无论是从纹饰形式,还是从创作目的、创作手法或创作心理的角度去分析,其艺术特征无不带有浓厚的原始宗教色彩;这种宗教情感让先民"艺术家"以迷狂的虔诚的方式去表现神灵天国,而不是致力于高扬主体的创造性和模仿现实的美。于是,"迷狂的艺术"与"美的艺术"之间的分别,在这里变得如此鲜明可辨。

其次是古代岩画的萨满迷狂。相当多的考古学、人类学资料表明,古代岩画是先民在服用一种致幻药物的情况下创作的,跟他们的萨满教仪式关系密切。作为人类最初的文明和世界范围内唯一的原始宗教,萨满教的世界是建立在"神秘感受"(gnosis)的基础之上的,无论这种"神秘感受"是来自虚幻的精神冥想,还是来自真实的理性认识。匈牙利学者霍帕尔指出:古代萨满不仅作为一个神职人员在古代人的意识形态生活中占据极为重要的地位,而且还作为巫医、诗人、歌唱家、思想家、艺术家等在世俗日常生活中也扮演着极为重要的角色。② 那么,古代岩画与古代萨满之间存在怎样的关系?欧洲南部发现的洞穴岩画,是旧石器时代晚期最早的人类艺术作品,但隆梅尔认为,将其称为"艺术作品"只是我们现代人的分类,因为这些洞穴岩画实际是一种萨满教实践。③ 当冠饰(巫师)、毒蘑菇(药物)和萨满鼓(仪式音乐)结合在一起,就是一场萨满仪式活动的生动呈现,在这场仪式活动中,巫师带领信众食用毒蘑菇,并在鼓乐的律动下兴奋起舞,而他们的岩画很可能就是在这种迷狂的状态下创作而成的。古代萨满服用致幻药,如同古希腊人在酒神狄俄尼索斯崇拜仪式上服用酒一样;

---

① 苏宁:《艺术迷狂与偶像再造——三星堆青铜神像的美学思考》,《社会科学研究》2005年第1期。

② M. Hoppál. "Shamanism: An Archaic and /or Recent System of Beliefs", In S. Nicholson (ed.). *Shamanism*. London, 1987, pp. 76 – 100. 转引自汤惠生《关于萨满教和萨满教研究的思考》,《青海社会科学》1997年第2期。

③ A. Lommel. *Prehistory and Primitive Man*. London, 1966, pp. 11 – 19. 转引自汤惠生《关于萨满教和萨满教研究的思考》,《青海社会科学》1997年第2期。

药和酒都是古人通神的媒介,而他们的"艺术作品"也许恰恰是在通神后的迷狂状态下创作的。

最后是关于美洲印第安人陶器装饰与迷狂的关系。比如普韦布洛(Pueblo)印第安人在创作陶器装饰绘画时,他们的灵感即是通过做梦或改变意识状态的方式获得的。[①] 此外,南美洲图卡诺人(Tukano)的"艺术创作"也跟迷狂有关:成年的图卡诺男性通常沉溺于一种称为 yajé 的仪式饮品,这是一种以当地特产的藤蔓植物制作的迷幻性饮料,而 yajé 在图卡诺神话中扮演着重要角色。[②] 对此,安德森(Richard L. Anderson)把这种因梦境和迷幻性药物而创作的现象解释为一种社会化的过程。另外,他也从发展心理学的角度弥补了社会化过程这种外在因素的不足,甚至从跨文化的角度用西方有关"天才""迷狂""无意识"等理论来解说小型社会中艺术家创造过程的非理性,之所以能这样分析,最主要的原因自然是那些印第安社会的萨满教意味已经淡化。不管怎样,安德森所提供的案例促使了我们对迷狂与小型社会艺术家创作心理的思考。

结　论

以上我们大致梳理了西方文化语境下迷狂说的历程、中国传统文化语境下迷狂说的比较和原始文化语境下的迷狂现象,可以看到不同社会和历史阶段对迷狂所作出的多样性的解释和哲学思考。当面对"诗人为什么能够创作出脍炙人口的作品"这个不易回答的问题时,柏拉图从希腊神话出发,认为这是诗神凭附给予诗人的灵感,这样的诗不属于人,而属于神,诗人不过是代神说话,甚至极端地说,只要有缪斯女神的眷顾,诗人就能够滔滔不绝,不必管是否具备高超的技巧,这就是迷狂的状态。于是,谈及迷狂,似乎就天然地涉及灵感与技巧的关系问题。如果说在古希腊时代,人们还普遍把灵感当作非理性的迷狂,关注的是外在的神灵,那么到了启蒙运动的18世纪,到了康德和黑格尔那里,灵感就变成了天才的想象活动

---

① Richard L. Anderson. *Art in Small-Scale Societies*. Printed by Prentice-Hall, Inc. 1989, p. 125.
② Richard L. Anderson. *Art in Small-Scale Societies*. Printed by Prentice-Hall, Inc. 1989, pp. 125-126.

和对技巧的熟练运用，对天才的重视是18、19世纪西方文艺界的普遍风气；至20世纪，克罗齐、柏格森、弗洛伊德和荣格等人分别以直觉说与无意识理论来解释创作心理的灵感现象，对人的精神心理做了更深入和更具结构性的分析。于是，西方文化为我们呈现的迷狂研究就是一条"从非理性到无意识"的清晰路线。当把目光转向中国传统文化，我们看到楚国的屈子，这位被后人视为浪漫主义诗人和中国文学鼻祖的忠贞之士，在创作《离骚》《天问》等辞赋时，由于情感的喷薄和想象的激越，竟几乎达到了柏拉图所说的"迷狂"状态，似乎不符合儒家所讲的诗教传统；古人所讲的虚静、天机、兴会、妙悟等，都和西方的灵感说有相似之处。只有将它们放在各自的文化语境中进行具体的分析和梳理，才能够见出异同。除了中西文化语境，迷狂或灵感在"原始文化"语境的"艺术创作"中亦存在，主要由考古学家和人类学家研究，借鉴他们的研究成果，我们看到三星堆文化中的青铜神像、古代岩画和其他小型社会的艺术创作，皆具萨满教的迷狂属性。也就是说，原始艺术的创作往往是在一种巫术仪式中完成的，为了达到兴奋或迷狂的状态，原始先民不仅击鼓起舞，而且往往诉诸某种迷幻药，比如毒蘑菇或藤蔓酒，而这种迷幻药在他们的神话中可能还具有一定的象征意味。此外，值得注意的是，人类学家安德森将普韦布洛印第安人陶器装饰的绘画创作解释为一种社会化的过程，这与西方文化自康德以来强调艺术的天才独特性形成鲜明对比。不过，迄今为止，人类对灵感和迷狂的解释仍然是未知的，艺术家到底是如何创作的，没有得到说明，比如音乐天才现象，这个问题应该深入人类文明出现之前上百万年的人类进化史，与语言的产生、大脑基因等关系密切，但迄今无解。

· 古典研究·

孔子"观其德义"的新思考

——以观者为中心的讨论

王 晨 陈亚琦[*]

摘 要 孔子以君子身份的确立为基点,以君子成人之法的范式转移为新路向(据司马迁改写推知),以本事考索助益把握《周易》文本,强调观《易》者回到主体自身内化理解,形成了以观者为中心的独特的观《易》模式,进而建构了《易》学视域下的君子之观,具有理论与实践的双重价值。在这一观《易》模式中,孔子赋予人以主体性,突破了巫、史身份的局限性,强调了观者对君子身份认同的重要性。"观其德义"议题具有现代性的价值,后现代主义者否认作者与读者的权威性,消解文本的真实性。《周易》文本与用以考索文本的本事所涉文献一样,都属于一种可能性解释。与后现代主义者不同,孔子对《周易》文本秉持"多闻阙疑、慎言其余"的态度,以观者为中心,凸显观者的意义。用以观者为中心的艺术史观观之,当《周易》文本(作品)、观者、观者的境遇(环境)、时代等元素被整合起来理解时,文本解读的意义将不会被消解。

关键词 观其德义 观者 作者 后现代 艺术史观

一 引言

《周易》作为具有公共性特征的早期文本,"作者"问题暧昧难明,好

---

[*] 王晨,清华大学人文学院出土文献研究与保护中心博士研究生,研究方向为经学、出土文献学与学术思想史;陈亚琦,清华大学美术学院雕塑系博士研究生,研究方向为雕塑学、公共艺术。

像一个透明的存在,①后之学者用"托名"来含混地解决这一问题。随着《孟子》"知人论世"说的提出与流行,模糊的作者与阙如的本事都给《周易》的理解带来了挑战。正如罗兰·巴特所言:"好作品的解释总是从生产作品的人一侧寻找,就好像透过虚构故事的或明或暗的讽喻最终总是唯一的同一个人即作者的声音在提供其'秘闻'。"②当作者与本事都缺席时,《周易》卦爻辞晦涩而简练的文辞是否能够被理解?又如何可以被把握?这不仅是传统经学注疏关注的重要问题,也是现代文本阐释学探讨的要点。

随着文本③及历史书写理论与实践的日益丰富,将艺术史的研究范式有效地纳入文史的研究视域是极具价值的,也是新方法带动新思潮的体现。我们吸收这些学术讨论的有益成果,以帛书《要》中"我(孔子)观其德义"为例,参与到这一讨论中来。我们认为,以观者为中心是理解与阐释这一经典问题的重要路径,辨明观与观者,需要明确观之主体、观之客体、观之缘由以及观之方法,把握观之价值,发掘观之现代性意义与价值,进而启发我们反思西方哲学理论阐释中国文化的有效性与有限性。不足之处,祈请方家指正。

二 "作者"已死、本事阙如与"观"之可能

将现代学术所讨论的"作者"已死、本事阙如与"观"之可能等问题转换成更为平易的理解即是文本一出,作者已死,本事失载,文本理解何以可能或以何可能。

毋庸置疑,"作者"及相关问题已经成为当下早期文学与思想研究的热

---

① 徐建委先生指出:"文本的权属和个体性是其(作者)核心义素。其单一性特点与早期文献复杂的成书状况存在矛盾。在中国早期文本的解释体系中,文本的公共性是更为重要的问题,个体性的作者处于相对次要的位置。"详参徐建委《公共性与早期文本的作者问题》,《文艺研究》2021年第8期,第52页。
② 〔法〕罗兰·巴特:《罗兰·巴特随笔选·作者的死亡》,怀宇译,百花文艺出版社,2009,第295页。
③ 按,王晴佳等指出:"文本(text)这一概念,由结构主义和后结构主义语言学家首先提出和使用,其含义在于,既然思想必须通过语言,那么所有人类的作品在本质上看都是文本,都可以加以解释。"详参王晴佳、古伟瀛《后现代与历史学:中西比较》,山东大学出版社,2006,第62页。

点。围绕文本与作者问题展开的讨论俯拾即是。相关的个案研究与理论思考业已被陆续刊出，艺术史领域也有颇具启发意义的讨论，陈韵祺女史指出："随着维也纳学派的兴起，艺术史领域出现以观者为中心的艺术史书写浪潮。相较以艺术品为中心的写作，这种书写不再将艺术品看作客观的、永恒不变的对象物，而是更关注观者、观看和视觉经验等。"① 陈氏梳理了学术史上开拓、建构与完善该书写方式的诸位学者（李格尔、沃尔夫林、阿恩海姆、贡布里希、布列逊等人）及各自的贡献（观者视角、观看行为及多角度切入等），尤其称道了阿尔珀斯和巴克森德尔的思考与创新并以他们的艺术分析实践（《蒂耶波洛的图画智力》中对维尔兹堡阶梯厅天顶壁画《四大陆》的分析）为研究对象，两位学者从假想观者的角度出发，建构了"一个包括作品、观者、环境、时间等因素的艺术整体"，"以观者为中心的'艺术整体'"②。关于这种艺术史书写的特点及其对传统艺术史/史观的冲击等的研究，很有借鉴意义，是我们理解孔子"观其德义"议题的他山之石。

回顾易学学术史的早期解释系统，《周易》的作者、时代与文本生成问题被《汉书·艺文志》概括为"人更三圣，世历三古"。其中，周文王或文王、武王/周公父子演为六十四卦并作卦爻辞的说法与我们讨论的主题最为密切。虽然这一传统的说法经历了自宋以来的质疑并在古史辨学派兴起以后受到了最彻底的冲击，但随着出土文献的祛疑，此极端之风渐熄灭，学界在联系文王父子与《周易》卦爻辞的关系时有了不同程度的突破。从经学时代的权威式信从，疑古思潮的颠覆式质疑到出土时代的审慎式检讨，传统说法在祛魅之后的合理性内核正在被不断地发掘出来，旧说所提供的本事线索与卦爻辞之间的关系被学界重新重视。其中，廖名春先生联系周文王之法解《损》卦上九爻辞的实践是极为出彩的，现迻录于下。

《左传·昭公七年》载：

> 楚子之为令尹也，为王旌以田。芋尹无宇断之，曰：……**周文王**

---

① 陈韵祺：《以观者为中心的"艺术整体"的建构》，《南京艺术学院学报（美术与设计）》2021年第4期，第163页。

② 陈韵祺：《以观者为中心的"艺术整体"的建构》，《南京艺术学院学报（美术与设计）》2021年第4期，第163页。

之法曰"有亡，荒阅"，所以得天下也。吾先君文王，作仆区之法，曰："盗所隐器，与盗同罪"，所以封汝也。若从有司，是无所执逃臣也。逃而舍之，是无陪台也。王事无乃阙乎？昔武王数纣之罪，以告诸侯曰"纣为天下逋逃主，萃渊薮"，故夫致死焉。君王始求诸侯而则纣，无乃不可乎？若以二文之法取之，盗有所在矣。王曰："取而臣以往，盗有宠，未可得也。"①

《损》卦上九爻辞曰：

弗损，益之，无咎；贞吉，利有攸往。得臣，无家。②

廖先生指出"得臣"即收留逃亡的奴隶，"无家"即失大夫而失家也（天子有天下、诸侯有国、大夫有家）。"当时收留别人的奴仆是天下公认的大罪，周武王曾以此为推翻商纣王的借口。所以'得臣'会导致'无家'、失去大夫封地的后果。"③ 廖先生的系联与论证堪称经典。其将《周易》卦爻辞背后的文王父子本事准确地提取了出来，不仅为传统说法提供了有力的佐证，同时也在启迪每一位研究者——考索本事对理解卦爻辞有着至关重要的意义。帛书《要》载夫子"《周易》未失也，且又（有）古之遗言焉。予非安亓（其）用也，予乐【亓（其）】辞也"，正可互相印证。杨庆中先生已经指出，孔子晚而好《易》的原因之一即是其在周游列国时已极为重视文献的收集工作，得到了不少可资研《易》的资料。④《礼记·礼运》载孔子观夏道得《夏时》、观殷道得《坤乾》事。郑玄《注》与孔颖达《正义》引熊氏说均以《坤乾》为殷《易》之属。可与之合观者，《礼记·经解》载孔子入其国而知易教之"洁静精微"，有学者系统梳理

---

① （清）阮元：《十三经注疏·左传正义》，中华书局，2009，第4493页。
② （清）阮元：《十三经注疏·周易正义》，中华书局，2009，第109页。
③ 详参廖名春《〈周易〉真精神——六十四卦卦爻辞新注新释》，广东高等教育出版社，2019，第290~291页。
④ 2021年10月14日，杨庆中先生在人大名家哲学讲座上以"《周易》古经对孔子思想的影响"为题，较为全面地梳理了一系列相关问题，网址为https://www.bilibili.com/video/BV1m3411C77t?from=search&seid=16602994304753494263&spm_id_from=333.337.0.0。

了《易》之"洁静精微"在汉唐及宋明理学视域下的新阐释。① 学界普遍默认这里的《易》等同于《周易》,然此说值得商榷,我们认为这里的《易》应当是孔子之宋而得到的《坤乾》,所谓"洁静精微"云云,乃是据《坤》德而言。孔子晚年的学术转向,很大程度上也是受到新材料的刺激,意识到《周易》卦爻辞背后的本事与其所追慕的文王父子有密切的联系。新资料的出现对学者的帮助可见一斑。

反之,孔子是否也有无法确知本事以解《易》的情况呢?实际上,尽管孔子强调"文献不足"云云,但孔子依然会在无法确知本事的基础上观《易》、论《易》,如《晋》卦,"康侯用锡马,蕃庶;昼日三接"。

帛书《二三子》载:

> 孔=(孔子)曰:"此言圣王之安世者也。圣人之正(政),牛参弗服,马恒弗驾,不忧乘牝马,□□【□□□□□】粟时至,刍稿不重,故曰'锡马'。"
>
> 圣人之立(莅)正(政)也,必尊天而敬众,理顺五行,天地无菑(灾),民□不伤,甘露时雨聚(骤)降,蓟(飘)风苦雨不至,民息(总)相醻(酬)以寿,故曰"番(蕃)庶"。
>
> 圣王各有厽(三)公、厽(三)卿,"昼日三【接】"者,言□□□者也。②

《尚书·武成》关于"王(武王)来自商至于丰。乃偃武修文,归马于华山之阳,放牛于桃林之野,示天下弗服"③ 的记载似为《晋》卦卦辞本事。孔子以"圣王"解"康侯",显然有将武王故事套用于《晋》卦卦辞的意图,然"康侯"的所指及具体本事均不可确知,出于审慎地考虑,孔子只能含混地以"圣王之安世者也"收束之。朱怀清先生总结孔子整理文献的第一原则是"多闻阙疑,慎言其余"④,诚然。

---

① 详参卢翠琬、肖满省《略论〈易〉之"洁静精微"》,《皖西学院学报》2008年第3期,第133~135页。
② 王亚龙:《马王堆汉墓帛书易传集释》,博士学位论文,复旦大学,2020,第52页。
③ (清)阮元:《十三经注疏·尚书正义》,中华书局,2009,第390页。
④ 朱怀清:《孔子整理文献的原则与方法》,《凯里学院学报》2014年第5期,第106页。

若地爱其宝，古之遗言不复出、载籍不重现，先秦文献阙如的情况意味着大部分的本事都将无从考索，那么观《易》何以可能或者以何可能呢？如果不能寻找到有效的解决路径，文本解读就只剩下不断由读者重构的唯一路径，而已死的作者也只能成为默不作声的业已完成的文本的旁观者。随着中国传统训诂学的发展与现代语言学的进步与完善，其在作为有效的工具帮助我们理解文本的同时也生发出了种种符合论证逻辑的自说自话的新见，诚如罗兰·巴特所讨论的，语言学也为破坏作者提供了珍贵的分析工具，它指出，陈述过程在整体上是一种空的过程，它可以在不需要对话者个人来充实的情况下出色地运转。"表达"的内在"东西"本身只不过是包罗万象的一种字典，其所有的字都只能借助其他字来解释，而且如此下去永无止境。①

三　身份确认："观其德义"中的观者

帛书《要》载：

> 子曰：《易》，我后亓（其）祝卜矣！我观亓（其）德义耳也。幽赞而达乎数，明（明）数而达乎德，又【□】□者而义行之耳。② 赞而不达于数，则亓（其）为之巫；数而不达于德，则亓（其）为之史＝（史。史）巫之筮，乡（向）下之而未也，始（恃）之而非也。后世之士疑丘者，或以《易》乎？吾求亓（其）德而巳（已），吾与史巫同涂（途）而殊归者也。

> 君子德行焉求福，故祭祀而寡也；仁义焉求吉，故卜筮而希（稀）也。祝巫卜筮亓（其）后乎！③

---

① 〔法〕罗兰·巴特：《罗兰·巴特随笔选·作者的死亡》，百花文艺出版社，2009，第297～299页。
② 廖名春先生认为此处阙文当为"又【仁】囝者而义行之耳"，丁四新先生从之。按，阙文部分前一"仁"字诸家所补大致相同，裘锡圭先生认为存疑较为妥当；后一阙文从残存字迹看似非"守"字，陈剑先生从之。
③ 王亚龙：《马王堆汉墓帛书易传集释》，博士学位论文，复旦大学，2020，第373页。

"观其德义"中"德义"的具体含义,学界聚讼纷纭。[①] 限于该问题的复杂程度与讨论的主题,我们不作过多的发挥。杨庆中先生从孔子论易学史的角度理解这则材料,很有借鉴意义。但我们认为,巫、史、君子不纯粹是一个历时的阶段性学术问题,而是历时与共时兼备的身份分殊与价值选择问题。比如巫虽然产生、分化出了史,但不能说巫或者史产生了君子。又司马迁虽然职位身份是太史公,但确认其身份当是追摹圣人著述之道的君子。区分与确定"观者"的身份,是孔子向子贡申明其观之特殊性的立足点,也是孔子解决观《易》何以可能或者以何可能问题的切入点。据帛书《要》可知,孔子区分了三种观者:巫、史与君子。可以说,身份确认是孔子的重要贡献,而身份的背后是传统。以孔子为定点,巫、史群体代表旧传统,而君子群体代表新传统。不同的传统代表不同的理解模式,孔子就是要在确立身份之后构建起新的文化传统。

巫之近鬼神可以理解,为何孔子曾多次称道的史臣身份(如孔子誉史鱼"直哉")也无法得到其身份认同呢?许兆昌先生指出:"早在西周中晚期,史官的地位就已经呈现出逐步下降的趋势。春秋时期,这一趋势表现

---

① 关于孔子通过《易》追寻的"德义"终究为何,学界有过丰富的讨论。丁四新、李攀二先生《论马王堆帛书〈要〉篇"观其德义"的易学内涵》和朱金发先生《由君子"恒德"到"观其德义"——〈易传〉和〈帛书易传〉的心性观比较》均展开了相关的讨论,王中江先生在总结二说的基础上认为孔子所追寻的"德义"是一个广泛的概念。"它包括不同方面的道德价值、天道和义理等,不仅'仁'在其中,'道'也在其中。"并认为"恐""敬""智"均属于"德义"。尤其值得注意的是,王氏对"德义"应当连言理解还是分而论之有过简单的讨论,虽然王氏最终笼统地以"德义"贯串言之,但其说是很有启发意义的。杨庆中先生则从帛书内证出发,指出"数而达乎德"为"德","仁守者而义行之"为"义","德义"即"德行仁义"。"德行"与"仁义"两者互相交叉,又各自对应"福"与"吉"。按,杨说基于未得确证的文本来解释"德义",此其失也;然杨说将"仁义"与"吉"对应,启发了我们对孔子理解断占辞"吉"的新思考,详见下文。刘彬先生总结了学术史上对此"德义"的三种讨论,一是道德义理;二是道德仁义;三是李学勤先生总结的,当与《系辞》("蓍之德,圆而神;卦之德,方以知;六爻之义,易以贡")相联系,即所谓蓍之德、卦之德与六爻之义。刘氏暂取道德义理说。详参王中江《孔子好〈易〉和追寻"德义"考论——以帛书〈易传〉中的"子曰"之言为中心》,《河北学刊》2019年第4期。刘彬先生在11月13日第三季第二十一讲"人文化成"系列讲座中以"孔子与《易》关系新论"为题对相关问题展开了最新的讨论,网址为 https://www.bilibili.com/video/BV1m3411C77t? from = search&seid = 16602994304753494263& spm_id_ from = 333.337.0.0。

得更加明显，史官地位进一步下降。"①

《左传·哀公十七年》载楚子问帅于大师子谷与叶公诸梁，子高言"率贱"事。杜预《注》言右领、左史皆楚贱官，杨树达则认为据下文子谷语，二人盖皆俘也，似非贱官。许兆昌先生引二说之后以杨说为是，就楚国官制言，左史并非贱官，但楚能用贱俘任左史，说明此职到春秋晚期地位已经下降了很多。②

到了汉初，司马迁在《报任安书》中也言及，文史星历，近乎卜祝之间，固主上所戏弄，倡优畜之，流俗之所轻也。由上可知，到了孔子的时代，史官虽然有"秉笔直书""化民典册"的令名，然史官的地位去巫祝未远，他们的身份与职业决定了他们学天道而近鬼神，习术数而安其用。此外，春秋中晚期以后，天子之史官入诸侯国，诸侯国史官入卿大夫之家的现象比比皆是，史官逐渐沦为家臣，行卜筮、解梦之业，如赵史援占解赵盾梦事。孔子对史官存在敬与远的态度也是可以想见的，荀子则在《非十二子》中直接讥评史䲡"其持之有故，其言之成理，足以欺惑愚众"③，钱穆先生所著《蓬瑷史䲡考》一文为史䲡辩护，然史臣惑众之乱象，在文献证据方面，有《墨子·号令》"巫祝史与望气者，必以善言告民，以请上报守，守独知其请而已。巫与望气妄为不善言，惊恐民，断勿赦"④及《礼记·王制》"假于鬼神、时日、卜筮以疑众，杀"⑤，均可互相启发。

由此可知，巫、史的身份决定了他们受限于时代与职业的要求，难以脱离用的层面去追寻充满人文精神的"德义"。旧的用《易》面貌与文化传统急需打破，理性思潮的到来预示着新文化传统建立的需求，孔子必须予以及时的回应。在形而上的层面看，新的文化传统是飘忽而难以把握的；为了更好地理解，我们必须从形而下的角度分析这一问题，即新的文化传统应该配套什么形式的观看方式与模式。简而言之，理性要求人掌握主动

---

① 许兆昌：《试论春秋时期史官制度的变迁》，《烟台师范学院学报》（哲学社会科学版）1998年第2期，第12页。
② 许兆昌：《试论春秋时期史官制度的变迁》，《烟台师范学院学报》（哲学社会科学版）1998年第2期，第12页。
③ （清）王先谦：《荀子集解》，中华书局，1988，第92页。
④ （清）孙诒让：《墨子间诂》，中华书局，2001，第608页。
⑤ （清）阮元：《十三经注疏·礼记正义》，中华书局，2009，第2909页。

权,不囿于身份的限制而有所超越,这意味着人选择什么样的观看方式与模式决定了其属于什么样的身份。这种思维的扭转给予人以主观能动性,这与孔子以"仁德""仁义"论君子的理路是一致的,君子与小人本是位置高低之别的称呼,孔子在承认阶级与等级的前提下,以德义赋君子,反之为小人。

四 何以观《易》:"观其德义"中的观《易》模式

当明确了孔子的重要贡献是身份确认以后,我们很自然地会将讨论的重心放在以君子为代表的观看方式与观看模式上,即"观其德义"之何以观与以何观的问题。深入思考其普适性与特殊性,我们应该辨析清楚的是,孔子所划定的君子之观和它与旧传统(巫、史)之观的区别与联系是什么?君子之观具有的是个体特殊性还是群体普适性?

作为文本的《周易》,具有典型的早期公共性。在经学时代以前,它本是卜筮之书,它的唯一阐释权牢牢地掌握在巫祝手中,裹挟着神秘的巫术色彩。随着理性的回归,神性与非理性的退散,巫、史从同源合一逐渐分离开来,旧传统的色彩在消退,但新传统的建立需要新的思路。诚如杨庆中先生指出的,孔子易学研究的新思路是有因有损、理性整合。刘彬先生则指出孔子新易学的建立涉及突破与转化问题。[①] 与杨说合观,损益整合的对象是旧传统与新传统之间的矛盾,刘先生正是从孔子易学思想看似矛盾处入手,即孔子讲"占",然孔子更讲"不占"的问题。在此基础上,"于易彬彬"或"文质彬彬"的精义被抉发了出来,颇具理致。从古注可知,"彬彬"乃文质相半相杂之貌,其核心即是统合矛盾。这意味着孔子讲占,但同时讲超越占。《史记》所载"我于易则彬彬矣"虽与《论语》的"文质彬彬"有别,但更应该注意二者的联系。文,君子易也;质,卜筮易也,彬彬,文质相半相杂也。帛书《要》篇"予非安亓(其)用也,予乐【亓

[①] 刘彬先生在11月13日第三季第二十一讲"人文化成"系列讲座中以"孔子与《易》关系新论"为题对相关问题展开了最新的讨论,网址为 https://www.bilibili.com/video/BV1m3411C77t? from = search&seid =16602994304753494263&spm_id_from = 333.337.0.0。

(其)】辞也"。"安"与"乐"是孔子在不舍弃其功用的基础上更为崇尚其内在意蕴的生动体现。"于易彬彬"正是这两种易学方法论的兼用与超越。尤其值得注意的是,司马迁改写夫子论君子成人之法("文质彬彬")为观《易》之法("于易彬彬")是有其用心的,这是司马迁对孔子易学建构的理解,也是我们理解孔子,建立易学新传统,形成新路向的关键。当然,司马迁的认识是否符合孔子易学建构的理路值得学界进一步的讨论,也期待未来能有更加坚实的材料来印证或反驳这一讨论。

从能动主体的角度看,杨庆中先生揭示了观《易》时回到主体自身的重要性。刘彬先生则梳理了从巫觋文化、术数文化到新易学的发展脉络,归纳了前两种文化的特性与原则:一是"人的命运的外在性";二是"非理性纠缠于理性之中"。同样指出孔子"观其德义"时外在向内在的转化与提升。我们认为,君子文化正是对巫觋与术数这两种外在文化的扬弃,鼓励人实现自身的身份确认,发挥人的主观能动性,回到主体自身,内化理解文本,方可开出一条观《易》的新道路,在观《易》之德义的同时成功建构君子之观,完善君子文化。

从上文可知,孔子重在"乐其辞",也不废其用。世俗研《易》,核心在如何处理断占辞,即如何趋吉避凶。这是"观其德义"中偏功利性和实践性的部分,也是孔子建立观《易》模式时绕不开的问题,亦是孔子需要扬弃的部分。杨庆中先生从"克己""迁善改过"等角度予以了精彩的诠释,是很正确的。孔子所建构的儒学理论适用于《周易》文本,能够以儒家崇尚的价值选择指导实践,标志着观《易》模式不仅有理论价值,更具有实践价值。而这又呼应了孔子为子贡误以为自己出现学术转向的辩护[君子言以(矩)方也,前羊而至者,弗羊而巧也。察亓(其)要者,不(诡/恑)亓(其)辞]。这里的"诡"当读为"变","不变其辞"即始终如一也。了解孔子的学术,必须明了其一致性与可操作性。《论语》载夫子之道一以贯之。又《易》有三义,据郑玄《注》,简易为要。一以贯之体现孔子学术体系的一致性,以简御繁体现孔子学术体系的可操作性。

值得注意的是,有学者认为,"易、简"概念出现较晚,来源于道家黄老学说中稷下黄老之作《尹文子》①，其实，在《论语》已经有了孔子推崇简易之道的证据，汉肩水金关遗址第22探方中有一枚出土简：孔子知道之易（易）也。易=（易=）云者，三日。子曰：此道之美也。（73EJT22：6）萧、赵二先生已经指出，此简属齐论《知道》佚文，且肩水金关汉简中的"易"字多写作"易"，前一"易"即容易之易，后之重文"易="即易于施行之义。

与之可以合观的则是《礼记·乡饮酒义》，其文曰：

吾观于乡，而知王道之易易也。②

郑玄《注》曰：

乡，乡饮酒也。易易，谓教化之本，尊贤尚齿而已。

孔颖达《正义》曰：

言我观看乡饮酒之礼，有尊贤尚齿之法，则知王者教化之道，其事甚易，以尊贤、尚齿为教化之本故也。不直云"易"，而云"易易"者，取其简易之义，故重言"易易"，犹若《尚书》"王道荡荡""王道平平"，皆重言，取其语顺故也。③

《礼记》提供了这句佚文的背景，孔子观乡饮酒礼而知王道易行。这也启发了我们对孔子"观"模式成立的思考，以"观"切入理解孔子与五经关系或为一遮蔽已久的思想史线索。此外，《韩诗外传》也有相似的文献记载。

综上所述，孔子以君子身份的确立为基点，以君子成人之法的范式转

---

① 按，《尹文子》的真伪性问题，学术界讨论颇为详尽，胡家聪先生认为其属黄老道论，并非伪书。详参陈鼓应《易传与道家思想·再谈帛书〈系辞〉的学派性质》，商务印书馆，2015，附录第278页。
② （清）阮元：《十三经注疏·礼记正义》，中华书局，2009，第3654页。
③ （清）阮元：《十三经注疏·礼记正义》，中华书局，2009，第3654页。

移为新路向（据司马迁改写推知），以本事考索助益把握文本，回到主体自身内化理解，形成了以观者为中心的独特的观《易》模式，进而建构了《易》学视域下的君子之观，具有理论与实践的双重价值。

五 余论："观其德义"作为现代性议题的意义与反思

细审我们上节的总结可以发现，孔子在观《易》之德义时赋予人以主动性，努力地摆脱了巫、史之《易》与身份的局限性，然而，用本事考索文本的方法是这座观《易》、论《易》模型之上的一朵乌云，另一朵乌云则是《周易》文本的局限性。可以说，孔子观《易》之德义，尤其是无法确知本事以观《易》、论《易》的时刻，就是理解孔子直面与解决局限性的时刻。

胡士颖先生以孔子与《周易》经典化的现代性为议题，[1] 在梳理了学界尤其是易学界的有关成果（侧重于学界对孔子与《周易》成为经典的时间[2]、过程、作用等多个不同方面的表述、认知等）后，从经典性阐释及经典化建构两大方面，运用经典化理论探讨了孔子对《周易》的经典阐释与建构，从思想史及中国文化角度回应了国内外经典化理论研究。胡士颖先生指出："孔子与《周易》关系体现了经典历史化和历史经典化的复杂关联与多重意蕴，他对《周易》的研习、传播、整理等经典建构效果，表明作为哲学创造与阐释结果的'经典性'对于经典的历史进程、文化传统的完整性及其现实推行有至关重要的影响。"[3] 胡氏之论确实是对孔子与《周易》关系很有启发的认识。

我们认为，"观其德义"议题具有现代性的意义，极具讨论价值，我们在此略陈己见。

---

[1] 详参胡士颖《孔子对〈周易〉的经典性阐释与经典化建构》，《周易研究》2018年第2期，第21~27页。

[2] 按，《周易》经典的确立当在孔子之后，然具体时间上各家说法不一，主要有：其一，孔子之时（皮锡瑞、陶磊等）；其二，战国前期（浅田裕一等）；其三，战国中晚期（廖名春、李零等先生）；其四，西汉（钱穆等）。

[3] 胡士颖：《孔子对〈周易〉的经典性阐释与经典化建构》，《周易研究》2018年第2期，第21~23页。

以文本、作者、读者三者之间的关系观照,《周易》是文本,"人更三圣"属于作者范畴,观《易》与论《易》均属于读者范畴。徐建委先生指出,"在古代的写作中,个体性的表达是不是文本写作的主要的动因,写作者和文本之间的权属关系是否明显,这些问题并没有一个绝对的答案"。①徐先生开放性的讨论同样启迪了我们思考,是否可以更加深入地推进对文本、作者与读者范畴的讨论?如前所述,与作者对应的读者同样应该被重视,读者可区分为观者与论者,后两者存在一定意义上的交叉,而西方文学研究中的"批评"一词也同样与二者产生一定的交集。罗兰·巴特说,批评以在作品中发现作者(或其替代用语:社会、历史、心理、自由)为己之重任:作者一被发现,文本一被"说明",批评家就成功了;因此,从历史上讲,作者的领域也是批评家的领域。为使写作(文学)有其未来,就必须把写作的神话翻倒过来:读者的诞生应以作者的死亡为代价来换取。②结构主义与后现代主义者否认乃至摧毁启蒙运动思想家所推崇和建立起来的作者的权威性,突出了文本的重要性,压抑甚至是否定作者的重要性。文本地位的抬高似乎标志着读者地位的尊崇,因为读者方能赋予文本以意义。在文本产生之前,读者是隐性的存在,在文本产生之后,读者是显性的存在。这样的关系会产生一种奇妙的幻觉,仿佛读者成为另一种形式上的作者,然而,这一崛起的读者地位也是后现代主义者所否定的。就本质而言,作者与读者都不具有权威性,因为文本不天然具有真实性,它不是真相或者真实,仅仅是一种具有可能性的解释。

那么,我们应该如何回应绪论部分提出的可能性问题?后现代主义者给予我们的解决方案是,消解文本的真实性,也就解构了文本解读的意义。《周易》文本本身只是一种解释,它与用以助益的本事所涉文献一样,都属于一种可能性解释,并没有更加高贵。与后现代主义者不同,孔子对《周易》文本秉持多闻阙疑、慎言其余的态度,不安《易》之用而乐《易》之

---

① 徐建委:《公共性与早期文本的作者问题》,《文艺研究》2021年第8期,第52页。
② 按,王晴佳等讨论了后现代主义与历史哲学和历史写作的关系,揭示了这一思潮对历史认识与方法论的冲击及挑战,勾勒了从尼采"上帝之死"到罗兰"作者之死"的思想线索,可参。详参王晴佳、古伟瀛《后现代与历史学:中西比较》,山东大学出版社,2006,第54~58页。〔法〕罗兰·巴特:《罗兰·巴特随笔选·作者的死亡》,怀宇译,百花文艺出版社,2009,第300~301页。

辞，以观者为中心，凸显观者的意义。用以阿尔珀斯和巴克森德尔为代表的以观者为中心的艺术史书写的思考观之，作品不再作为唯一的观看对象，而是如陈韵祺女史《以观者为中心的"艺术整体"的建构》一文所言，一种集合了作品、观者、环境、时间等诸多元素的艺术整体，这种艺术书写，挑战传统理解的史观，更多强调艺术品的接受这一环节，肯定在这一过程中观者的阐释权力，这一微观的个案研究实则包含宏观的普适性的规律：当文本本身不再成为唯一的解释对象，当《周易》文本（作品）、观者、观者的境遇（环境）、时代等元素被整合起来理解时，文本解读的意义将不会被消解，因为真实性将在每一位观者及观看行为上得到印证。西方哲学在观之现代性意义与价值的议题上作出了相当大的贡献，也提供了深刻的理论反思，但若直接将其引入阐释中国文化，则显然存在有效性与有限性，在探讨中国经典阐释议题的时候，这是我们应该注意的。而中国传统阐释理论蕴含于中国经典文本中，其所包含的思想反而启迪了我们的新思考，有助于现代性议题的解决，这是我们应该重视的。

·经典阐释·

论《理查三世》的中国编演：以王晓鹰版本和林兆华版本为例[*]

刘婉眉　陈戎女[**]

摘　要　本文着眼于莎士比亚《理查三世》的中国编演，以2012年王晓鹰和2001年林兆华编导的两个版本为例，通过分析二者在编演中的人物塑造和舞台设计方式，探究中国导演在改编莎士比亚戏剧时对于中国元素不同方向的应用，并探讨其跨文化传播效果的优劣。本文认为，王晓鹰版本将中国戏曲的念白与意象表达等元素融入演出中，并在舞美设计上运用了方块字的元素，实现了中国元素的外化应用。林兆华版本则简化了舞美布景，在保留莎翁原剧剧情的基础上化用了苏州评弹的表演程式，实现了中国元素的内化应用。

关键词　《理查三世》　跨文化戏剧　王晓鹰　林兆华

随着国际文化交流的日益频繁，对莎士比亚戏剧作品的中国编演成为一个十分流行的现象。其中，对历史剧《理查三世》的编演相较于其他著名悲剧作品来说略显稀少，而王晓鹰和林兆华两个话剧版本的《理查三世》是21世纪以来中国对于莎士比亚历史剧《理查三世》最有创造力、最具跨文化色彩的作品之二。

---

[*]　本文系国家社科基金重大项目"中外戏剧经典的跨文化阐释与传播"（项目编号：20&ZD283）的阶段性研究成果。

[**]　刘婉眉，北京语言大学文学院硕士研究生，主要研究方向为跨文化戏剧；陈戎女，博士，北京语言大学文学院教授，主要研究方向为经典文学与阐释、西方古典文学、跨文化戏剧、德国文化社会思想等。

2012年王晓鹰版本的《理查三世》①（以下简称"王晓鹰版本"）在人物台词、故事走向和表现方式等多方面都融入了中国传统戏曲的元素，部分台词甚至直接使用京剧念白的方式呈现，体现出了跨文化戏剧的特点。而2001年林兆华版本的《理查三世》②（以下简称"林兆华版本"）在台词上直接使用梁实秋先生的译本，除了删减部分台词与剧情外没有对台词进行二次加工。但是，这部戏在服装造型方面和原著有一定的差异，人物角色的塑造方式和戏剧观念体现出强烈的先锋色彩，也是对莎士比亚《理查三世》的大胆改编。

这两部作品体现出了不同的编演策略和方向。王晓鹰版本将编演的重点放在了情节、造型和演出形式上。这部戏中演员的服装、舞台上将英文字母"方块字化"的置景以及演员直接使用京剧的方式进行念白，都让观众直观地感受到了中国元素的应用；在塑造人物时也进行了中国式的心理剖析，是外化的中国化呈现。而林兆华版本对于剧情的改动较小，也没有直白的中国元素的应用，但是在改编所运用的理念上却体现出隐藏的中国特点，借鉴苏州评弹的表演程式，实现了舞台人物的"跳进跳出"，是内化的中国化呈现。本文通过比较和分析两个《理查三世》编演版本中的人物塑造和舞台设计，总结莎剧在中国跨文化编演的不同路径和利弊，同时考察其海外传播效果的优劣。

一 类型化、"阴阳辩证"与叙事化的人物塑造方法

在王晓鹰版本和林兆华版本中，两位导演运用了不同的方法进行人物塑造，都从中国传统戏曲中汲取了养分，体现出了一定的中国特色，本文将简析莎士比亚原剧中理查三世的人物形象，并与王、林两个版本中的人

---

① 2012年4月28日首演于英国伦敦莎士比亚环球剧院，同年7月在北京国家话剧院二次演出，是王晓鹰导演应英国莎士比亚环球剧院的邀请，参与"从环球到全球"的"环球莎士比亚戏剧节"的一部话剧作品。这部戏由王晓鹰导演并对莎士比亚原剧本进行重新改编，主演为张东雨、张鑫等。参见王晓鹰、杜宁远主编《合璧：〈理查三世〉的中国意象》，文化艺术出版社，2016。

② 2001年首演于北京首都剧场，由林兆华导演，剧本台词依托梁实秋先生的译本，由北京人民艺术剧院出品，马书良等主演。参见贾薇《"大导"林兆华执导莎翁名剧〈理查三世〉》，《北京日报》2001年2月6日。

物形象进行对比，说明两个改编版本的人物塑造方式与理念的异同。

在莎士比亚的剧作中，理查三世对于权力的渴望来自他的自卑。托马斯·莫尔爵士（Sir Thomas More）在《国王理查三世的历史》（The History of King Richard Ⅲ）一书中对理查三世有着这样的描述："他身材矮小、四肢畸形，脊柱弯曲，左肩远高于他的右肩……恶毒、易怒、善妒。"[①]莎士比亚的剧作延续了这样的设定。正是因为理查三世天生的残疾，所以即使他的才智与两位兄长等同，但他依然饱受被歧视的痛苦，因此他渴望站在权力的顶峰，以破除这些歧视。在剧本中，还是格罗斯特公爵的理查三世刚出场时的一段独白就体现了他这样的心理："乐音萎靡的和平时代，我只能惨淡度日，怅然无趣……我既然不能惹人爱恋，以打发卿卿我我的日子，我就注定成为一个恶棍，憎恶那些闲适的时光。"[②]

而与此同时，理查三世又能清晰地认识到自己与生俱来的地位与能力，他认为自己"生为贵胄，宛如鹰巢筑于云杉之梢，以对日临风为戏"[③]，因此对于命运的不公就会更加不满。这样的理查三世身上体现出一种悲剧美学色彩，他受制于肢体残疾这种生理缺陷，无法满足自己内心对于权力的庞大欲望，这是一种欲望与现实客观条件的冲突。在这种情况之下，理查三世没有选择服从命运随遇而安，也没有被命运压倒，而是奋起反抗，努力突破肢体残疾的限制，去追求更高的、不会被别人看不起的地位，这样与命运的抗争最终以失败收尾，无疑是一种令人感到无力的悲剧。

（一）王晓鹰版本："阴阳辩证"与类型化的人物塑造

王晓鹰版本对于理查三世这一人物的内在心理动因进行了改编。他在自己的创作手记中说道："一个喜欢耍阴谋、弄权术的人，一个对掌握权力、享受权力怀有强烈欲望的人，是不需要任何外部的包括生理上的理由的！"[④]因此在王晓鹰版本对人物的二度创作中，理查三世的野心是始终如一的。在舞台演出中，理查三世的饰演者是张东雨，一位高大且英俊的男

---

① Thomas More, ed. by J. Rawson Lumby, *The History of King Richard Ⅲ*, Cambridge University Press, 1924, p.5.
② 〔英〕威廉·莎士比亚：《理查三世》，孟凡君译，外语教学与研究出版社，2016，第11页。
③ 〔英〕威廉·莎士比亚：《理查三世》，孟凡君译，外语教学与研究出版社，2016，第38页。
④ 王晓鹰、杜宁远主编《合璧：〈理查三世〉的中国意象》，文化艺术出版社，2016，第6页。

演员，他不再拥有原剧本中残疾的身躯和残疾所导致的自卑与边缘化心理。戏一开始，还是格罗斯特公爵的理查就通过一段独白显露出了他对权力的渴望，这种欲望起源于他对哥哥爱德华四世获得王位的嫉妒，也出于他对自己在战争中立下汗马功劳却没有得到王位的不平。而后，王晓鹰导演将《麦克白》中女巫预言的戏码嫁接过来，借三个女巫之口点燃且进一步坚定了理查对于权力的野心。而在王晓鹰看来，人物的野心是自发的、不需要客观条件加持的，因此三个女巫的预言甚至可以看作理查心中欲望的具象化。

虽然王晓鹰版本抛却了理查三世肢体残疾这一设定，但没有完全消弭理查三世"残疾丑陋"的标签。因此，王晓鹰在将人物的外在转变为健全高大的同时，巧妙地保留了人物内心的残疾丑陋，采用了对话和独白的方式来区分这两种状态，同时演员在表演内心戏的时候也会用略显畸形扭曲的肢体动作体现出人物内心的残缺。于是，这部戏中的理查三世就变成了一个表面看起来洒脱机敏、俊朗不凡，但内心阴暗残缺的人物，外表的健全与内心的残缺这两个截然不同的状态同时体现在一个人物身上。这种人物塑造方式基于中国传统的哲学思想，王晓鹰在创作手记中称这样的人物塑造呈现出一种"有中国意味的'阴阳辩证'的状态，就像一个'太极图'有阳面的白，有阴面的黑，两者相互对立却又相互依存"①。这是一种极具中国哲理色彩的人物塑造理念，来自道家的阴阳学说。可以看出王晓鹰导演在人物改编中努力融入中国传统元素，在保留人物原有的西方身份的同时，将其内在的行事逻辑中国化，尽可能地将西方人物装进中国式的行为程式中。

但是，一个健全的理查三世没有原著中智力层面的天赋异禀与身体残缺的对立而形成的命运冲突，因而缺乏了原剧中人物与命运抗争的深层次悲剧色彩。王晓鹰导演认为原剧本的悲剧性体现在理查在面对冤魂的声讨时，残存的良心与自己的罪恶的直接碰撞，以及在理查三世生命即将终结时，高呼的那一句"我的王位换一匹马"②中蕴含的对生命的终极渴望。这是王晓鹰心中对理查三世这一人物身上悲剧性的解读，但是他忽略了原剧

---

① 王晓鹰、杜宁远主编《合璧：〈理查三世〉的中国意象》，文化艺术出版社，2016，第11页。
② 〔英〕威廉·莎士比亚：《理查三世》，孟凡君译，外语教学与研究出版社，2016，第153页。

中理查三世因缺陷与欲望的冲突进行的抗争所体现出的悲剧感。因此可以说，王晓鹰在一定程度上将理查三世这个人物做了类型化的解读——理查三世就是对于权力有欲望和野心的一类人的代表。

王晓鹰导演的人物改编方式体现出了中国传统戏曲中的人物塑造方法的影响。在元杂剧诞生初期，中国戏曲对于人物塑造的方式呈现出"类型化"和性格单一的特点。中国传统戏剧将人物进行类型化的处理，划分为几种固定的行当，从而达到抹平人物差异，同时强化他们之间共同点的作用。这种人物塑造方式虽然显得不够立体多元，人物不够真实和生活化，但是在戏剧中却有着鲜明的形象特征，便于观众区分和识记。[①] 王晓鹰版本中理查三世的人物性格相比莎剧原剧是相对单一的，他对于权力的欲望和野心一以贯之。这样一个理查三世可以让熟悉中国传统戏曲的观众联想到传统剧目中许多狼子野心的奸臣权佞，也能在两个小时的话剧演出中给观众留下深刻且清晰的印象。但是这样单一的人物却大大削减了莎士比亚原剧本中人物的丰富立体性，人物缺乏发展性，显得过于平面化。

总而言之，王晓鹰版本在对于理查三世这个人物的塑造上进行了较大幅度的改写，虽然这些改写有的地方还不够完美，将中国哲学思想融入理查三世性格塑造的做法也显得有些刻意，但是作为受邀参与海外戏剧展演的剧作，向海外观众尽可能地展示中国戏剧特色，呈现一个"中国的理查三世"则是首要的任务之一，因此，这些略显"生硬"的中国元素的应用也在所难免。

（二）林兆华版本："跳进跳出"的叙事视角

林兆华版本对剧中人物的解读与原剧本同样存在较大的差异。他让所有的演员穿上了相似的白衬衣和黑外套，从服装上模糊了每个角色的差别，使舞台上的人物更趋向于一个个符号。同时，该版本也将原剧本中的部分对话改成了陈述性的独白，理查三世一时融入角色与剧中的其他人物对话，一时又跳出角色对着观众讲述起整个事件，以嘲弄的语气向观众诉说对剧中其他人物的看法，同时以极度冷静的方式讲述自己阴谋的始末，在"人

---

① 参见许金榜《曲苑探求录》，中华书局，2020，第62页。

戏"与"出戏"之间跳进跳出。

林兆华版本中这种对于人物塑造方式的想法极大地受到来自中国传统戏曲的影响,他曾说:

> 别说一般观众,就我们搞戏的,读两遍也闹不清谁是谁。实际这个戏我强调的是理查,我没有把他当做一个人物去演,是想要建立理查的叙述这样一条线……像中国传统说唱艺术里的评弹、说书。也就是说他一边实施着这些阴谋,一边叙述着理查的故事,我想建立这样一种东西:他既是叙述人,又是故事里边的人,还是事件的导演,这个阴谋是他策划的。①

通过这段采访记录可以看出,在众多中国传统戏曲门类中,林兆华导演从苏州评弹艺术中汲取了养分,并将其运用在自己的戏剧创作中。苏州评弹中就存在"跳进跳出"的叙述特点,即评弹演员往往前一句还在饰演一个人物,以剧中人物的口吻叙事,下一句就从角色中跳出来以旁观者的身份进行评论,由角色自身阐述自我的谋划与计策,以全知的视角向观众说明解释。

中国传统戏曲中这样的编排手法被德国戏剧家贝尔托·布莱希特(Bertolt Brecht)总结归纳为"陌生化理论",即演员和角色之间应该保持距离,而不是完全地融入。② 林兆华也提出了"提线木偶"的说法,即演员既是木偶也是提线人,进入角色的同时也要审视自己的角色,而不是一味沉浸。全知视角的应用让剧中的理查三世呈现出一种"看客"的形态,从而更加凸显林兆华想要表达的麻痹感与漠视的主题。这是林兆华版本在人物塑造时最为主要的特点,也是中国传统艺术形式向海外传播后的本土化回归。

与此同时,林兆华在塑造理查三世这一形象时没有将重点放在人物形象的建立和内心世界的挖掘上,而是将自己的想法注入这个角色,让"莎

---

① 张誉介等:《〈理查三世〉采访笔录》,《戏剧》2003年第2期,第130~131页。
② 参见〔德〕布莱希特《布莱希特论戏剧》,丁扬忠、张黎等译,中国戏剧出版社,1990,第210页。

士比亚的理查三世"变成"林兆华的理查三世"。在这部戏里,理查三世不再是莎士比亚笔下的一个文学形象,而是林兆华导演呈现自己对于剧本的主题思想的理解的工具,同时,人物的抽象与符号化也给观众解读人物带来"留白",让观众对于剧目主题产生更多的思考。

在林兆华版本的人物塑造中,观众既看到了布莱希特"陌生化理论"的应用,也看到了中国传统戏曲演出方式的回归。由于布莱希特理论在西方剧场的广泛传播与应用,这样的人物塑造方式对于西方观众来说并不罕见,对于中国观众来说,这也是中国戏曲里常见的手法。因此,林兆华别出心裁的人物塑造既能使外国观众理解改编者的意图,也能让中国观众看到熟悉的传统曲艺方式,在一定程度上降低了不同文化背景下可能产生的文化障碍。

但可惜的是,这样杂糅的技法应用使整部剧的呈现略带实验色彩,很难获得观众的广泛认可,也难以获得更加广泛的传播。2001年剧目首演时,北京首都剧场的上座率不足1/3,观众纷纷表示"看不懂"。[①] 这就形成了一个较为尴尬的局面:剧目想要实现莎剧的中国跨文化传播,运用了东西方戏剧手法融合的先锋表达模式,但观众却无法适应这种舞台呈现形式,剧目没能实现广泛的传播,形成有效的讨论。

二 极简与戏曲元素融入的舞台设计

除了人物形象塑造外,这两部戏在舞台设计上改动很大,与原剧的设定截然不同,两位导演不约而同地在其中融入了中国传统戏曲的元素与理论成果,体现出了导演对这部戏的独特理解和鲜明个人特色。

(一)王晓鹰版本:"视听一体"的中西合璧式演剧结构

王晓鹰版本在舞台和服装设计上可谓极力运用中国元素。作为一部受邀参与环球剧场举行的"环球莎士比亚戏剧节"的中国话剧作品,这部戏在舞台与服装的设计上起到了很好地将中国文化向西方传播的作用。

---

① 参见贾薇《话剧〈理查三世〉遭遇尴尬》,《北京日报》2001年2月23日。

王晓鹰将舞台的设计理念总结为"视听一体的中国式演剧结构"。① 在舞台空间安排和置景中，王晓鹰版本借鉴了中国传统戏曲中"一桌二椅"的设置，进化成为"二桌四椅"加上一个王座的设置，没有繁复的道具，仅仅用简单的布置展现出剧本中需要的各种场景。正如中国传统戏曲作品中简单的"一桌二椅"既可以展现华贵的宫廷，也可以代指破瓦寒窑一样，这部戏中的置景也只是一种抽象的指代，在演出过程中，随着演员的出场与台词的呈现，舞台上的置景才被赋予具体的地点含义。这样的场景设置十分具有中国戏曲舞台置景的写意特点，演出过程中对于戏剧场面的展示方式也体现了中国传统戏曲中写意的特点。在剧目刚一开场时，两个戴着面具的演员举着两面大纛旗上台，表演了京剧中程式化的打斗套数，一红一白两面大纛旗代指历史上约克家族和兰开斯特家族进行的红与白的"玫瑰战争"。整个表演没有写实的兵刃相接，甚至没有真实的道具战马与军队，简简单单的两人两旗就将一场战争述说完毕。这样以简单的人和物取代繁复的写实布景和人员调动的做法，不只方便场景的转换，也留给观众更大的想象空间。

这部戏中演员的服装造型没有使用莎士比亚原剧本中所处时代的西方宫廷服饰，而是使用了具有中国元素的传统服饰，部分角色的妆容借鉴参考了中国戏曲的妆容，比如被理查派去刺杀哥哥乔治的两个杀手，直接采用了京剧中丑角勾脸的方式。京剧中的丑角是负责插科打诨的滑稽角色，而剧中的两个杀手也恰好是这样的角色。京剧的丑角装扮既能使了解中国戏曲的观众一下子明白两个角色的定位，也能让外国观众对这两个角色印象深刻。

在视觉设计上，王晓鹰版本还将英文的字母进行了方块字化的设计，即艺术家徐冰以中文象形造字的方式，将英文单词中的每个字母按照中文偏旁部首的间架结构重新组合，重新排列原本横向书写的单词，使每一个单词看上去神似一个汉字。在这部戏中，"谎言"（lie）、"战争"（war）、"杀戮"（kill）等和剧情紧密相关的方块字化英文单词展示在整个舞台最后方的幕布上（见图1），点明了这部戏的关键主题。这样的设计给中外观众

---

① 王晓鹰、杜宁远主编《合璧：〈理查三世〉的中国意象》，文化艺术出版社，2016，第11页。

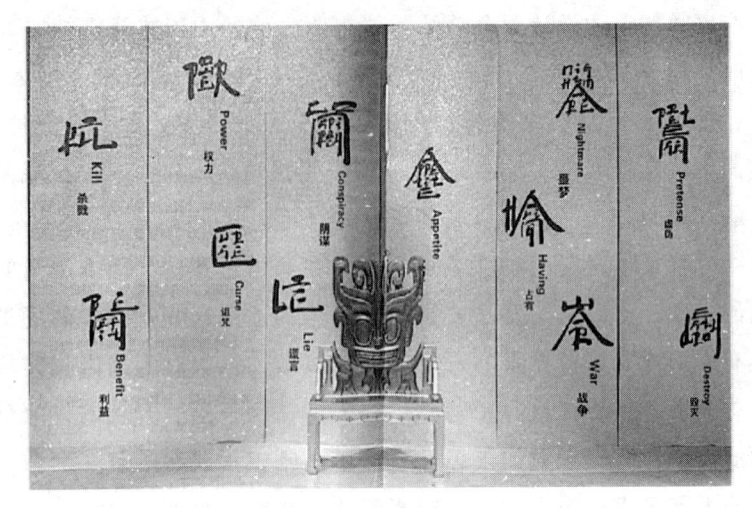

图1 王晓鹰版本中英文方块字化的设计布景

都带来一种陌生又熟悉的观感，更加明确了这部跨文化戏剧作品文化融合的主题。

除了视觉上中国元素的应用以外，王晓鹰版本在听觉感官上也使用了大量的中国元素。首先就是整部作品的配乐使用了中国传统的打击乐，主要的乐器包括板鼓、排鼓、木鱼和梆子等。[①] 具体来看，剧一开始，两个士兵举着大纛旗上台，鼓点随着台步加快，在他们用旗杆对打时，每次旗杆的碰撞都配合着鼓点，与京剧中人物配合鼓点蹚着四方步上台相类似。在剧目进行过程中，演员的定点动作和细微的眼神等需要强调的部分也都像京剧中人物的亮相一样有着鼓点的配合。与此同时，剧中饰演安夫人的演员的部分台词运用了京剧中韵白的方式，富有戏曲韵味的台词表达也给观众带来了听觉上的中国文化体验。

上述种种中国化的舞台置景、服化设计、演奏乐器与念白的使用，构成了王晓鹰导演所期望的中国式戏剧，带给外国观众一种沉浸式的、全方位的中华文化体验，表现了中式的审美。在演出形式上，王晓鹰导演并没有将这部戏改编成一部彻头彻尾的中国戏曲，而是保留了原著的人物姓名和西方话剧以说为主的演出方式，在设计置景时保留了英文字母而不是直

---

① 王晓鹰、杜宁远主编《合璧：〈理查三世〉的中国意象》，文化艺术出版社，2016，第70页。

接将其改为汉字,这种种做法可以说是尽可能地达成中西戏剧的融合,实现了呈现上的中西合璧。

(二) 林兆华版本:光影与隐喻的运用

林兆华版本与王晓鹰版本在舞台表现上采用了截然不同的方式,王晓鹰版本运用了中国传统戏曲中写意的舞台呈现方式,将原剧本中的场景进行了简化的展示,相比之下,林兆华版本就显得更加简单,甚至达到了极简的程度。在舞台置景中,设计人易立明摒弃了许多具有实际意义的写实道具,只用幕布、框架以及几把简易的椅子穿插出现,表现不同的情景。这是一种充分利用了舞台假定性的设计方法,林兆华导演运用了中性舞台语汇,没有繁复华美的宫殿,没有宏阔的战场,只借用极简的框架形置景来展示原剧本中描绘的各种宏大场面。这种方式可以让观众对整个场景有更多的想象,也给原剧本中切换得很快的场景找到了合适的表达方式。

这种视觉体验无论是对于习惯了西方写实布景还是习惯了中国写意抽象布景的观众来说,都是一种较为新奇的"陌生化"的体验。这种"陌生化"更贴合这一名词的初始概念,即用非常见的手法体现常见的事物,做到"使熟者生"的效果。钱锺书先生曾在《谈艺录》中提及这样的创作方式早在中国北宋时期梅尧臣的诗作中就已经出现,[①] 可见林兆华版本的舞台设置观念也是中西结合的产物。这样的处理会给观众带来一定的距离感,尤其是在这一版本的台词与原剧没有产生距离的情况之下,这种舞台设计带来的距离感就是"陌生化"效果的来源,也能使观众对于整场戏剧生发出更多的想象。

与此同时,林兆华版本还非常巧妙地在场景设置中运用了光与影的结合。整个舞台的最后方是一块完整的幕布,前区的灯光将演员的动作投影在上面,可以通过演员距离光源的远近来控制他们投影在幕布上的形体大小,形成"高大"与"弱小"对立的视觉感受。林兆华导演借用光与影的配合,让演员在舞台上列队行走,在幕布上投射出一场"老鹰捉小鸡"的戏码,借用影子形成的"高大"与"弱小"的鲜明对比,以老鹰杀死小鸡

---

① 参见钱锺书《谈艺录(补订本)》,中华书局,1984,第 320~321 页。

的投影暗喻理查三世对手足和侄儿的戕害，更暗喻党争与王权的倾轧。整个杀戮的场面充满了戏谑感，"老鹰捉小鸡"又是很多观众儿时熟悉的游戏，林兆华导演以这种看似玩耍的方式呈现血腥的阴谋与死亡，展示了人们对于阴谋与暴力的麻痹和冷漠，由此更加凸显了悲剧的色彩。[1] 这种光与影的运用也很容易让中国观众联想到皮影戏，演员演出时所说的台词就可以类比皮影戏中摆弄皮影的人附加的解说词，传统曲艺技法的现代应用也给观众带来了新鲜的体验。

林兆华导演说这一版本的《理查三世》就是从形式开始的，[2] 舞美设计易立明也认为形式应该先于内容。这是一种非常具有中国传统戏剧风格的处理方式，体现出一种对形式美的追求高于对角色和具体内容的阐释的状态。[3] 由于这部戏对人物和内容没有具体写实的描绘，于是就让观众有了极大的阐释空间，让观众在看戏的时候带入自己的理解，尤其是呈现给外国观众时，导演可以收获来自不同文化背景的观众对于中国改编的理解，从而认识到中国改编的特点。因此，这样的改编方式对于戏剧的跨文化传播是有一定的好处的。

三　结语：莎剧中国改编的跨文化传播和影响

近年来，中国出现了莎剧改编多样化的趋势，剧目种类的范围从传统的京剧和昆曲扩展到西式的话剧，内容也从单一的莎剧原始文本扩展到将几部作品融合在一起，串讲一个更加宏大或更像是莎翁个人传记的故事。如田晓威编导的话剧作品《威廉与我》，以莎士比亚的生平为主线，融合了多部莎剧作品，讨论了"文学应该为谁写作"这个具有现代性的话题。林兆华导演的民俗喜剧《仲夏夜之梦》融入了大量中国民俗歌曲与民俗乐器，同样运用了"跳进跳出"的手段呈现出中国式的喜剧。这些都是中国导演

---

[1] 参见 Li Ruru, "Millennium Shashibiya: Shakespeare in Chinese-speaking World", eds. by Dennis Kennedy, Yong Lilan, *Shakespeare in Asia: Contemporary Performance*, New York: Cambridge University Press, 2010, p. 180.

[2] 张誉介等：《〈理查三世〉采访笔录》，《戏剧》2003年第2期，第134页。

[3] 参见陈友峰、韩丽萍《审美机制的限制与人物的弱化——试论戏曲美学特征对人物形象塑造之影响》，《戏曲艺术》2001年第1期，第23页。

将莎剧与中国传统戏曲艺术及现代话题融合的不断尝试。

　　本文中提及的两部剧的改编则基本遵循了原剧的叙事情节，以话剧的形式呈现。而王晓鹰和林兆华两位导演对于改编方式的选择与他们的戏剧观念有密切的联系。梅耶荷德曾在1935年4月14日举办的"梅兰芳剧团访苏总结讨论会"上的发言中说："如果我们在中国剧团独特而卓越的大师们的作品展示后，能在自己身上找出许多过错就好了……此次的巡回演出在苏联戏剧生活中将产生重大影响，我们有必要一次又一次地理解和铭记梅兰芳博士的作品中体现出来的东西。"[①] 王晓鹰在他的博士学位论文中以梅耶荷德的发言为引子展开了对东西方戏剧假定性的讨论，发掘了中西方戏剧舞台假定性的异同，继而提出"以神为重的神、形统一，以意为重的意、境统一，包括以情为重的情、理统一的诗化意象"[②]。由此可见，王晓鹰导演一直以来致力于探索中西方戏剧的融合方式，并从中国戏剧具有假定性、写意性的艺术形式中汲取养分，将其运用在自己的戏剧创作中。

　　林兆华的戏剧观念也在很大程度上受到中国传统戏曲艺术的影响，他认为在话剧演出时，演员应该增强与观众的交流感，这一点就是参考了中国戏曲的演出方式。而后，他又与高行健合作，开始了先锋戏剧的尝试，在演出形式与主题表达上都进行了创新性的探索。从1990年的《哈姆雷特》开始，林兆华对经典剧本进行自我解读，以实验戏剧的形式将其搬上舞台，表现出了强烈的个性，但依然存在略显晦涩，无法获得更广泛传播的弊端。但总而言之，这两位中国导演都在不断探索中国话剧的呈现形式，也在努力尝试将西方戏剧与中国的文化语境进行有机地结合。

　　就《理查三世》这部戏来看，王晓鹰版本的编导重视外在的中国元素应用，作为受邀参与国外戏剧节演出的剧目，王晓鹰版本很好地完成了向西方观众传递中国元素的任务，并以此为契机向世界展示了中国的传统曲艺文化。同时该戏又基于西方观众较为熟悉的莎士比亚的剧本，减少了西方观众在理解剧情上的障碍，便于文化元素的传播，英国《卫报》（*The Guardian*）在演出结束后给出了4分（满分5分）的高分，评论者安德鲁·

[①] 李湛编辑整理《"梅兰芳剧团访苏总结讨论会"记录》，皮野译，载《当代比较文学》（第九辑），华夏出版社，2022，第151~152页。

[②] 王晓鹰：《从假定性到诗化意象》，中国戏剧出版社，2006，第115页。

迪克森（Andrew Dickson）在报道里说："莎士比亚笔下最畸形的反派似乎出奇地具有说服力。"①这段评论和打分足以说明西方观众对王晓鹰版本改编的认可。

　　林兆华版本的改编看起来没有很明显的中国元素，但却内化应用了中国曲艺理论和创作手法。林兆华导演以一种很先锋的方式，利用现代化的多媒体手段将16世纪的戏剧搬上了现代舞台，让观众耳目一新。而先锋的呈现方式背后蕴藏的，是中国传统艺术流传下来的理论积淀，更是布莱希特根据中国传统戏曲生发出的现代戏剧理论成果的本土回归。虽然海外观众知道这是中国导演的莎士比亚改编作品，但是林兆华导演并没有运用非常直白的中国元素给予观众一份"中国盛宴"，因此观众对这部剧的评价就会更加广泛，受到的限制也更少，我们也可以收获到更加真实的海外观众对中国改编的印象和评价。

　　在跨文化戏剧的传播效果体现上，王晓鹰版本作为中国话剧的代表，是专门为国外戏剧节准备的，有刻意传播中国元素的目的，相较于林兆华版本而言显然有更好的传播效果。但是林兆华版本用了一种非常聪明的方式，将西传的戏剧理论进行了中国化的回归，让海外观众在感到熟悉的同时又有些许陌生，此外，也能在一定程度上以西方戏剧理论为基础了解中国传统戏曲艺术的理论。

　　虽然上述两部戏都有很多可取之处，但它们的不足之处也很明显。林兆华版本的改编过于重视形式运用，观众理解起来存在一定的困难。王晓鹰版本中外显的中国元素的运用对于传播中国文化起到了积极的效果，但是对于人物的塑造显得过于简单，缺乏现代戏剧的层次、人物深度和发展性，对于中国元素的应用也显得有些过于直白，未免有落入西方视野下的东方范式中的弊端。

　　由此可见，中国莎剧的改编虽然已经有了一定的成果，但想要做出于观众、于历史有意义的跨文化戏剧，依然还有很长的路要走。

---

① Andrew Dickson. *Richard Ⅲ – Review*, The Guardian, 2012 – 5 – 2.

《红字》与霍桑的革命保守主义

——新历史主义再解读*

李素杰 宋天怡**

摘 要 美国作家纳撒尼尔·霍桑的代表作《红字》实际是基于两个历史背景创作的：一是作者所处的时代背景，即19世纪美国；二是小说的虚构背景，即17世纪新英格兰。本文意图从新历史主义的理论视角出发，挖掘作者创作背景与小说虚构背景之间的复杂纠缠，揭露作者隐藏在小说背后的个人信仰和意识形态。我们认为，信奉天命、惧怕革命的霍桑在《红字》中暗中发动了一场抵制革命的斗争，将17世纪的新英格兰重建成一片清教圣地，并使颇具反叛精神的主人公海丝特放弃斗争，自愿归顺于社会秩序，而摇摆不定的狄梅斯代尔则为自己险些犯下的错误付出了生命的代价。最终，霍桑巧妙地瓦解了这对恋人的反叛计划，成功将革命的萌芽扼杀在摇篮之中。

关键词 霍桑 《红字》 革命保守主义 伪女权主义 新历史主义

一 引言

对于一个想要描绘历史场景的作家来说，最终呈现的作品会不可避免地受到个人思想的影响，同时带有作者所处时代的文化烙印和历史偏见。

---

* 教育部人文社会科学研究规划基金项目"冯内古特小说中的跨物种叙事研究"（项目编号：17YJA752007）阶段性成果，国家社科基金重大项目"美国族裔文学中的文化共同体思想研究"（项目编号：21&ZD281）阶段性成果。

** 李素杰，北京第二外国语学院英语学院教授，主要研究方向为英美文学、美国小说、生态批评；宋天怡，北京第二外国语学院英语学院硕士研究生，主要研究方向为英美文学。

因此，文学研究者需要具备敏锐的历史意识，不仅要关注作品所设定的背景，还要关注作者所处的时代背景。美国学者罗斯·默芬（Ross Murfin）认为，以新历史主义分析一部文学作品可以颠覆过去对历史和小说的固有观念和定义，深挖和"深绘"作品背后的历史背景。[①]纳桑尼尔·霍桑（Nathaniel Hawthorne）的《红字》（The Scarlet Letter）兼有19世纪的作者创作背景和17世纪的小说虚构背景，这使它成为新历史主义研究的理想文本。

国内外对《红字》的新历史主义研究已经取得了一些杰出成果。具有代表性的国外研究学者包括乔纳森·阿拉克（Jonathan Arac）、拉里·雷诺德（Larry J. Reynolds）、唐纳德·皮斯（Donald E. Pease）和萨克凡·伯克维奇（Sacvan Bercovitch）。阿拉克和雷诺德关注的是小说的创作背景，阿拉克认为《红字》具有政治宣传的色彩，霍桑借此表达对废奴运动的反对，雷诺德指出了霍桑对欧洲革命的消极态度。皮斯更关注小说的虚构背景，他认为霍桑将故事设定在17世纪源于他对革命和进步的恐惧。以三位学者的研究成果为基础，伯克维奇讨论了霍桑试图以妥协取代欧洲式激进主义的思想，认为海丝特的回归代表的是一种"折中的英雄主义"[①]。国内的相关研究较少，比较具有代表性的学者是孙胜忠，他剖析了《红字》与17、19世纪历史文化事件的复杂关系。这些研究都或多或少地涉及了霍桑对革命的看法，但尚未有人立场鲜明地以革命为研究主题，深入系统地探讨霍桑对革命的抵制态度以及这种消极革命观的根源。本文力图以前人研究为基石，集中地论述霍桑的革命保守主义以及它在《红字》中的体现，同时解答关于霍桑对海丝特态度的歧义性问题，指出海丝特人物塑造中的伪女权主义及其根源。

虽然《红字》是虚构小说，但霍桑是基于17世纪波士顿历史所书写的，书中有多个历史人物，并且他在引言《海关》中讲述了自己在萨勒姆海关任职期间的真实经历，解释了《红字》的创作灵感来源。这说明除虚构叙事外，作者还加入了历史叙事和传记叙事。但同时，在霍桑描述其任职经历的记叙中，关于他如何发现印有字母A的红布和记载红字佩戴者故事的手稿的叙述真假难辨，极有可能是虚构的。也就是说，霍桑在虚构的

---

① Murfin, Ross C. (eds.) The Scarlet Letter: Nathaniel Hawthorne, Boston: Bedford Books of St. Martin's Press, 1991, p. 2.

小说中加入了真实的历史元素，同时又在真实的传记叙述中加入了虚构成分。可谓虚虚实实，真真假假。尽管小说的背景设定在17世纪的新英格兰，但它实际上影射的是霍桑所处的19世纪美国及欧洲暗流涌动的社会政治图景。霍桑选择17世纪的波士顿作为小说的背景，是为了掩饰他创作的真正意图，即消解暴力革命的势能，发起一场反对革命的斗争。下面，本文即从新历史主义的视角，结合历史事实和小说情节，深挖霍桑在《红字》中表现出的革命保守主义，揭露他在《红字》中悄声发动的消解革命的斗争。

二 革命的19世纪和恐惧革命的霍桑

19世纪中叶，革命的浪潮席卷了整个欧洲并迅速点燃了美国的革命火种，众多革命运动应运而生。当爱默生、詹姆士·洛威尔和玛格丽特·富勒等许多美国人盛赞这一革命时，霍桑却对欧洲的暴力革命十分恐惧。信仰天命的霍桑满腹疑虑，他忧心革命带来的暴民群体与暴力抗议会给美国民主造成毁灭性的打击，革命导致的个人变故也加深了他对革命的厌恶和抵制。

（一） 革命战火纷飞的欧洲和信仰天命的霍桑

1848~1849年，欧洲爆发了轰轰烈烈的革命运动。也是在此期间，霍桑开始了《红字》的创作并于1850年出版。作者动笔创作《红字》的1848年被迈克·拉波特（Mike Rapport）等历史学家称为"革命之年"，欧洲各地激进的工人阶级和中产阶级自由主义者发动武装革命，力图推翻旧的君主专制统治，建立新的自由秩序，组建立宪政府，实现民族独立。这场革命风暴席卷了整个欧洲，几乎所有的国家和城市都参与其中，包括意大利的西西里、威尼斯、罗马和米兰，法国的巴黎，德国的柏林和慕尼黑，奥地利的维也纳等。在狂风暴雨般的革命冲击下，这些国家和地区的统治者以及不得人心的权贵纷纷下台。为了更有效地组织无产阶级的革命并为他们提供科学的理论指导，马克思和恩格斯积极创建革命组织，并发表了《共产党宣言》。欧洲革命失败后，《共产党宣言》被流亡的德国革命者带到了美国。

欧洲的革命激发了美国民众对革命的极大兴趣和关注,革命运动的领导者在美国人眼中也成为英雄一样的人物。尽管革命最终以失败告终,在美国引发的轰动也是稍纵即逝,但仍给美国社会和文化留下了深刻的印记。美国的文化界深受欧洲革命思想的影响和鼓舞,希望通过革命的方式解决美国社会的沉疴痼疾,尤其是奴隶制问题和妇女地位问题。

然而,此时霍桑的反应却与周围热火朝天的革命热情格格不入。当身边的朋友甚至自己的妻子纷纷通过演讲、集会和游行等实际行动来表达对革命的支持时,霍桑却对欧洲的革命运动表现出怀疑和忧虑。他认为所谓的伟大革命事实上是由一群狂热又愚蠢的"无知暴徒"发动的暴行。[1] 这些暴徒将革命视为美国独立战争"伟大道德"的实践,实际上违背了人类的"基本道德准则",甚至本质上是对道德的一种损害。[2] 尽管革命本身具有改变社会现状的巨大能量,有时也会带来一些可喜的变化,但霍桑担心暴力革命和暴徒的激进行为会造成毁灭性的后果,其严重程度会远远超出积极影响。

霍桑对革命的反对态度源于他对社会弊病"可完全治愈"这一观念的质疑以及对天命的坚定信仰。霍桑的祖先世代都是虔诚的加尔文教信徒,身为第五代后人,他无法摆脱清教教义对自己的影响,最显著的表现就是他对天命的笃信。依佩里·米勒所言,清教主义的核心是对"超自然恩典"的信仰,清教徒认为上帝的恩典不赖于任何"先决条件或准备",而是以一种"不可抗拒的力量"降临在选民身上,任何人都无力争取或抗拒这份恩惠。[3] 霍桑虽然没有肯定先定论的思想,但他相信某种不可抗拒的力量是真实存在的,上帝或神拥有的这种力量主宰了整个世界,要求万事万物依照特定的规律和准则运行,霍桑称之为"天命"(Providence)。霍桑认为社会弊病无法被彻底清除,所谓的完美道德和完美社会并不存在。因此在小说

---

[1] Pease, Donald E. *Visionary Compacts*: *American Renaissance Writings in Cultural Context*, London: The University of Wisconsin Press, 1987, p. 50.

[2] Pease, Donald E. *Visionary Compacts*: *American Renaissance Writings in Cultural Context*, London: The University of Wisconsin Press, 1987, p. 59.

[3] Miller, Perry. *The New England Mind*: *The Seventeenth Century*, Cambridge: Harvard University Press, 1939, p. 34.

《红字》中,新英格兰严苛的清教教规并没能阻止牧师的罪行,表面高风亮节、完美无瑕的狄梅斯代尔却偷偷犯下令人不齿的通奸罪。霍桑认为,仅凭人类的智力和意志无法完美地实行道德改革,① 而人类自以为对社会有益的举措有时会导致毁灭性的后果。因此,霍桑将革命和改革视为人类干涉天命的非自然运动,不能真正地改善人类社会,只有不受人类干涉、自行运作的天命才能消除社会弊病。

这一态度在《红字》中得到了充分体现。故事的开端,海丝特之所以没有选择去往英国或欧洲其他国家从而逃离法律和道德的惩罚,是因为天命所具有的"无法抗拒、避无可避"的神秘力量将"她最深处的灵魂"死死地拴在这片清教殖民地,使海丝特甘愿留在新英格兰接受世人的白眼,用辛勤的劳动、精妙的手艺和简朴的生活涤净罪恶的灵魂,造就另一个"纯洁之躯"②。在讽刺海丝特同时代那些思想自由的人时,叙述者指出,真正的智者即便拥有最大胆、最高深的思想,也不会参与到社会变革中,而是"用最平静的姿态心甘情愿地接受社会规则的约束"③,因为智者洞察了天命运作的自然规律,他们高深的思想足以安抚蠢蠢欲动的心,无须投身于血腥残暴的反抗与革命中。此外,欧洲革命的失败也使霍桑确信,任何形式的革命都潜藏致命的危险并终将走向灭亡。

(二) 革命战火蔓延的美国和抵制革命的霍桑

欧洲革命给19世纪中叶的美国撒下了激进主义的火种。受到革命思想的激励,美国人更加关注社会和政治问题,对奴隶制、工业革命、吞并得克萨斯等一系列社会现象提出质疑,这使美国经历了独立之后第一次剧烈的"政治动荡"④。在美国19世纪的众多革命运动中,最为著名的是废奴运动和女权运动,而霍桑反对革命的倾向也突出表现在对废奴运动和女权运

---

① Hawthorne, Nathaniel. "Life of Franklin Pierce," *The Complete Writings of Nathanial Hawthorne*, Cambridge: The Riverside, Press, 1900, p. 166.
② Hawthorne, Nathaniel. *The Scarlet Letter* (Oxford World's Classics), New York: Oxford University Press, 2007, pp. 64 – 65.
③ Hawthorne, Nathaniel. *The Scarlet Letter* (Oxford World's Classics), New York: Oxford University Press, 2007, p. 129.
④ Jesmaj Azyze, Ismaznizam. "Conservative and Antirevolutionary Ideology in *The Scarlet Letter*: A New Historicist Analysis," *GEMA Online Journal of Language Studies*, No. 1, 2007, p. 53.

动的抵制上。

霍桑对废奴运动深恶痛绝的原因之一与他的个人经历有关。1848年，霍桑正在萨勒姆海关享受他平静的稽查官生活。此时，伴随着美国内部对蓄奴制的激烈争论，民主党与辉格党之间的斗争愈演愈烈。为在总统竞选中获胜，辉格党派的扎卡里·泰勒（Zachary Taylor）呼吁所有土地自由党派中的辉格党员支持废除奴隶制。泰勒因此得到广泛支持，于1848年就任美国第十二任总统。辉格党上台后不久，忠于民主党的霍桑受到牵连，丢掉了海关稽查官的职位，清闲的工作和养家糊口的经济来源随之丢失。尽管霍桑在《海关》中把担任海关稽查官的生活描述得无比空虚无聊，但实际上他依赖于这份薪水来养活一家老小，所以失去这份工作对他打击巨大，也让他充满怨恨地把一切归咎于废奴运动的冲击。在《海关》的结尾处，霍桑把自己比作"一个断头的稽查官"①，暗指自己与那些在欧洲革命中被送上断头台的国王们"同命相怜"，成为这种"带有狂热和怨恨的恶意与复仇精神"②的革命暴力的无辜受害者。

然而，霍桑对废奴运动的反对不仅仅因为个人利益的损失，他从思想上就不支持废奴主义。他认为废奴主义要求立刻、彻底地废除奴隶制的激进行为违背了天命运行的自然法则。许多评论家和学者注意到，霍桑创作的传奇小说中从未涉及奴隶制问题，③ 这种奴隶制话题的缺失，或者说在奴隶制问题处理上的"失败"其实源于霍桑对废奴主义的抵制。在为好友富兰克林·皮尔斯赢得总统大选撰写的《富兰克林·皮尔斯自传》（Life of Franklin Pierce）中，霍桑明确表达了对奴隶制的态度。他认为"仅凭人的智慧和努力无法颠覆它［奴隶制］"，并断言这些激进的废奴主义者会"把宪法撕成碎片"，让美国这个耗费了上帝近200年时间才造就的有序国家四分五裂。即使废奴运动最后侥幸获得成功，也会"以两个种族的毁灭而告终"。霍桑承认奴隶制本身是一种恶行、一种社会弊病，但他更愿意等待神

---

① Hawthorne, Nathaniel. *The Scarlet Letter* (*Oxford World's Classics*), New York: Oxford University Press, 2007, p. 37.
② Hawthorne, Nathaniel. *The Scarlet Letter* (*Oxford World's Classics*), New York: Oxford University Press, 2007, p. 34.
③ Fleischner, Jennifer. "*Hawthorne and the Politics of Slavery*," Studies in the Novel, No. 1, 1991, p. 96.

圣非凡的上帝依据最自然朴素的法则来修正这一错误,而不是依靠愚蠢的人类鲁莽行事,发动暴行。霍桑相信,在天命净化后的未来世界,奴隶制会自然而然地"像梦一样消失"[①]。

霍桑不仅抵制废奴主义,也反对女性以革命斗争的方式争取女性权利。欧洲革命彻底失败后,许多美国民众对革命的看法发生了改变。保守派认为暴力革命不利于美国民主的发展,爱默生等人也意识到革命潜在的血腥和残暴可能让国家陷入混乱。[②] 在霍桑熟识的人中,只有玛格丽特·富勒始终对革命充满信心并积极投身于革命运动,尤其是对美国女权运动的积极推进。很多学者认为,霍桑以玛格丽特·富勒为原型塑造了海丝特·白兰这一形象,但霍桑对这一形象的塑造并非如很多人认为的那样充满同情与钦佩,而是颇具复杂性和含混性。他表面上对她充满同情,暗地里却把她塑造成具有革命思想但落得悲惨结局的女主人公。伯克维奇称之为"霍桑式讽刺"[③]。

1848年,霍桑创作《红字》的第一年,首届美国妇女权利大会在塞内卡瀑布举行,他见证了女权运动的崛起。美国女性试图用革命来纠正和修补自然法则,争取女性权利,这让霍桑大为震惊。他认为不应该用人类的力量干预这些社会问题,用革命的手段更是万万不可。在小说中,当海丝特备受社会偏见的压抑,开始思考女性存在的意义与价值时,霍桑告诫她,女性缺乏"深刻的思考"[④],没有足够的能力和才智解决社会不公和性别歧视,只有一种方法可以改变女性的命运,那就是天命。

霍桑认为,女性争取平等权利的斗争是无望成功的艰难任务,因为"只有自身先经历了一种更为巨大的变化后,女性才能享受到这些初期改革的好处"[⑤]。换言之,他认为社会变革对改善女性的境况和地位并没有实际

[①] Hawthorne, Nathaniel. "*Life of Franklin Pierce*," *The Complete Writings of Nathanial Hawthorne*, Cambridge: The Riverside, Press, 1900, pp. 163–166.

[②] Bercovitch, Sacvan. "*Hawthorne's A-Morality of Compromise*," *The Scarlet Letter: Nathaniel Hawthorne*, edited by Ross C, Murfin. Boston: Bedford Books of St. Martin's Press, 1991, p. 349.

[③] Bercovitch, Sacvan. "*Hawthorne's A-Morality of Compromise*," *The Scarlet Letter: Nathaniel Hawthorne*, edited by Ross C, Murfin. Boston: Bedford Books of St. Martin's Press, 1991, p. 352.

[④] Hawthorne, Nathaniel. *The Scarlet Letter* (*Oxford World's Classics*), New York: Oxford University Press, 2007, p. 130.

[⑤] Hawthorne, Nathaniel. *The Scarlet Letter* (*Oxford World's Classics*), New York: Oxford University Press, 2007, p. 130.

作用,只有等待"光明时代"或者"天时"的降临,到那时,女性的思想发生深刻的变化,男女之间自然会形成平等幸福的关系。① 因此,在故事的结尾,他让海丝特回到波士顿,自觉自愿地重新戴上红字,安慰和告诫身边的妇女,静待新的真理出现。

值得注意的是,尽管反对废奴主义和女权运动,但霍桑决不能被简单地贴上种族主义者或男性沙文主义者的标签。他对废奴运动和女权运动的反对是出于一种"文化策略"②,即霍桑的革命保守主义,是出于他对激进主义的强烈反对。他同情海丝特在追求纯真爱情道路上的遭遇,但他反对通过离经叛道的行为获得自由。霍桑抵制任何形式的革命,因为在他看来,试图修正或治愈社会弊病的革命本质上是"非自然"的尝试,极有可能造成社会动荡和国家分裂。他坚信,只有无所不能的天命才能在维持社会稳定的基础上拨乱反正。

三 《红字》对革命精神的镇压

从某种意义上来说,《红字》讲述的是"一位叛逆者如何最终融入社会"的故事,③ 因此霍桑的保守主义革命观在小说中得到了充分表达。首先,霍桑选择17世纪的新英格兰作为小说的社会背景是因为当时的美国在时空上远离了19世纪的欧洲革命浪潮。其次,为了杜绝激进主义的存在,他又将17世纪的新英格兰重塑成一片理想的清教圣地,抹去了不和谐的历史印记。最后,在故事的结尾,代表反叛精神的海丝特自愿归顺于社会秩序,迷途知返。借用这些手段,霍桑表达了对激进叛逆的否定,表明了他反对革命冲动的立场。

(一) 重塑清教圣地

霍桑将《红字》的社会背景设置在17世纪的新英格兰清教社会,这源

---

① Hawthorne, Nathaniel. *The Scarlet Letter* (*Oxford World's Classics*), New York: Oxford University Press, 2007, p. 201.
② Murfin, Ross C. (eds.) *The Scarlet Letter: Nathaniel Hawthorne*, Boston: Bedford Books of St. Martin's Press, 1991, p. 354.
③ 孙胜忠:《霍桑的〈红字〉:传奇面纱后的历史小说》,《外国文学评论》2020年第1期,第232页。

于他对革命唯恐避之不及的恐惧。这片大陆既在时间上远离了南北冲突激烈、内战一触即发的19世纪中叶的美国,又在空间上远离了清教革命盛行、社会动荡不安的17世纪英国,为霍桑的小说提供了一片相对安宁的清净之地。

对霍桑来说,回到新世界的最初——新英格兰的清教时代,是一场回归纯洁之地的旅程,远离了罪恶的现代,远离了可怕的革命。但仅仅回到革命前的时代还不够。历史上,17世纪的新英格兰并不是一片完美的圣洁之地,因为这里还有霍桑的清教祖先犯下的累累罪行。因此,霍桑需重塑一片无罪的理想化的清教圣地,在虚构的空间彻底净化新英格兰社会。

净化的要务之一便是清除小说中清教移民者的革命意识。事实上,17世纪的清教徒经历了两次重大革命。一次是17世纪20~40年代以"五月花号"闻名的清教徒前往新大陆的移民运动,另一次是1642~1651年发生在旧大陆的英国内战。清教移民运动的革命本质很容易被人忽略,而米勒认为,清教徒通过移民运动"拥有了自己的革命",实现了定居新地、扩张领土、巩固势力的目标,完成了一场争取宗教自由的"成功的革命"[1]。英国内战则是一场推翻君主制、争取政治自由的革命,这场国王与清教议会之间的斗争最终以查理一世的公开处决落下帷幕,被辉格党称为清教革命。17世纪的清教徒们勇敢地发动革命,促进社会进步,革命精神早已深深植根于清教文化之中。

然而,在霍桑的《红字》中,清教徒对革命毫无兴趣,他们没有任何改变或者推翻现存社会秩序的想法。与现实中的新英格兰清教徒完全不同,这些戴着尖顶帽的波士顿人认为"自由的思想"和激进的革命是比通奸罪"更为致命的罪行",革命思想是像魔鬼一样邪恶又危险的"幽灵般的访客"[2]。他们更注重道德上的追求,所以始终对至高道德的代言人——牧师狄梅斯代尔怀有崇高的敬意,赞赏他过人的智力、渊博的学识和卓越的口才,即便在牧师坦白自己的罪行之后,他的教众仍然对狄梅斯代尔充满"敬畏和惊叹"[3]。当犯下罪孽的海丝特靠精妙绝伦的针线手艺养活自己和孩

---

[1] Miller, Perry. *Errand into the Wilderness*, Cambridge: Harvard University Press, 1956, p.193.
[2] Hawthorne, Nathaniel. *The Scarlet Letter* (*Oxford World's Classics*), New York: Oxford University Press, 2007, p.129.
[3] Hawthorne, Nathaniel. *The Scarlet Letter* (*Oxford World's Classics*), New York: Oxford University Press, 2007, p.199.

子,过上独立、高尚、有尊严的生活时,当地居民开始赞赏她的优良品质,罪恶的红字 A 也被赋予了勤劳能干和圣洁、良善、正直的"天使"的含义。① 似乎是为了完成祖先"净化"土地的夙愿,霍桑将新英格兰重塑成一片理想化的清教圣地,可惜这只是他个人的美好幻想,与历史事实相悖。霍桑承认 17 世纪是人类智力高速发展的时代,但他认为那些所谓的"知识分子"发动革命改造社会的梦想只是空谈,革命并不能真正切实地消除社会弊病、促进社会进步。② 《红字》中的新英格兰和清教徒是历史背景与作者意识形态融合而成的"文化产物",包含了霍桑的革命保守主义和对"欧洲式激进主义"潜在危险的警示。③ 这样一片没有革命侵扰的清教圣地为霍桑提供了一个全新的、可以重新选择的世界。

此外,清教祖先的累累罪行也让霍桑既羞愧又愤懑,坚定了他重塑一个理想化清教社会的决心。在《海关》中,霍桑表达了对自己清教祖先的严厉谴责,称他们为臭名昭著、"心狠手辣的迫害者"④,指出他们为净化清教社会驱逐、迫害持异见女性的行为的非人道性。然而,在他自己的作品中,为了净化他理想中的 17 世纪新英格兰,霍桑使充满叛逆精神的海丝特失声,使刚刚鼓起勇气想要冲破世俗、追求新生的狄梅斯代尔"迷途知返"、在忏悔中死去,使这对爱侣逃离禁锢、奔赴幸福的计划落空,并让海丝特孤独终老,至死都背负着象征罪恶的红字——这种为求净化的处罚方式似乎并不比他的祖先们更加人道。

(二) 镇压潜在革命者海丝特

霍桑的革命保守主义导致了他对海丝特·白兰前后矛盾的态度。当海丝特努力恢复在社会中的正当地位时,霍桑给予了她极大的同情和宽容;而当海丝特表现出革命意识,表现出激进的姿态,试图颠覆现存社会体制

---

① Hawthorne, Nathaniel. *The Scarlet Letter* (*Oxford World's Classics*), New York: Oxford University Press, 2007, p. 124.
② Hawthorne, Nathaniel. *The Scarlet Letter* (*Oxford World's Classics*), New York: Oxford University Press, 2007, p. 129.
③ Bercovitch, Sacvan. "Hawthorne's A-Morality of Compromise," *The Scarlet Letter: Nathaniel Hawthorne*, edited by Ross C, Murfin. Boston: Bedford Books of St. Martin's Press, 1991, p. 340.
④ Hawthorne, Nathaniel. *The Scarlet Letter* (*Oxford World's Classics*), New York: Oxford University Press, 2007, p. 10.

时，她便失去了霍桑的慈爱和怜悯。霍桑殷切期望社会能迈入渐进式进步的正轨，所以他用相对温和的方式警告和惩罚海丝特。

霍桑在前十二章表现了对海丝特遭遇的深切同情。一开始，海丝特默默忍受一切苦难，对人们的责难毫无怨言、从不反抗，因此霍桑称她为充满神圣光辉的"圣母"。① 在这一阶段，只有与贝林厄姆发生口角时，海丝特的叛逆精神才有所显现。但因为她的反抗并非为了推翻总督的统治秩序，而是为了争取女儿小珠儿的抚养权，这一举动顺应了"自然法则"的要求，② 所以，海丝特最终赢得了孩子的抚养权。在霍桑看来，抚养和保护自己的孩子是一个母亲的天性，也是一个女人不可推卸的责任，符合自然法则和社会秩序的要求。因此，这种自然天性驱使下的叛逆没有激怒霍桑，他仍然对海丝特充满了同情与支持。

转折点出现在第十三章，这时海丝特开始质疑性别歧视和社会不公，甚至萌生了推翻现存社会体制、追求平等自由的革命思想，这使霍桑大为震惊。惶恐不安的霍桑收回了他的仁慈，并断言海丝特若不是有小珠儿的陪伴和提醒必将面临极悲惨的结局。如果没有小珠儿——这位"上帝的使者"——一次次将母亲拉回正轨③，满心"黑暗思想"的海丝特会成为意图推翻清教统治的"女预言家"，最终葬身于"严酷的宗教法庭"④。从这一章起，对当下社会秩序的不满和初露端倪的革命意识使海丝特失去叙述者的宠爱，开始被描述成离经叛道的罪人。在霍桑的设计下，海丝特扔掉红字的行为被制止，逃往欧洲的计划也化为泡影，一切都表明海丝特的革命始终停留在意识层面，唯一的行动计划也被扼杀在萌芽状态。自始至终，海丝特既没有主动尝试改变人们对她的态度和看法，也没有公开反抗通奸罪的惩罚，更没有为自己的女性地位和权利做出任何抗争，唯一的一次斗争也是为了获得珠儿的抚养权，而这完全符合男权社会对女性身份的定义。

---

① Hawthorne, Nathaniel. *The Scarlet Letter*（*Oxford World's Classics*），New York：Oxford University Press, 2007, p. 46.

② Reynolds, Larry J. *The Scarlet Letter and Revolutions Abroad*，American Literature, No. 1, 1985, p. 60.

③ Hawthorne, Nathaniel. *The Scarlet Letter*（*Oxford World's Classics*），New York：Oxford University Press, 2007, p. 143.

④ Hawthorne, Nathaniel. *The Scarlet Letter*（*Oxford World's Classics*），New York：Oxford University Press, 2007, p. 129.

因此，海丝特并非很多论者认为的女权主义者，霍桑也并非支持女权主义的作家，《红字》中所表现的女权主义是一种伪女权主义，是对女权主义的暗中嘲讽。霍桑笔下的海丝特，是戴着镣铐的舞者，一举一动皆在清教规约的严苛限制之下。她那惧怕革命的作者时刻小心提防，绝不允许她将革命的意愿付诸实践。正如莫顿·克罗宁（Morton Cronin）所言，海丝特这个人物的吊诡之处在于，她可能是美国小说中最伟大的女性人物，原因却是"她的创造者不喜欢她"[1]。

《红字》中，定居点的清教徒逐渐接纳海丝特并不是因为他们改变了对婚姻、通奸乃至宗教的看法，而是因为她的善良和勤劳迎合了清教社会对高尚道德的追求。在当地人眼中，从监狱走出的海丝特潜心改过，慢慢蜕变为一个遵从清教秩序的天使般善良的女人、一个遵从社会秩序且勤劳能干的女人，因此他们逐渐忽略了海丝特通奸犯的身份，开始慢慢信任她、欣赏她。红字完成使命"功成身退"[2]之时，海丝特的革命精神也已消失殆尽，她成为"社会凝聚力与延续性"[3]的牺牲品。在故事的最后，海丝特回到承载她此生所有罪恶、悲伤与痛苦的新英格兰继续赎罪，心甘情愿将猩红的 A 重新佩戴在胸前，以忍耐和忏悔的姿态等待那个更光明时刻的到来。她最终醒悟，只有在社会体系内的努力才是有价值的，像自己这样违背过社会秩序的有罪之人是没有资格成为女先知的，"揭示神圣和神秘的真理的使命"应当托付给一位"崇高、纯洁、美丽"的智慧女性。[4] 换言之，她心悦诚服地接受了自己不洁之身的罪人身份，红字的职责最终得以实现。

与终生赎罪的海丝特不同，狄梅斯代尔从未萌生"非自然"的激进思想，所以他在霍桑笔下得到了救赎，上帝之光净化了他的灵魂。与海丝特的林中会面使他的精神防线开始松动，在经历了艰难的心理斗争后，狄梅

---

[1] Cronin, Morton. *Hawthorne on Romantic Love and the Status of Women*, PMLA, No. 1, 1954, p. 91.

[2] Hawthorne, Nathaniel. *The Scarlet Letter* (*Oxford World's Classics*), New York: Oxford University Press, 2007, p. 130.

[3] Bercovitch, Sacvan. "*Hawthorne's A-Morality of Compromise*," *The Scarlet Letter: Nathaniel Hawthorne*, edited by Ross C, Murfin. Boston: Bedford Books of St. Martin's Press, 1991, p. 345.

[4] Hawthorne, Nathaniel. *The Scarlet Letter* (*Oxford World's Classics*), New York: Oxford University Press, 2007, p. 204.

斯代尔勉强同意了海丝特的逃跑计划,但他随即陷入了绝望和癫狂中。因为对他而言,与海丝特一起逃跑是对神圣的法律和清教教义的背叛与亵渎,这让他如坐针毡、惶惶不安。只有在放弃了逃跑,重新皈依他"熟悉的清教悖论"[1]后,狄梅斯代尔才重获内心的平静,并最终得到小珠儿的宽恕,安详地死在海丝特的怀里。

在主角四人团中,"妥协大使"小珠儿得到了最幸福的结局。[2]小珠儿一直致力于将母亲海丝特从革命深渊的边缘拉回,将她带回社会规范的正轨,是红字 A 使命的维护者和践行者。当海丝特恨不得撕烂代表耻辱、让她痛苦万分的红字时,还在襁褓中的小珠儿就被那"金色刺绣的闪光"深深吸引,微笑着伸手去抓它,[3]仿佛与红字有着神秘的联结。当海丝特在森林中和牧师约定一起逃走,如释重负地把红字扔到溪边时,小珠儿做出激烈的反应。她一遍遍用力地、明确无误地用小食指指向母亲空荡荡的胸口,伴随着"刺耳的尖叫声"剧烈地扭动着身子,直到红字被重新佩戴在海丝特胸前,她才平静下来,重新拥抱和亲吻母亲。[4]只有温顺的、放弃逃跑和叛逆念头的海丝特才能得到她的亲近和宽恕。她是上帝派来的使者,是这场反革命斗争中的功臣,因此霍桑特许她远嫁欧洲,过上平静又幸福的生活。小珠儿前往欧洲的举动也象征了霍桑意图在革命浪潮中维护原有社会秩序的理想。

结　语

反对革命的霍桑不能被简单定性为"反对社会进步",恰恰相反,他对清教祖先的腐朽落后深恶痛绝,主张社会的不断进步,并且在《红字》中表达了促进社会进步的主张。例如,小说中对通奸罪的惩罚十分温和,以

---

[1] Bercovitch, Sacvan. "Hawthorne's A-Morality of Compromise," *The Scarlet Letter*: *Nathaniel Hawthorne*, edited by Ross C, Murfin. Boston: Bedford Books of St. Martin's Press, 1991, p. 346.
[2] Jesmaj Azyze, Ismaznizam. "Conservative and Antirevolutionary Ideology in The Scarlet Letter: A New Historicist Analysis," *GEMA Online Journal of Language Studies*, No. 1, 2007, p. 60..
[3] Hawthorne, Nathaniel. *The Scarlet Letter* (*Oxford World's Classics*), New York: Oxford University Press, 2007, p. 76.
[4] Hawthorne, Nathaniel. *The Scarlet Letter* (*Oxford World's Classics*), New York: Oxford University Press, 2007, p. 164.

至于在霍桑同时代的读者中引起强烈的不满和愤怒。按照17世纪的清教规约，犯了通奸罪的人应当被施以绞刑，而书中的海丝特只需佩戴红字 A，然后在绞刑架前站上一段时间就算作惩戒了。这是因为，霍桑并不完全赞同对通奸罪的严苛处决。他认为海丝特与狄梅斯代尔的爱情是符合天性的，是"激情之罪"而非"原则之罪"或"目的之罪"①，可以获得谅解，反而是无论年龄还是性情都毫不般配的奇灵沃斯对海丝特的病态占有欲与自然法则相悖。但毕竟后者有婚约的保护，海丝特与狄梅斯代尔的爱情违背了清教法律与习俗，所以必须要接受一定的惩戒。于是，绞刑架从一个处决罪犯的冷酷刑罚机器，变成了"培养良好公民"、警示人们遵纪守法的象征物。②但变成了象征物的绞刑架并没有被彻底拔除，而是仍然屹立在海丝特的身后。霍桑想借此说明，治愈社会弊病不需要激进的彻底颠覆，而是可以依靠法律的力量完成"循序渐进的进步"③。他坚信，在美国的土地上，通过革命来实现上帝旨意的路是走不通的，就像满心激进思想的海丝特无法得到救赎。相反，在社会秩序的范围内遵守既定的法律，耐心等待天命自行运转，将一切拨回正轨，才是真正的治愈社会弊病的良方。

尽管霍桑并不反对社会进步，但他的革命保守主义观念的局限性也是不言自明的。单纯依靠天命来实现社会进步的想法唯心而且荒唐，霍桑期待的自然而然的社会进步发生的可能性微乎其微。当原有的制度已经从根本上腐败、各种矛盾问题积重难返时，人类社会需要暴力革命和激进运动来推动前进。倘若没有暴力革命和激进运动，没有霍桑所反对的废奴运动和女权运动，没有美国南北战争，美国的历史将会重写，黑人奴隶和女性获得平等与自由的日子会遥遥无期。正如马克思在《共产党宣言》中指出的那样，想要消除社会弊病，只有用暴力推翻痼疾累累的社会制度，无产阶级和受压迫群体才能真正摆脱枷锁，"获得整个世界"④。

---

① Hawthorne, Nathaniel. *The Scarlet Letter* (*Oxford World's Classics*), New York：Oxford University Press, 2007, p. 156.
② Hawthorne, Nathaniel. *The Scarlet Letter* (*Oxford World's Classics*), New York：Oxford University Press, 2007, p. 45.
③ Hawthorne, Nathaniel. *The Scarlet Letter* (*Oxford World's Classics*), New York：Oxford University Press, 2007, p. 126.
④ 《共产党宣言》，人民出版社，1997，第62~63页。

·人文交流·

北京大运河文化品牌的建构与跨文化传播研究[*]

宫月晴　唐子涵[**]

摘　要　本文以北京大运河为主要研究对象，充分挖掘北京大运河的建设机理，对运河文化的生成演变进行跨文化研究。本文采用案例分析法，深入分析北京运河文化品牌的建设现状及不足。研究发现，目前北京大运河文化品牌已完成初步的品牌塑造，但仍存在品牌建设、品牌延伸及品牌传播三个层面的不足。对此，本文为北京大运河文化品牌建设提出相关建议，即在品牌建设层面，北京大运河应升级品牌识别，塑造品牌 IP；在品牌延伸层面，应进行"运河 +"产业融合，善用电商平台进行市场推广；在品牌传播层面，应构建多元传播矩阵，打造跨文化传播的国际文旅品牌。

关键词　大运河　文化品牌　跨文化传播

中国大运河是世界上里程最长、工程最大的古代运河，是中国南北水运的大动脉，是连接全国的政治中心和经济重心，是祖先留给华夏民族后代的宝贵遗产。2017 年 2 月，习近平总书记在视察通州时指出，"要古为今用，深入挖掘以大运河为核心的历史文化资源。保护大运河是运河沿线所有地区的共同责任，北京要积极发挥示范作用"[①]。大运河北京段除了具有中国大运河文化的共性之外，还具有鲜明的政治国脉和经济动脉的历史价值。

文化品牌是文化产业市场化和品牌化的结果，具有特定的象征意义和

---

[*]　北京市哲社科重大项目"大运河文化品牌国际传播的北京行动机制与战略研究"（项目号 22JCA003）阶段性研究成果。

[**]　宫月晴，北京第二外国语学院文化与传播学院教师，主要研究方向为文化传播、形象建构、品牌传播；唐子涵，中国传媒大学广告学院研究生，主要研究方向为品牌营销与传播。

① 《北京大运河"五脉"：独具魅力的文化符号》，《北京日报》2017 年 12 月 25 日，第 16 版。

文化内涵，大运河文化可以借助品牌建设多维赋能。大运河所蕴含的文化特性和历史意义足以形成独特的文化品牌，进而在跨文化传播中展现出中华文化的丰厚韵味，彰显出国家形象的丰富立体。

一 北京大运河文化品牌建设现状

（一）品牌建设层面

品牌建设包含品牌定位、品牌形象、品牌规划、品牌内涵、品牌识别、品牌价值观等方面，大运河作为一种文化品牌，目前处于品牌建设初期，本文将重点围绕品牌定位、品牌内涵以及品牌识别三部分对大运河品牌建设情况进行探析。其中，品牌定位是大运河文化品牌建设发展的方向标，可以体现北京大运河的核心价值；明晰品牌内涵对于大运河品牌的宣传、推广及维护有重要意义；品牌识别是大运河品牌形象对外展示的载体，有助于形成鲜明的品牌个性。

1. 品牌定位

北京市政府2019年发布《北京市大运河文化保护传承利用实施规划》（以下简称"规划"），对北京市大运河文化建设做出五年计划。规划提出："展望2050年，大运河文化带将成为服务社会主义文化强国战略、全国文化中心、世界文化名城的示范工程，成为满足人民日益增长的美好生活需要的民心工程，成为建设国际一流的和谐宜居之都、京津冀世界级城市群、'千年运河'中华文明金名片的标志工程。"[1] 根据品牌定位策略，北京大运河的定位应明确与其他文化的区隔并确定自身的独特位置，进而形成利于传播的品牌定位。结合上述规划，北京大运河品牌定位可提炼为"世界文化名城示范工程，打造中华文明金名片"。

2. 品牌内涵

2018年，北京市政府转载的光明网文章《大运河文化的内涵与价值》

---

[1] 关桂峰：《构建"一河、两道、三区"：北京发布大运河文化保护传承利用实施规划》，《新华每日电讯》2019年12月5日，第3版。

中称，运河文化的内涵包括技术文化、制度文化、社会文化三大类。① 首先，技术层面的运河文化主要指运河人工开挖中引水工程、蓄水系统、整治系统等水利技术的创新，它浓缩了历代官员、专家以及百姓的心血与智慧。其次，制度文化主要为漕运及运河治理制度。最后，社会文化主要是由运河及其流经区域民众所创造、遵循、延续的文化。此外，2019年，中共中央办公厅、国务院办公厅印发了《大运河文化保护传承利用规划纲要》，其中对"大运河"及其当代价值做出了如下阐述："大运河是中国古代创造的一项伟大工程，是世界上距离最长、规模最大的运河，展现出我国劳动人民的伟大智慧和勇气，传承着中华民族的悠久历史和文明。"② 结合现有文件对大运河文化内涵和价值的阐述，以及未来北京大运河朝着国际化文化品牌发展的目标，本文将大运河的品牌内涵提炼为水利技术的中国创造、治理制度的中国智慧、源远流长的中国故事。

3. 品牌识别

目前北京大运河文化旅游景区的形象标识为蓝绿色河带状，该标识为2020年北京市通州区文化和旅游局组织的"北京（通州）大运河文化旅游景区形象标识（LOGO）及宣传语征集"活动获奖作品，活动结束后被应用于北京大运河文化旅游景区官网。该形象标识以运河的"运"字为切入点，附加代表景区的塔形标识，颜色为蓝绿色渐变，同时对字体进行变形，使其看起来更像蜿蜒的河流，风格简约大气又不失古朴。该标识对运河文化进行了一定程度上的凝练，展现了大运河的历史文化内涵，是景区品牌塑造的重要工作。

（二）品牌延伸层面

品牌延伸是指利用现有的较为成功的品牌进入新的产品类别，推出新产品的品牌策略。品牌延伸包含产品延伸、品类延伸、市场延伸、地理延伸等方面。大运河品牌的延伸主要以文化为基础，向旅游和演艺两个领域发展。

---

① 吴欣：《大运河文化的内涵与价值》，《光明日报》2018年2月5日，第14版。
② 中共中央办公厅、国务院办公厅：《大运河文化保护传承利用规划纲要》，《新华每日电讯》2019年5月29日，第1版。

1. 旅游产业

大运河纵贯北京百余公里，在北京水系生态景观格局中占有核心地位，与城市景观和谐镶嵌、有机融合，形成了流淌于古都新城中的亮丽风景线。旅游资源在各区分布特色不一，资源优势各有侧重。北京大运河依靠丰富的旅游资源进行品牌延伸，合理利用旅游景区的自然资源，积极打造相关文旅设施，塑造大运河旅游景区的文旅品牌，已经初步拓展大运河品牌文旅影响力，逐步实现"以产品促品牌"的品牌延伸效果。

大运河北京段横跨昌平、海淀、西城、东城、朝阳、通州六区，总体表现为两端生态、中间文化的特点。其中昌平区作为大运河北京段源头，以白浮泉遗址为资源核心，建设大运河源头遗址公园，目前公园一期已完成主体建设；海淀区长河、昆明湖（瓮山泊）的特色则是具有皇家气质；西城区什刹海覆盖了众多人文休闲与商业集群；东城区的玉河故道遗址遗迹与南锣鼓巷商业特色相得益彰；朝阳区以通惠河为代表的滨河游憩资源突出；顺义区主打生态资源和乡村资源；通州区资源最为丰富，正在建设北京大运河文化旅游景区，逐步形成大光楼、漕运码头、柳荫码头等五大主题片区和25公里环河特色游线。

2. 演艺产业

北京已举办数次大运河文化节、大运河文化创新创意设计大赛、城市副中心文旅产业峰会等活动，并建设了运河文化产业园、艺术小镇等，在激发文旅消费的同时，积累演艺成果，丰富运河文化故事。此外，通州区运河文化带周边建立了多个艺术小镇，以宋家庄、通州区台湖演艺小镇、张家湾等地为主，小镇不断引进文艺团体驻场演出、举办音乐会、邀请设计企业入驻、举办时装周等，有效拉动了运河周边的文化产业经济带建设。

在文艺创作方面，运河文化创作百花齐放，以大运河为背景的长篇小说《北上》获得第十届茅盾文学奖和第十五届精神文明建设"五个一工程"奖；第一部完整展示大运河文化的大型辞书《大运河文化辞典·北京卷》正式出版；电视剧《大运之河》《京杭大运河》等展现出大运河的时代剧变；《"瞰·北京"——一座城市的发展密码》系列卫星数字融合短视频在京发布，其中《永不停歇的京杭大运河》通过数字地球技术的扩展应用，定制了北京中轴线、京杭大运河等超广空间的动态画面。

（三） 品牌传播层面

在大运河品牌传播中，本文将侧重从网络传播、活动传播以及跨文化传播三个方面进行现状分析。网络传播重点研究北京大运河的自媒体运营现状；活动传播梳理大运河近年来举办的重点品牌传播活动；跨文化传播聚焦北京大运河近年来以跨文化传播为主题的相关活动。

1. 网络传播

目前北京大运河设有"北京大运河文旅""京都大运河""北京通州大运河文化旅游服务平台"等微信公众号，各微信公众号及北京大运河官网发布内容以运河发展建设新闻资讯为主。其中，由北京市通州区文化和旅游局运营的"文旅通州"微信公众号创办的"说说运河民俗那些事儿"栏目，以故事的形式连载大运河民俗文化内容，形式新颖生动。其他平台运营效果不理想，目前北京大运河没有开通抖音、快手等短视频账号；"通州区大运河森林公园"微博账号开通后三年没有更新。整体来说，在渠道建设方面，北京大运河以微信公众号的运营为主，其他平台运营较少；在内容生产方面，北京大运河以新闻资讯报道为主，多样化内容较少。

2. 活动传播

北京大运河近年来已举办系列品牌传播活动，活动形式和内容较为丰富，以运河文化宣传、传承和旅游资源风光展示为主。活动主要分为以下四类：其一，以数字科技为主的大运河 VR、3D 长卷展览，从数字科技的视角展现大运河的真实风貌；其二，以论坛形式开展的围绕运河发展、非遗文化传承的学术交流活动，活化运河文化资源，弘扬运河文化传统；其三，以文化节形式开展的特色线下活动，包含市集展示、传统表演、文创互动、摄影展览等，用群众喜爱的活动形式传播大运河文化，彰显大运河的生态之美、生活之美和生机之美；其四，以体育健身为主题的大运河行走活动，用全民健身的体育活动倡导大众深度领略运河风光，激发运河文化活力。

3. 跨文化传播

文化品牌国际化在一定意义上可以说是文化的国际化，文化输出重于产品输出，没有文化输出就没有品牌国际化。2021 年，北京市文旅局副局长刘斌在北京城市副中心（通州区）"十四五"规划纲要新闻发布会上指出，北京市将扩大运河文化的国际影响力，在副中心举办北京国际非遗周，通过运河主题展览推进世界各地运河城市的友好合作。北京大运河的跨文化传播活动主要自2021年开始，目前已举办数场以运河跨文化传播为主题的传播活动。活动以文化节、媒体采风和艺术交流活动为主，向世界各地人民积极展示大运河文化带建设成果，传播中华文化，提升运河文化国际影响力。

二 北京大运河文化品牌建设不足

（一）品牌建设层面

一方面，大运河目前没有形成鲜明的标识和口号。现在北京大运河文化旅游景区已经有蓝绿色运河的标识设计，但是该标识尚未形成较为广泛的传播力和影响力。另一方面，大运河缺少自有品牌IP。IP形象的塑造对于文化品牌来说有着不可小觑的作用，北京拥有长城、故宫等多项世界文化遗产和世界级旅游品牌，大运河作为北京第七项世界文化遗产，还没有塑造出成熟的品牌形象。

（二）品牌延伸层面

一方面，上下游文旅产业联动性较弱。目前北京大运河文旅发展处于相对初级阶段，缺乏总体规划整合。大运河作为线状河流和带状文脉，旅游产品缺乏在空间和文脉上的互通，也缺少设施和文化上的互联，对运河沿线的产业带动性不强。另一方面，商业性市场营销不足。宣传和推广作为文化发展中重要的环节之一，对沿线旅游经济发展有重要作用。然而，大运河文化品牌缺少充分的营销规划，品牌溢价能力较低，没有形成具有市场规模的品牌效应。

（三）品牌传播层面

在国内传播方面，传播渠道相对集中在传统媒体、政府官网和微信公众号上，其他渠道的使用不多；传播内容以新闻资讯为主，高质量内容生产能力不足；传播策略比较单一，媒体矩阵尚未形成。在跨文化传播方面，大运河作为流动的文化应该将首都城市形象与中国国际形象有效结合。目前北京运河跨文化传播的主要内容是通过举办展会、艺术节等形式来进行的，也有将运河与数字技术相结合，如3D运河、京杭大运河VR等较为丰富的活动形式。但目前还没有形成认知度较高的文化符号和国际化旅游品牌，没有形成有效的国际影响力。

三 北京大运河文化品牌建设策略

（一）品牌建设策略

1. 品牌识别：升级VI设计，凝练大运河品牌形象

品牌形象设计需要在品牌定位策略基础上设计一整套符合品牌内涵的VI视觉识别系统，包含品牌标识、品牌吉祥物设计、品牌宣传语、品牌色彩搭配等要素。VI设计要着重强调大运河北京段的技术地位、制度地位、社会地位，体现大运河文化内涵及其跨文化传播影响力。具体来说，品牌标识建议沿用"运"字，增加年轻化、创新化要素；品牌宣传语可参考在品牌国际化建设方面较为成功的企业品牌的口号风格和形式。

2. 品牌IP：打造动漫形象，提升大运河品牌亲和力

建议利用数字化技术展示大运河多维度、立体化的文化品牌形象，提高内容传播的感染力和传播效果。可以打造北京大运河文化品牌吉祥物IP，运用动漫代言人为大运河讲述千年历史故事，充分利用线上线下资源，形成"实体—动漫'代言人'—虚拟"三位一体的大运河吉祥物IP，逐步增强大运河品牌文化的影响力、感召力与亲和力。例如，推出品牌虚拟吉祥物IP，借助虚拟形象让大运河文化品牌走进年轻人的生活，打通情感壁垒，增加互动空间，建立与青年受众的沟通桥梁。

（二）品牌延伸策略

1. 产业融合：开拓"运河+"模式，促进多领域联动

"旅游+"模型下的产业融合是旅游发展的重要趋势，"运河+文化""运河+体育""运河+演艺""运河+乡村"等模式，可以将旅游产业与文化创意产业、农业、会展业等产业融合，延伸大运河文化的辐射范围。

例如，"运河+乡村"，深入挖掘历史文化名镇名村，联动运河周边乡村，建设独具风情的运河文化生态"特色田园综合体"，助力乡村产业振兴。再如，"运河+体育"，可以按期举办系列体育活动或体育文化节，如马拉松、运河慢走、定向比赛、赛艇赛事等各类体育项目活动，通过网络打卡等方式加强活动宣传，掀起全民健身新风尚，焕发千年大运河新活力。

2. 市场推广：善用电商平台，推动产业链发展

政府和管理部门应重视电商营销平台，依托专业运营团队，形成旅游形象和产品营销相结合的推广模式。在抖音、快手等社交媒体电商平台，不仅可以售卖商品，还可以借助平台流量提高大运河品牌知名度和影响力，带动农文旅产业链的发展。例如举办"运河电商大会"，开设电商店铺，通过直播售卖运河品牌衍生品，如文创周边、运河乡村特色农产品、运河旅游景区门票等，同时，在直播过程中宣传运河文化，激活运河品牌。

（三）品牌传播策略

1. 国内传播：兼顾官网与社交媒体，构建多元传播矩阵

首先，加强官网的权威性与专业性。在官方网站建设方面，政府门户网站应加强内容的丰富度，围绕品牌建设情况，全景式展现大运河历史文化、旅游、民俗风情等资源；开设文旅投资环境、文旅项目推介、文旅节事活动等栏目；多角度、立体化解读和推广北京大运河文化旅游品牌和相关旅游产品。网站设计风格应符合北京大运河的品牌定位，升级视觉设计效果，排版应整齐、简洁、大方，尽量避免板块内容过少或空缺。

其次，提高社交媒体的覆盖面和互动性。以当前的微信公众号为基础，搭建微博、小红书、抖音、快手、头条号等自媒体账号，加强传播覆盖面与到达率。内容生产方面，可组织丰富的线上活动，例如围绕"我与大运河的100个故事""北京大运河还能这么玩""北京大运河传统文化知多少"等话题，借助社交媒体渗透力和亲和力，让居民和游客参与到运河的变化与成长中，让公众成为北京大运河文化旅游品牌的传播者。

最后，运用智能技术的突破力和创新力。打造"新兴数字文明"运河品牌。运用3D动画、VR、AR等先进技术，在社交平台上投放类似于H5互动性的小游戏，传播"大运河数字文明"的概念。利用物联网、人工智

能（AI）、虚拟现实（ML）等技术传播大运河的数字时代新形象。

2. 跨文化传播：兼顾传统与现代，打造国际化文旅品牌

首先，营造品牌建设的国际化环境与氛围，建立整合营销传播思维，积极探索国际化推广模式。国家传播能力建设要加强中国传统文化的传播，中国大运河不仅联通着时间与地域，更联通着传统文化与现代文化。因此，要整合运河各区域文化旅游资源，突出文化个性与共性的有机统一，突出城市与国家形象的有机统一，突出国内与国际视角的有机统一，使中国大运河形象更加丰富立体。

其次，关注国际游客的用户体验。以国际游客的喜好、习惯和需求为着力点，调整优化旅游产品结构，丰富文化旅游产品体系。例如，全力做好品牌国际化解读工程，运河沿线地区共同研制一体化的解说系统，"同一个声音"发声，用世界人民听得懂、能理解的语言讲好中国运河故事，传播"千年运河"国际文旅品牌。

跨文化性：文旅融合的根本特性

刘东梅[*]

> **摘 要** 旅游本身具有典型的跨文化交流的性质，"以文塑旅、以旅彰文"的交叉和融合，使跨文化性成为文旅融合的根本特性。跨文化性主要体现在文旅融合的交流与交际上，文旅的深度融合则是两个不同产业之间的跨文化交际，文旅融合，既是经济事业的要求，也是文化事业的需求。从文旅融合的机制上看，影响文旅产业相互融合发展的动力可分为内在动力和外在推力。综合当前我国文旅行业的实际情况，文旅融合发展的主要模式大体可以概括为三种：文化与旅游结合、旅游与文化结合、文旅与其他结合。在文旅深度融合的今天，构建文旅产业链，完善相应的基础设施，营造良好的跨文化旅游沟通交流环境；保持当地文化的真实性，坚持当地文化的可持续发展；提高从业人员的跨文化沟通技能和素养；创新文旅产品的开发体系，强化文旅印记等，是提升跨文化治理水平可以采取的措施。
>
> **关键词** 跨文化 文旅融合 跨文化交际 跨文化治理

跨文化并不是一个崭新的理论问题，但在文旅融合领域，目前还是一个相对新颖的概念。从广义上来看，在两种或两种以上文化同时存在的环境里，就存在跨文化的理论和实践。不同的文化之间不断发生碰撞和交流，旧文化随之发展，新文化不断产生，跨文化应运而生。文旅产业的融合发展是推动文化产业和旅游产业转型升级的重要途径。[①] 我国早在"十二五"规划中就已提出"文化旅游"概念，2018年文化和旅游部成立，意味着我

---

[*] 刘东梅，副编审，北京旅游杂志社编辑部主任，主要研究方向为文旅融合。
[①] 熊锦：《文化产业与旅游产业融合发展动力、实现路径研究——以长株潭地区为例》，《南方论刊》2022年第2期，第28~29、43页。

国已然迈进了文旅深度融合发展的新时代。因此，促进"以文塑旅、以旅彰文"的交叉和融合，使跨文化性成为文旅融合的根本特性，成为文旅融合的题中应有之义。旅游本身即具有典型的跨文化交流的性质，文旅之间，既有区别，也有联系，常常是你中有我、我中有你，跨文化性伴随着多元文化社会的发展，促使文旅融合成为必然。

一 跨文化性主要体现在文旅融合的交流与交际上

"跨文化"是什么？若想搞清楚"跨文化"，首先必须搞明白什么是"文化"。"文化"是一个相对复杂的体系，它本身与人类的社会生活密切联系，是经由人类创造和加工而形成的。而且文化是动态的，具有流动性和融合性，各种不同文化之间的碰撞、融合是文化持续发展的动力，人类历史上的文化是在互相的融合与交流中发展而来的。[1] 在了解"文化"之后，我们还需弄清楚何为"跨"。所谓"跨"，同时包含跨出（走出单一、封闭、停止的自我）和跨入（走进多元、开放、发展的空间）两层含义。[2] 我们可以理解为"跨"是超越文化的差异性，步入陌生的文化环境，与不同的文化相互磨合，彼此共存，共同进步。

文化在跨文化交际中占有重要地位。20世纪50年代末美国学者爱德华·霍尔的代表作《无声的语言》被认为是跨文化交际学的奠基之作。此后，跨文化交际成为心理学、传播学、教育学等多个领域的热门话题。中国学者胡文仲先生是介绍和推广跨文化交际学的先驱者之一，他在论文《试论跨文化交际研究》中指出，跨文化交际研究既可以是有关文学、历史、哲学思想的研究，也可以是某一个民间传说在各民族文化中不同表现形式的对比，[3] 每种文化都有自己的特性，有自己的轨道，有不同的发展方向，而"当文化的差异和变异影响到人际交往的结果时，跨文化交际就发生了"[4]。

---

[1] 郭晓川：《文化认同视域下的跨文化交际研究》，博士学位论文，上海外国语大学，2012。
[2] 郑凌娟：《跨文化哲学内涵与跨文化行动新探》，《今古文创》2022年第29期，第62~64页。
[3] 胡文仲：《试论跨文化交际研究》，《语言文字应用》1992年第3期，第71~75页。
[4] 刘源：《跨文化交际的语用问题研究》，《商场现代化》2014年第8期，第99~100页。

文旅的深度融合则是两个不同产业之间的跨文化交际。近年来，在国家政策的支持下，旅游业不断与文化产业结合，积极打造以文化元素为支撑的文旅相关产业，进而发展出生态旅游与红色旅游等形式丰富、内容新颖、寓教于乐的旅游项目，充分实现了文旅融合发展，极大地提高了旅游带给人们的幸福感。毫无疑问，不管是生态旅游、红色旅游，抑或是其他带有文化元素的旅游项目，都属于跨文化的交流方式。以旅游为依托，认识和了解差异性的文化，一方面使旅游者收获丰富的旅游体验，另一方面使相关旅游景点中蕴含的文化元素得以传播，包容和维护多样性文化，满足旅游者精神上的需求，丰富人们的生活，这便是文旅融合的深度和精髓。旅游业快速发展的同时，旅游者也成为文化交流和发展的载体，不同文化之间的交流和相互作用不断加强，充分实现了文旅之间的相互促进。因此，从本质上来看，旅游是不同文化特征、不同文化背景的人交流的重要途径，这也证实了跨文化性即为文旅融合的根本特性。

二 文旅融合既是经济事业的要求，也是文化事业的需求

随着经济社会的发展，人们越来越注重旅游的文化性与趣味性，更加在意旅游服务的整体化体系构建，文旅产业的深度融合发展显然已经成为一种潮流和趋势，文旅产业的融合发展已慢慢成为经济增长的新动力。一般认为，文化发展与旅游带动的文化交流互为因果。[1] 我国著名学者于光远先生曾提出"旅游是经济性很强的文化事业，又是文化性很强的经济事业"，认为旅游具有经济性和文化性的双重属性。[2] 经济性即营利性，是经济效应，文化性则是公益性或公共性，是社会效应，两者的融合凸显了文化事业和经济发展的交叉与跨越。

近10年来，以文旅融合发展为主线，改革创新为动力，我国文化建设和旅游发展不断迈上新台阶，文旅产业成绩斐然。文旅部2021年文化和旅游发展统计公报显示，2011年全国文物机构接待观众人次为56687万人次，

---

[1] 郁龙余：《论旅游文化》，《旅游学刊》1989年第2期，第61~63页。
[2] 于光远：《旅游与文化》，《瞭望周刊》1986年第14期，第35~36页。

2019年为134215万人次,约增长137%;全国文物机构由5728个增长至2019年的10562个,约增长1倍;全国文物机构从业人员也由2011年的111338人增长至2019年的162285人。2011年国内旅游人次为26.41亿人次,2019年为60.06亿人次,约增长127%,国内旅游收入由19305亿元增长至57251亿元,约增长2倍。2011~2021年,全国人均文化和旅游业消费增长速度虽不稳定,但始终处于增长态势。由此,在文旅融合的背景下,文旅产业对国民经济的带动作用凸显。2020年以后,受新冠疫情影响,国内旅游人数锐减,相比2019年减少30.22亿人次,下降52.1%;全国文物机构接待观众人次也大幅减少。随着疫情防控的常态化,各级各地政府不断调整和优化防疫机制,文旅产业也在逐步恢复向好。①

表1 2011~2021年全国文物机构、从业人员及接待观众人次情况

年份	全国文物机构数（个）	全国文物机构从业人员数（人）	全国文物机构接待观众人次（万人次）
2011	5728	111338	56687
2012	6124	125155	67059
2013	7737	137173	74706
2014	8421	148095	84256
2015	8676	146098	92508
2016	8954	151430	101269
2017	9931	161577	114773
2018	10160	162638	122352
2019	10562	162285	134215
2020	11314	175742	61632
2021	10545	181492	84591

资料来源:《中华人民共和国文化和旅游部2021年文化和旅游发展统计公报》,https://zwgk.mct.gov.cn/zfxxgkml/tjxx/202206/t20220629_934328.html。

---

① 于蒙蒙:《市场主体不断壮大 文旅产业作用逐步凸显》,《中国证券报》2022年8月25日,第A6版。

表2 2011~2019年旅游业主要发展指标

年份	国内旅游人次（亿人次）	国内旅游收入（亿元）
2011	26.41	19305
2012	29.57	22706
2013	32.62	26276
2014	36.11	30312
2015	39.90	34195
2016	44.35	39390
2017	50.01	45661
2018	55.39	51278
2019	60.06	57251

资料来源：《中华人民共和国文化和旅游部2019年文化和旅游发展统计公报》，https://zwgk.mct.gov.cn/zfxxgkml/tjxx/202012/t20201204_906491.html。

党的十九大报告中明确指出，新时代中国特色社会主义的主要矛盾已经转变为人民日益增长的美好生活需要和不平衡不充分的发展之间的矛盾。随着经济增长，人均收入增多，物质生活越来越丰富，当下，人们对美好生活的向往和追求已经超越了物质层面，更进一步追求精神层面的满足和发展。在旅游过程中，大多数人已经不再是走马观花，追求浅层次的旅游方式和单一的产品形式，而是更加注重感受其中的文化底蕴和历史含义，这便对旅游业的发展提出了更高的要求，也彰显了文旅融合的必然性。旅游者是旅游业发展的基础，旅游者通过旅游体验感受差异性的文化，例如，通过红色旅游景点感受厚重的历史文化和丰富的革命精神；通过乡村旅游景点了解乡村历史文化记忆和发展脉络；通过工业旅游景点感受工业产品的制作过程，了解其背后的文化底蕴。旅游者自身的精神文化需求得到满足，同时也增强了旅游者对我国文化的认同感与自信心。

文旅融合让文化通过旅游的呈现方式而更具魅力，旅游也因文化的加持而更有深度，不仅有助于拉动经济增长，同时也在一定程度上增强了我国的文化软实力。

三 文旅融合的机制

从系统论的角度来看,整个旅游产业是一个系统,而系统的运行充满机理。产业融合是一种经济现象,融合即为不同产业之间,由于政策变化、市场环境等多样因素的影响,互为渗透,互为交叉,产业边界逐渐模糊,最终融为一体的动态发展过程。文旅两大产业本身有着许多共通点,在融合机制研究中,从文旅产业联动发展的基础出发,影响文旅产业相互融合发展的动力可分为内在动力和外在推力。

(一) 内在动力

内在动力主要包括文化要素的相互渗透、旅游需求的扩张以及经济利益的推动。[①] 首先是要素的相互渗透。文化文以载旅,旅以化文,旅游产业本身具有文化性的特点。旅游产业需要旅游资源,旅游景点需要宣传,旅游产品需要包装营销,这本身就不可避免地需要文化产业的支持。其次是旅游需求的扩张推动了文旅融合的发展。随着经济社会的发展,人们的观念和生活方式都发生了改变,逐渐渴求满足精神层面的需求,正是这样的变化推动了文旅融合的发展。最后是经济利益。文旅产业融合的主体是文旅企业,毋庸置疑,追求经济利益是企业的生存法则。经济利益是促进产业发展、升级转型的重要动力。在旅游产业中嵌入文化元素,不仅有助于丰富旅游的内在价值体系,而且也使不同的文化在旅游中被理解、包容和传播。

(二) 外在推力

外在推力包括技术革新、政策导向等。首先是技术革新。文旅产业对技术革新的要求不算高,但也发挥着不可替代的推动作用。在日新月异的今天,网络技术、交通技术、大数据应用技术都能够为文旅产业融合贡献力量,推动文旅产业的转型升级。其次是政策导向。2009年,文化部及国

[①] 熊锦:《文化产业与旅游产业融合发展动力、实现路径研究——以长株潭地区为例》,《南方论刊》2022年第2期,第28~29、43页。

家旅游局共同印发《关于促进文化与旅游结合发展的指导意见》；到 2012 年，国务院办公厅发布《国家"十二五"时期文化改革发展纲要》，明确提出要文旅融合发展，以文化提升旅游的文化内涵，以旅游促进文化消费。随后各个地方相继出台促进文旅融合发展的政策措施。2018 年国家组建文化和旅游部，旅游产业便不断开展文旅融合业态。在国家和地方政府一系列相关政策的支持下，文旅融合得以充分发展。

当然，目前文旅融合发展的体制机制存在一些问题，比如：文旅产品的宣传力度不足、非遗产品旅游功能开发滞后、产业内缺乏专业型创新型人才、缺乏具有世界影响力的文旅名片等。[①]

四 文旅融合的发展模式

综合当前我国文旅行业的实际情况，文旅融合发展的主要模式大体可以概括为三种：一是文化与旅游结合；二是旅游与文化结合；三是文旅与其他结合。其中，"文旅与其他结合"中的其他又可以细分为"创意""农业""健康""教育""科技""休闲"等领域。

"文化与旅游结合"是指文化的价值链向旅游延伸，实现文化的旅游化。[②] 这一模式主要体现文旅融合中文化的主体作用，最典型的便是博物馆旅游、非遗旅游等。我国有大量的非物质文化遗产，都可以抓住文旅融合的机会，以旅游的方式使非物质文化遗产鲜活地呈现在游客眼前，形成非遗＋旅游的具体发展模式，展示非遗魅力，让我国优秀的非物质文化遗产在当今时代依然熠熠生辉，进而得以普及和传承。

"旅游与文化结合"则是在旅游产业中融入文化元素，提高通过旅游收获的幸福感和文化品质。主要体现了文旅融合中旅游的主体作用，最典型的表现则是旅游景点的文旅产品。文旅产品中一般蕴含了设计者的巧思，巧妙地将地域文化、城市及景区特色融合；再者，在景色优美的景点，融

[①] 韦朝烈、陈小文：《广州文化旅游深度融合发展的问题与对策研究》，《探求》2016 年第 4 期，第 44～49、55 页。

[②] 王建芹、李刚：《文旅融合：逻辑、模式、路径》，《四川戏剧》2020 年第 10 期，第 182～184、200 页。

入文化元素，也增强了景点的文化内涵，提升了旅游体验。

"文旅与其他结合"是文旅融合发展的更高境界。文旅融合不仅仅是文旅产业的深度融合，还可以与其他产业相互结合。例如，文旅与农业相结合形成农业文化旅游，文旅与工业相结合形成工业文化旅游，文旅与健康产业相结合形成康养旅游等。[①] 未来，文旅产业的发展还可以与更多产业结合，构成更多题材新颖、内容丰富的文旅业态，从而提高文旅产业融合的综合竞争力。

五 文旅融合背景下的跨文化治理

在多重因素的作用下，通过"文化与旅游结合""旅游与文化结合""文旅与其他结合"等模式推动文旅深度融合，实质上都是为处于不同文化背景的旅游者提供一个跨文化交际的环境。在这种环境里，旅游者体验文化的差异性，感知不同文化的魅力。从本质上来讲，彰显了文旅融合的跨文化性。在文旅深度融合的今天，如何为跨文化交际提供相对良好的环境，推动文旅融合持续长远发展是我们应该思考的。

第一，构建文旅产业链，完善相应的基础设施，营造良好的跨文化旅游沟通交流环境。当地政府或旅游景点需适时增加资金投入，不断完善当地的交通设施、住宿条件，为游客提供交通和住宿便利，提高景点的吸引力。科学规划景点的空间布局，整合景点及其周边的产业链，力争实现全方位、多层次、宽领域的产业链融合，从而为文旅融合注入更多、更充足、更新颖的发展动力，进而促进地方与地区经济增长，[②] 这些同时也是跨文化交际发生的基本要求。

第二，要保持当地文化的真实性，坚持当地文化的可持续发展。促进旅游业与文化产业的融合发展，可为旅游者提供极具吸引力的旅游体验和文化感知体验。在文旅融合中，为了增强文化要素对游客的吸引

---

① 王建芹、李刚：《文旅融合：逻辑、模式、路径》，《四川戏剧》2020年第10期，第182~184、200页。
② 刘玉堂、高睿霞：《文旅融合视域下乡村旅游核心竞争力研究》，《理论月刊》2020年第1期，第92~100页。

力，抑或是迎合商业需求，部分旅游景点进行了一定程度的重整和改造，在这个过程中，失去了其本身所具有的真实性和文化特色。这样一来，旅游者就无法体味其中所蕴含的文化生命力和历史价值，跨文化交际难以发生，甚至产生负面影响。因此在对旅游景点进行改造或修整时，必须最大限度地保留其原有风貌，使文旅的结合能够获得持续发展的动力和生命力。

第三，提高从业人员的跨文化沟通技能和素养。文旅融合的背景下，文旅产业快速发展，为劳动市场提供了更多就业机会，而从业人员的文化素养也很大程度上影响跨文化交流的质量。因此，旅游景点或地方政府必须要长期致力于相关人才的培养，提升从业人员的沟通技能、文化知识水平、职业道德等，使其能够为旅游者提供良好的体验，充分感知地域文化，促成高水平的跨文化交流。

第四，创新文旅产品的开发体系，强化文旅印记。文旅融合的发展也为文旅产品提供了发展契机。文旅产品要推向市场，就必须进一步整合其搭配形态，以形成完整的文旅产品开发支持保障系统。因此，首先要完善其系统，推出以地域文化为主题，必要时呼应节假日文化的旅游产品，推陈出新，使游客通过购买和鉴赏文旅产品充分感知其中所蕴含的文化精髓和城市底蕴，从而使跨文化交流上升到更高层次，达到最佳效果。

随着文旅融合的不断发展，跨文化特性日益凸显，跨文化交流也随之日渐频繁。文旅融合要实现高质量的持续发展，就必须为跨文化交际提供良好的环境，只有在良好的交际环境中，跨文化交际才能够达到积极效果，文旅产业方能获得持续发展的长远动力。

·布吕尔专题·

《游叙弗伦》导读[*]

克里斯托弗·布吕尔（Christopher Bruell）/文　周安馨/译[**]

摘　要　《游叙弗伦》的主题是苏格拉底赖以生存的哲学与城邦政治共同体之间存在不可避免的冲突。该对话主要的表层目的是苏格拉底跟随游叙弗伦学习，从而应对美勒托斯认为他不虔敬且败坏的指控。而其真正目的是证明游叙弗伦控告自己父亲的行为不虔敬，说服游叙弗伦撤诉。实际上，苏格拉底拒斥了游叙弗伦所教授的知识，转而质询他有关神明及虔敬的问题。游叙弗伦认为神之所喜者是虔敬，一切虔敬的事物都是正义的，惩罚不义之人就是虔敬。而苏格拉底则表明虔敬是一种型相、形式，并不依赖于有关神明的先在知识，隶属于或在本质上存在争议的正义。最终，游叙弗伦发现自己无法教授苏格拉底关于虔敬与神明的知识。苏格拉底以"无知"战胜了游叙弗伦的"知识"。

关键词　苏格拉底　《游叙弗伦》　城邦诸神　虔敬　正义

一

苏格拉底的一生中，最为引人注目的是其生命走向终结的方式：按雅典陪审团的判决，他被处以极刑。当然，一个人生命中最为引人注目的事

---

[*]　原文出处：Christopher Bruell, "Euthyphro", in *On the Socratic Education: An Introduction to the Shorter Platonic Dialogues*, Lanham: Roman & Littlefield, 1999, pp. 118 – 133.

[**]　作者：克里斯托弗·布吕尔（Christopher Bruell），波士顿学院政治学系荣休教授，曾先后求学于康奈尔大学、耶鲁大学，后在芝加哥大学跟随列奥·施特劳斯（Leo Strauss）学习并取得博士学位，其研究涉及修昔底德、柏拉图、色诺芬、自由教育等领域。译者：周安馨，北京师范大学文学院博士研究生。

实并不一定也最具有揭示意义。但是，一些事务激起了苏格拉底的城邦民同胞们的愤怒。如果这些事务对他的生活来说至关重要，且如果此类事务无法避免地惹怒众人，使其命悬一线，那么，苏格拉底之生命走向结束的方式就尤其具有揭示意义。《苏格拉底的申辩》中，苏格拉底也曾这样断言。在该对话中，他讨论了这种愤怒的根源，甚至声称：他可能去往其他任何一个城邦，但他在其中的处境也不会比他在雅典的处境更好（37c4 - 38a8，即涉及对话前文 20c4 及以下）。受审之时，苏格拉底也确实曾为自己辩护。而其辩护陈词——及其使人动容的力量——很大程度上是因为，他陈述了他赖以生存的哲学和政治共同体之间本质的、不可避免的冲突。然而，即便因有关这种必然冲突的陈述而动容，我们也无法把握该冲突的缘由，甚至无法由此确认它是否真的必然存在。在我们已引用的文段中，苏格拉底几乎承认了，他并未在此处说清事实。

还有另一篇背景（在他的预审听证会当天、当地）和主题（要求他另外解释为何［城邦民同胞们］①责怒于他）都与《苏格拉底的申辩》相似的对话。毫不意外的是，在该对话中，他认为或许可以设法解决他与这座城邦的冲突：设法引导其原告［美勒托斯］放弃对他的不利指控；或者说，即便原告拒绝撤诉，他也可以成功地凭此方法为己辩护。该方法即：只要苏格拉底成为游叙弗伦［Euthyphro］的学生，成为一个不被雅典人在意的人，或更确切地说，只要在这以其中奇怪对话者之姓名命名的对话［《游叙弗伦》］里，游叙弗伦愿意教导苏格拉底，且苏格拉底也表现出从师于游叙弗伦的欲求［他就能做到这一点］。诚然，现在只需阐明这一提议，就足以将它［这一提议］视为"反讽"［ironic］，加以驳斥。并且，不必花费太多时间来阅读这包含了该提议的对话，就能发现更多可将其视为"反讽"的缘由。但是，这一苏格拉底式提议，仅仅②只是反讽而已吗？难道他的意思不是批判性地分析这一伪解［spurious solution］，从而发现它声称要解决之难题的棘手之处吗？

---

① 译者补注：为了避免与原文中作者所使用的（）相混淆，使用［］表示内为本文译者的引用、注释、说明或解释。本文所引柏拉图作品的篇名、人名译法、引文及部分注释主要参考［古希腊］柏拉图《游叙弗伦·苏格拉底的申辩·克力同》，严群译，商务印书馆，1983；《柏拉图全集：中短篇作品》，刘小枫、李致远等译，华夏出版社，2023。据布吕尔所引内容，部分引文有改动。

② 译者补注：原文用斜体以示突出，译文中用楷体显示，下同。

另外，如此指出该难题的棘手之处，意味着要做的不仅只是指出其棘手之处而已。这之所以是一个伪解，或因尽管该伪解能试着解决该难题，但它本身是不可能的；或因尽管它本身是可能的，但它无法解决该难题；要么两者兼而有之。因此，如果某种分析证明这是一个伪解，就在所难免会揭示出为何该伪解所针对的难题如此棘手。因此，恰切地说，苏格拉底赖以生存的哲学与政治共同体之间的冲突是不可避免的。这种冲突的必然性——更确切而言，其必然性的依据——与其说是《苏格拉底的申辩》的主题，不如说是《游叙弗伦》的主题。后者十分动人地描绘了这种冲突。如果确实如此，那么必须首先从《游叙弗伦》里上演的喜剧中学到些什么，才能理解该冲突的意义所在。

二

游叙弗伦开启了这一对话，他惊讶地发现苏格拉底与他同在一地——在"国王"［king］[①] 的前廊或柱廊里，这里远离苏格拉底常去的吕喀昂［the Lyceum］[②]（那是苏格拉底结识年轻人并与他们共度时光的地方之一：参见《欧蒂德谟》［*Euthydemus*］与《吕西斯》［*Lysis*］，以及《卡尔米德》［*Charmides*］与《情敌》［*Lovers*］）。这使他怀疑自己是否知晓为何苏格拉底身在此处。他熟悉苏格拉底，而这种熟悉让他相信，苏格拉底不可能是来这儿和某人打官司的：游叙弗伦正是为此而来；而与他不同，苏格拉底绝不会发起这样的诉讼。确如他所了解到的一样，起因是一个名叫美勒托斯［Meletus］的年轻人对苏格拉底提起了公诉，而他们俩［苏格拉底和游叙弗伦］几乎都不认识这位年轻人。（在雅典，只要想的话，任何人都可以

[①] 译者补注："这里的国王指的就是王者执政官，他与后来相继产生的军事执政官、名年执政官以及六位司法执政官，共同构成所谓的'九官制'。王者执政官继承了古代国王的祭礼职责。"该注释参见《柏拉图全集：中短篇作品》，刘小枫、李致远等译，华夏出版社，2023，第 2 页。

[②] 译者补注："吕喀昂是雅典城郊三个最大的体育场之一，位于东郊。柏拉图将它看作苏格拉底最喜爱待的地方。后来亚里士多德在此建立学园。"该注释参见《柏拉图全集：中短篇作品》，刘小枫、李致远等译，华夏出版社，2023，第 2 页。或译为"绿概安"："古希腊雅典东郊外游技所，与阿波罗（太阳神）庙为邻，故命此名。"该注释参见〔古希腊〕柏拉图《游叙弗伦·苏格拉底的申辩·克力同》，严群译，商务印书馆，1983，第 12 页。

代表城邦发起公诉：那时还没有公诉人［public prosecutor］。）

当游叙弗伦询问苏格拉底被指控的内容是什么时，苏格拉底将其概括为对年轻人的败坏［corruption］；并且，他基于政治理由为这样一种公诉的原则进行了详细辩护。而当游叙弗伦询问苏格拉底被指控创立了什么（poiounta①），从而败坏了年轻人时，苏格拉底并未用太多话语来回答游叙弗伦，而只提及了美勒托斯之指控的第一部分。（这项指控的正式措辞［诉状及誓言］保留在"第欧根尼·拉尔修"［Diogenes Laertius］2.40②中。）由苏格拉底向游叙弗伦陈述的内容可知，美勒托斯那"耸人听闻"的断言是：苏格拉底创立了［全新］诸神，而美勒托斯本人——为了那些神明（旧的诸神）——控告苏格拉底创立全新诸神，不再信仰旧的诸神。因此，苏格拉底也顺带提及，他基于政治理由为游叙弗伦辩护时，是按照虔敬［piety］之考虑的规约来呈现的。但令苏格拉底感到奇怪的是，游叙弗伦（身为预言者［diviner］，他对这些事情特别感兴趣）立刻就明白了。正因苏格拉底时常求助于他的"精灵"［daimonion］③，他被定性为革新神道［the divine things］④之人。

苏格拉底既没有否认，也没有明确证实如下议题："精灵"是他被指控不虔敬的根源。他只是拒斥游叙弗伦的如是倾向：将雅典人对他的反应（对他求助［于精灵］之行为的反应）与他们对游叙弗伦本人的反应相提并论。因为，游叙弗伦曾在公民大会［assembly］上谈论诸神之事，并为雅典人预言未来之事。游叙弗伦承认，尽管他的预言没有任何不实之处，但雅典人仍旧讥笑他，认为他好像疯了。苏格拉底提醒道，就苏格拉底自己的

---

① 译者补注：英文原文为希腊语的拉丁转写，下同。
② 译者补注：参见〔古罗马〕第欧根尼·拉尔修《名哲言行录》，徐开来、溥林译，广西师范大学出版社，2010，第85~86页。
③ 译者补注：或可理解为"灵兆""神性预兆"。该词在英译本中大多为"divine sign"，也有译本作"spiritual sign"。在《柏拉图全集：中短篇作品》（华夏出版社，2023，第42页）及较早前的单行本《苏格拉底的申辩》（华夏出版社，2017，第140页）中，该词被译为"精灵的声音"。此篇中，该词与苏格拉底革新神道的行为有关，故暂将其处理为"精灵"。"精灵"及引入新神之说也可参见〔美〕施特劳斯《色诺芬的苏格拉底》，高诺英译，华东师范大学出版社，2011，第4~7页。
④ 译者补注：后文或根据上下文语境及《游叙弗伦》的中文译本，将"神道"［the divine things］译为"诸神之事"。或也可理解为"神之意旨""关于神的话""有神性的事物"等。

诉讼而言，雅典人的反应是怒不可遏，而非嘲笑。并且，他认为之所以存在这种差异，可能是因为游叙弗伦似乎很少奉献自我，且不愿意教授自己的智慧；而在雅典人看来，出于博爱精神［philanthropy］①，苏格拉底非常乐于教授自己的一切智慧。特别困扰雅典人的，不是他们是否认为某人徒怀智慧，而是某人是否教授自己的智慧、同化［启发］他人。

苏格拉底首度揭示了针对他自己之指控的两大部分（不虔敬与败坏）之间可能存在联系（参《苏格拉底的申辩》26b2‑7）；由此，他回答了游叙弗伦的问题，但并没有用同等多的言语回应他之前所提及的、关乎不虔敬的指控。如果我们把这个新的议题与游叙弗伦针对早期议题所作的阐释放在一起——该阐释是为了修正或更正而引入的——就会发现一个未被说明的议题：纵使在针对苏格拉底之指控的第一部分中，该指控的根源都并不在于"精灵"本身，而在于他求助于精灵的行为；至少在雅典人看来，这使其他人（尤其是但不限于年轻人：见3d8）也不再信仰旧的诸神。但即使他同化［启发］了他人，这也并不一定意味着——他就让他们、让所有人都成为"精灵"的信徒（见原书第九章第十二节）。

无论游叙弗伦可能会怎么想，无论苏格拉底后来将在《苏格拉底的申辩》中如何申辩（且如何基于此对其指控措辞进行细微的改动），无论该指控本身，还是他［苏格拉底］在这里所作陈述，都没有说明或暗示他自己是否信仰任何存在，是否信仰如他被指控引入雅典的、"创立"的精灵之事［daimonic things］②或诸神。尽管如此，此刻，游叙弗伦仍然表明，他们关于苏格拉底那场诉讼的讨论已持续良久了（3e4‑6）。该讨论的结果是：他拒绝了苏格拉底让他预言结局的邀请。想必他的好奇心已经得到了满足。但是，他也可能有些畏惧一种迫近的前景：就目前的情况来看，他可能采取的一系列行动，会将雅典人对他那无伤大雅的嘲笑，转化为危险的愤怒（3d3‑4及其上下文）。他现在表明，鉴于该诉讼的前景，他将很乐意转而讨论他控告另一个人的相关问题。因此，出于礼貌，苏格拉底不得

---

① 译者补注：或译为"居心仁慈"，参见〔古希腊〕柏拉图《游叙弗伦·苏格拉底的申辩·克力同》，严群译，商务印书馆，1983，第14页；或译为"心存仁善"，参见《柏拉图全集：中短篇作品》，刘小枫、李致远等译，华夏出版社，2023，第4页。

② 译者补注：或译作"具有神性的事物"。

不问起游叙弗伦的官司，由此引出了该对话的第二部分。

三

然而，他［苏格拉底］那仅仅出于礼貌的"兴趣"很快就转变成了更为强烈的情绪：惊讶，甚至是震惊；而这为看似希望［hope］之事做了铺垫。游叙弗伦正起诉他自己的父亲，而且是以谋杀的罪名控告己父。这一发现令苏格拉底感到惊讶，甚至震惊。与游叙弗伦了解苏格拉底之诉讼时的情况相比，苏格拉底更轻易地弄明白了游叙弗伦的官司。这不仅是因为苏格拉底的诉讼更为复杂（毕竟游叙弗伦自己的官司也很复杂），还是因为作为陈述者［reporter］的游叙弗伦更为开放［openness］或坦率［candor］。苏格拉底的反应促使他反思：常人无法打这种官司，唯有大智高识的人才有能力（正如我们所想，唯有智慧远超常人的人［才能打这种官司]）(4a11-b2)。他［苏格拉底］早些时候顺便提到过游叙弗伦的智慧（3d6）；但直到此刻，他似乎才赞赏了对话者［游叙弗伦］这一方面主张的重要性。或者，更确切而言，是在他得知如下事实之后：所谓谋杀案的受害者是游叙弗伦父亲之家庭农场中的一名雇工。该雇工在醉酒的盛怒中杀死了［游叙弗伦家的］一个家奴。在等待那权威的解经师①给出如何处置该罪犯［该雇工］的决议之时，游叙弗伦的父亲（作为被害家奴的主人）监禁了该雇工，使其在囚禁中死去（4e4-8）。

并且，正是在此种反思之后，苏格拉底试图成为游叙弗伦的学生，以实现如下希望：如果美勒托斯继续坚持将苏格拉底告上法庭，那么，要么他［苏格拉底］可以引导原告［美勒托斯］撤销指控，要么他可以凭此成功地在法庭上为自己辩护。因为，游叙弗伦控告自己的父亲，是为了清除他们二人所遭逢的污名。游叙弗伦的父亲与游叙弗伦共享炉灶和餐桌；因此，他认为他父亲的行为，不仅给他父亲自身带来了污名，也给他自己

---

① 译者补注："这里的解经师，指的是宗教法则的解释者、引领者，亦指解释神示或预兆的人，通常由城邦各个地区的人提名，最后根据德尔斐神谕选出。其解释范围涉及祭礼、杀人罪、成人礼等。"该注释参见《柏拉图全集：中短篇作品》，刘小枫、李致远等译，华夏出版社，2023，第5页。或译为"神巫"，参见〔古希腊〕柏拉图《游叙弗伦·苏格拉底的申辩·克力同》，严群译，商务印书馆，1983，第16页。

［游叙弗伦］带去了污名。游叙弗伦声称自己已然深谙的是"神明"［the divine］（神［divinity］），以及祂如何看待关于虔敬之存在以及不虔敬之存在（4e2－3）；或者用苏格拉底的话来说，他深谙何为诸神之事、何为虔敬和不虔敬之事（4e5－6；比较3c1－3）。

因此，通过成为他［游叙弗伦］的学生（也即通过学习游叙弗伦不得不教授给他［苏格拉底］的东西），苏格拉底将使自己足以（大概是在他准备出席的听证会上）向美勒托斯的控告发起正式挑战。他已经可以断言或承认，他一直非常重视了解诸神之事（5a5－6）。他还补充道，虽然美勒托斯指责他准备不足便匆匆行事，且（或出于这一原因）创立新神，因而在诸神之事方面犯了错误。但是，他现在已成为游叙弗伦的学生："如果你承认游叙弗伦在这些事务上很有智慧，并（对这些事务）持有正确的信仰，那么请相信我也是如此，不要把我告上法庭……"① 并且，如果美勒托斯未被说服，仍驳斥这一说法，并坚持控告苏格拉底，苏格拉底也能在法庭上使用这一论点［抗辩］。无论美勒托斯怎么回应，苏格拉底都能"应付自如"。

然而，苏格拉底怎么可能希望通过成为游叙弗伦的学生，来说服美勒托斯——或者说，即使不能说服美勒托斯，也能据此说服雅典陪审团——认可他的观念隶属正统呢？毕竟，游叙弗伦此人过去有关诸神之事的行为或言语只引起了普遍的讥讽；而他目前计划以谋杀罪起诉自己的父亲，也已使他与他那一家人都产生了分歧：他的其他家人都认为这种官司是不虔敬的（4d5－e1）；那么，当雅典人得知此事之时，也会给出类似反应吗？苏格拉底也考虑到了这一难题。继续来看我们上面所引用那句话之后的内容：

> 如果你不承认的话（也就是说，如果你不认为游叙弗伦在这些事务上很有智慧，并对这些事务持有正确信仰的话），那么在控告我之前，你首先应该去控告他。因为他是我师。［你应］告他败坏（毁灭）老人——他通过教导我来败坏我，通过告诫［admonition］与处罚

---

① 译者补注：参见〔古希腊〕柏拉图《游叙弗伦·苏格拉底的申辩·克力同》，严群译，商务印书馆，1983，第16页；《柏拉图全集：中短篇作品》，刘小枫、李致远等译，华夏出版社，2023，第5页。据布吕尔所引内容，引文有改动。

[chastisement] 来败坏他自己的父亲。①

可见，苏格拉底仍能"应付自如"。如果共识即将达成，游叙弗伦同意了苏格拉底的要求，成了苏格拉底的老师，那就意味着对话的第三部分，也即最后一部分（教学本身）将与第一部分类似，但与第二部分不同，即专门讨论苏格拉底的诉讼，而不是游叙弗伦的官司。

四

这当然是荒谬的。苏格拉底可能充分表明了如下看法：他希望在他正准备出席、随时可能召开的预审听证会之前，学习游叙弗伦所要教授给他的一切（仍需参 14b8 - c3）。此外，游叙弗伦认为他拥有关于诸神之事的、有关虔敬与不虔敬之思想的精确知识。故苏格拉底提议道，让游叙弗伦这个老师教授这些精确知识，从而能使这一提议具备合理性；也即，为了检验这一主张的有效性，苏格拉底多方尝试，诱使游叙弗伦教导他（见 11b6 - c6）。但是，游叙弗伦以谋杀罪起诉自己父亲的行为是不寻常的。他据此推断出了游叙弗伦的部分主张：游叙弗伦业已证实（4b3，4e9 - 5a2），只有特别了解相关事务，才会使他在行事时，敢于悖逆有关虔敬之要求的普遍观念（4d9 - e1 及 e6 - 8）。因此，如果游叙弗伦未能证明他拥有这种知识或智慧，他的行为就会随之受到质疑（15d4 - 8）。据此，游叙弗伦试图教导苏格拉底的真正利害关系便浮出水面了——于是，这种尝试构成了对话第三部分也即最后一部分的真正目的。其真正目的与其所宣称之目的恰恰相反：它表面上致力于帮助苏格拉底处理他的诉讼，其实将致力于劝阻游叙弗伦继续[打]他的[官司]。

苏格拉底做的事有利于游叙弗伦或他的家人：他劝说或试图劝说游叙弗伦撤销此次诉讼。至少在这种意义上，他将证明雅典人对他的看法是正确的：在此种情况下，他会出于博爱精神行事。然而，对话第三部分是否

---

① 译者补注：参见〔古希腊〕柏拉图《游叙弗伦·苏格拉底的申辩·克力同》，严群译，商务印书馆，1983，第16页；《柏拉图全集：中短篇作品》，刘小枫、李致远等译，华夏出版社，2023，第5～6页。据布吕尔所引内容，引文有改动。

具有确切可能性,以及它能否更好地服务于其真正目的,都取决于在游叙弗伦看来它是否服务于其所宣称之目的。与对话的读者不同,他必定不会发现苏格拉底试图从师于他的提议十分荒谬,且他必须认真对待这一提议;他也必须相信自己有东西可教给苏格拉底。此外,如果这种"教学"最终不是要教训苏格拉底,而是要教训游叙弗伦自己的话,那么苏格拉底对它的拒斥一定能够给他留下印象。或者,更为谨慎地说:如果苏格拉底的拒斥有机会能打动游叙弗伦,那么在游叙弗伦自己的教学中,就必须有一些足以证明这种拒斥之合理性的依据。而如果按照苏格拉底的方式来拒斥这种教学是不合理的,那么若能发现这些依据,就能同时发现这种教学的本来面目。

五

游叙弗伦曾同意教导苏格拉底(例如,见 7a3－5):苏格拉底稍后提出,游叙弗伦起诉自己父亲的意愿,必然意味着其父亲罪行的受害者是他们的亲属(其家庭成员)。事实上,游叙弗伦认为,他已经通过纠正上述议题,教会了苏格拉底一些重要的东西。也就是说,纠正了他认为苏格拉底所拥有的如下想法:污名的严重程度受一个人与受害者之关系的影响,而非完全由其行为的对错来决定。但是,在雅典实行这种教学是危险的。若他成为苏格拉底之师,岂不是心甘情愿地将自己暴露于这种危险之中吗?早些时候,他似乎都不敢考虑这种危险,只因这可能会牵涉到他(3d3－4);而与此相对,苏格拉底已经非常明确地阐述道,这种危险与他即将正式承担的任务之间存在联系(5b2－6)。或者反过来说:难道苏格拉底不愿意把他的对话者从一个相对隐蔽的安全位置(5c5－6)引入这危险之中吗?或者说,就此而言,游叙弗伦面临的危险是否并不像苏格拉底单方面引导我们所相信的那样大呢?

无论如何,倘若游叙弗伦被迫在法庭上与美勒托斯抗辩,他现在似乎对自己有能力战胜美勒托斯充满信心(5b8－c3):相比之下,苏格拉底却表示他没有这样的自信(3e2－3)。当然,在很大程度上,游叙弗伦的自信可归咎于他的鲁莽或轻率,可归咎于他经验的不足和判断力的缺乏(关于这一点，值得考虑的是9b4－c1）。但是，他有关此事的表达有助于我们回顾总结，根据苏格拉底迄今为止的言论，引起雅典人愤怒的不仅仅是教学本身，而是教授他所说的聪明［cleverness］，或曰教授智慧。不久之后，他更为坦率地承认，是他自己的非正统性［unorthodoxy］导致他被指控。他只是勉为其难地接受了——也即他［实质上］不接受——不仅是由诗人来讲述的诸神之故事，而且最为重要的是雅典卫城的庙宇装潢与雅典娜雕像长袍上的装饰描绘了的诸神之故事。雅典娜会在一个最为庄严的公开仪式［泛雅典娜大节］中披上那件［绣满这些故事的］长袍。换而言之，［他勉为其难地接受，或不接受］官方的故事（6a6－c7）①。反过来说，这有助于我们明白：无论游叙弗伦如何偏离了公认的习俗［practice］，甚至信仰，他都很难像苏格拉底那样离经叛道。（刚才引用的段落足以说明）他的原则或前提，即使不一定总是他从［这些原则或前提］中得出的结果，很大程度上也是那些［城邦］官方信仰的［原则或前提］。

既然如此，苏格拉底请求拜游叙弗伦为师这件事，本质上并不像我们之前所预设的那样愚蠢。毕竟，我们早些时候迟疑地得出了结论：他请求这个一时兴起偏离正统的人带他回归正统（见原书第八章第七节）。这个人自己也一时兴起偏离正统，故可能至少能在一开始容忍他偏离正统的行为（参3b5－c5）。因此，他建议道，若要弥合他自己与政治共同体之间的裂痕，他就必须回归或转向正统。

六

苏格拉底的非正统性在于他不信仰（认可）城邦所信仰的诸神。针对他的正式指控就说，他宣称不信仰城邦诸神。他本人也在我们已提及的段落（6a6－c4）中证实了这一点。换而言之，即使他［表面上］信仰负有城

---

① 译者补注：“泛雅典娜节，每年举行一次，是雅典最重要、最隆重的节日之一，为期一个月（七月中至八月中），为了纪念忒修斯建立这个城邦，将庆典献给雅典的守护神雅典娜。每四年举行一次特别盛大隆重的仪式，称为泛雅典娜大节，最具特色的就是绣袍游行。”该注释参见《柏拉图全集：中短篇作品》，刘小枫、李致远等译，华夏出版社，2023，第7页。或曰"护国女神的大节日"，参见〔古希腊〕柏拉图《游叙弗伦·苏格拉底的申辩·克力同》，严群译，商务印书馆，1983，第18页。

邦诸神之名的这些神明，同时赋予这些神一种不同的行为模式，他也仍然没有真正信仰这些神；因为：" '信仰'不是被言说的观念，而是呈现于心灵中的观念；当被确认为信仰之时，它事实上就像是它被呈现［于心灵中］的一样。"（迈蒙尼德《迷途指津》［*The Guide of the Perplexed*］150，篇首，派内斯［Pines］译）①

因此，若他［苏格拉底］要转向或回归正统，关键在于他必须接受（6a8）城邦诸神，即旧的诸神：接受祂们的样子，接受祂们就像这座城邦——也即他的绝大多数同胞——所宣称的那样。并且，对他而言，无论就个体还是集体而言，游叙弗伦可能都比他其余的公民同胞们更有说服力，因为他［游叙弗伦］声称自己拥有关于祂们［城邦诸神］的知识。苏格拉底，还有那些像他一样承认自己对祂们一无所知的人们，都必然会听从于深谙此道的游叙弗伦（6a9-b3）。苏格拉底承认自己对这些存在疑问的事务一无所知，但这并没有迫使他遵从雅典人对这些事务的信仰；这也没能迫使他停止评判这些信仰，他甚至将这些信仰视为谬误而加以拒斥（6a6-8）。换而言之，他的无知［ignorance］并未使他成为我们所说的"不可知论者"［agnostic］；相反，它允许或推动他就这些最为重要的事务得出积极（或消极）的结论。（此处，我们应该回忆一下，他曾断言或承认，他一直非常重视了解诸神之事：5a5-6。）

然而，他现在阐释道，他得出了结论：对他来说，无论放弃其他任何方面的知识时有多么痛苦，他都必须放弃它们，转而遵从游叙弗伦的知识——他假装希望，这能为他那即将到来的审判带来称心如意的结果（参11d7-e1）。重申一下，游叙弗伦了解的或他宣称自己熟知的，首先是"神明"（4e2）或诸神之事（4e5和上下文）——如诸神和祂们的行为。他认为，他比很多人都更了解这些事务（6b5-6及c5-7）；而他也知道，且比他们更为准确地知道（4e4-5及e9-5a2），他们是不知其所以然地信仰着些什么（6b5，c5）；并且，我们可以看到，尤其出于这一原因，他成为苏格拉底转而寻求帮助的合适人选。然而，我们也知道，或者至少应承认，游叙弗伦并不了解这些事务。但是，如何证明这种让步［concession］足够

---

① 译者补注：参见摩西·迈蒙尼德《迷途指津》，傅有德等译，山东大学出版社，1998，第106页。据布吕尔所引内容，引文有改动。布吕尔所引英文译本为派内斯所译。

合理呢？难道这样的知识根本不可能［存在］吗？作为一种纯粹的人类知识或智慧，它极有可能是不存在的——但是，原则上，这种［知识或智慧］由对世界的把握升华而来，是世界各地的所有人都无处不可获得、无时不有的——那么，这是否还一定意味着它根本不可能存在呢？（有关这一方面，值得考虑的是5e5-6a5，游叙弗伦含蓄地将自己和他人区分开来。）苏格拉底以及我们都明白它完全是不可能存在的吗？如果是的话，其依据是什么？

然而，对话本身证实了我们的"让步"是正确的；因为，苏格拉底最终并没有遵从游叙弗伦的"知识"。但是，他怎么能为自己拒斥它［这些知识］的行为而辩护，或者更为坦率地说，证明他对它的拒斥是虚假的呢？苏格拉底坚持声明他本人一无所知，且必须遵从游叙弗伦的知识，由此引导我们关注这一问题。因此，我们必须集中精力研究他所揭示的问题，研究他在对话的第三部分，也即最后一部分中的目的：他要拜游叙弗伦为师。他怎么能让自己之"无知"在与后者之"知识"的较量中占据上风——或至少在一定程度上确保前者能取得胜利？

七

在对话的最后一部分中，苏格拉底宣称其目的是，他要就"神明"或诸神之事、诸神和祂们的所作所为质询游叙弗伦：就这个话题而言，他需要得到纠正；而他的对话者宣称自己拥有超越他人的知识，且苏格拉底自己是无法获得［这种知识］的。然而，他拒绝了游叙弗伦试图启蒙他、让他了解这些事务的提议（6b5-6, c5-9），转而询问他［游叙弗伦］（5c8-d7）什么或什么类型的事务是虔敬的（*eusebes* 或 *hosion*），以及什么或什么类型的事务是不虔敬的（*asebes* 或 *anhosion*）。的确，他被指控犯有不虔敬（*asebeia*）的罪行，且确实可以被指认为不虔敬（5c6-8, 12e2-3）。而这刺激了他，让他通过询问游叙弗伦这一议题，来确认自己是否了解［这些事务］；或者说，如果他能证明自己不了解的话，这也能让他明白什么是虔敬的、什么是不虔敬的。但奇怪的是，他在这里处理这个话题时，脱离了他自己的处境；在很长时间内，他都没有旁敲侧击地谈论自己的诉讼（尤见 6e5-6，并参 12e1-4 及 15e5-16a3）。与之相对，其中涉及游叙弗伦之官司的内容则非常丰富（6d1-e6，8a7-b6，9a1-c4，15d4-8）。既然如此，苏格拉底选择这一话题的缘由，就可能要追溯到他在对话中所展现的目的了，也就是我们所说的他在对话中真正目的：阻止游叙弗伦继续打他的官司。

但是，只有询问游叙弗伦有关虔敬与不虔敬的问题，在他心中埋下一颗怀疑的种子，才能达到如下目的：让他怀疑自己控告父亲的行为是否虔敬，怀疑他的亲人们最终是否能正确地认识到这是不虔敬的——也就是说，需要动摇游叙弗伦认为自己比他人更清楚什么是虔敬、什么是不虔敬的信心。其次，游叙弗伦宣称他已了解什么是虔敬的、什么是不虔敬的——并且他认为自己比许多人，至少比普通人知之更深（4e4-5a2；另见 14a11-b2）。我们这里所说的"其次"是为了引出游叙弗伦自己的言论（4e2-3）。若详述之，该言论的含义是：他或任何人所说的虔敬，就是指遵从神明对我们的期望或要求，遵从我们心中神所珍视或喜爱之事。因此，似乎可以简单地认为，有关神明的知识是先于有关虔敬和不虔敬的知识存在的。例如，游叙弗伦自己比其他人更为准确地了解什么是虔敬的、什么是不虔敬的，这显然是因为他比其他人更为了解神明（4e2-3，13e6-9），或者是因为他比其他人更为严谨地从他们也知晓之事中得出了必要的推论（5e5-6a5），或两者兼而有之。

另一方面，在遵守城邦诸神之要求或期望的层面上，苏格拉底不可能是虔敬的；因为他对这些事务一无所知，他甚至不知道这些神的存在。他可期望向游叙弗伦学习的，是祂们[城邦诸神]的要求或期望，以及祂们的存在。但是，在将这种期望归属于他时，我们是否又无意中再度陷入了这样一个误区：相信了他所宣称之目的，却忽视了他的真正目的？或者说，该争论本身便把我们推向了前者？其实，如果苏格拉底无法独立获得有关神明的先在知识，而关于虔敬与不虔敬的知识又完全依赖于这种有关神明的先在知识，那么苏格拉底又怎么可能有望动摇游叙弗伦有关他自己已了解什么是虔敬、什么是不虔敬的信心呢？在这种情况下，他只能合理地希冀，除了向游叙弗伦学习一些关于虔敬和不虔敬的知识之外，也向他学习一些关于神明的知识（15e5-16a3）。那么，他质询后者时所选择的话题，是否只反映出他倾向于通过间接途径，而非直接途径，来获得他宣称要寻求他［后者］教授的知识？但是，既然直接途径已唾手可得，间接途径又有何必要存在呢？

八

让我们再回到开始。虔敬意味着：遵从神明对我们的期望或要求，遵从我们心中神所珍视或喜爱之事。由此我们可以得出如下结论：至少说，若要知道什么是虔敬的，就必然要了解一些有关神明的知识（15d4-8）；而若获取任何有关神明的知识，都很可能需要一些有关虔敬的知识。但我们仍无法就如下问题得出结论：这两种知识中的哪一种是先在的，是有关虔敬的知识，还是有关神明的知识？那么，在某种意义上，或就某些方面而言，难道不是有关虔敬和不虔敬的知识，要先于有关神明的知识存在吗？几乎可以说，苏格拉底长篇宏论地询问了游叙弗伦一个问题：虔敬之事究竟是因其虔敬而为诸神所喜，还是因其为诸神所喜而虔敬（10a2-3）？这个问题几乎成为关于虔敬之讨论的核心问题。而游叙弗伦自己选择了前一种观点（10d1-5）。的确，他最初难以理解这个问题（10a4）；只有在苏格拉底的"帮助"下（10a5-d5），他的理解才达到了如此程度，才回应了我们已然发现的问题。

但是，引发他［游叙弗伦］控告自己父亲之行为的虔敬观念，以及他在首次尝试定义虔敬时试图阐明的虔敬观念，不也表明他得出了同样的答案吗？即诸神对我们的期望或要求，就是我们必须惩罚不义之人，而不考虑该罪人与我们有没有任何关系①（5d8-e2）。因为，这一观念意味着，我们有关什么是虔敬（以及诸神对我们的要求是什么）的知识，取决于我们有关何为正义与不义的知识（参4b7-c3）；没有任何言辞或暗示能证明我们所获得的后一种知识来自神明，或者依赖于有关神明的先在知识。特别是游叙弗伦，他相信诸神之间存在争斗，并且他轻易地接受了如下观点：诸

---

① 译者补注："不管这做了不义之事的人碰巧是你父亲也罢，母亲也罢，还是其他什么人都好，都得告他，否则就不虔敬。"参见《柏拉图全集：中短篇作品》，刘小枫、李致远等译，华夏出版社，2023，第6页。

神互相争斗，主要是因为在正义问题上存在分歧（7d8－8a3，8d8－10）；故他难以断定自己在何为正义的问题上是否依赖于神明的确切指引（参5e6－6a1）。

即便如此，我们也不能忘记，第一位一神论［monotheism］先知认为自己有能力与上帝［God］就其［His］行为的正义性进行争论——也就是说，有能力恰切地对这些行为使用一种独立于该行为的标准，而不是仅将它们视为对一种标准的权威表达；因为这种标准并不明显依赖于任何神明之教导，也不需要变得对我们来说更易理解，且在任何情况下都是不可诉诸的——并且，这确实使我们觉得自己不得不这样做（《创世纪》［Genesis］18.23－32）。那时，亚伯拉罕［Abraham］只知道上帝［He］不可能是不义的（与《游叙弗伦》8b7－9对比）。

如果有关神明的知识在任何方面都仅是以人类有关虔敬或正义的知识为条件的，那么苏格拉底或许可以重申：他在质询游叙弗伦之时，只是从一个真正的先在问题开始的（参6c5－d2，那一部分更有助于理解 to proteron［先在］；而值得再度考虑的是，在4e4－6中，苏格拉底重述了游叙弗伦在4e1－3中所提出的主张）。苏格拉底坚持认为虔敬或"虔敬者"［the pious］是一种型相［idea］①或形式（5d1－5，6d9－e6）。他还更为确切而巧妙地阐明了同样的观点。因为，如果虔敬具有一种型相或形式上的稳定性（5d1－2），它就不可能由一种神秘莫测的意愿来决定（因为原则上它［这种意愿］是可变的）。

但是，正如我们开始概述的那样，如果理论层面或方法论层面的这一假设（询问虔敬就是询问一种型相或形式）不仅仅是一种假设，那么就需要一种非方法论层面的——一种对话的或辩证的——正当理由［justification］。并且，这种特定假设依赖于这种正当理由，但这种正当理由又不仅仅关乎这种特定假设。苏格拉底转而挑战了游叙弗伦的权威原则，指出了其中的利害关系——在7b1中，游叙弗伦回应苏格拉底之时曾表述这一原则（请使用抄本而非选编本来阅读这句话）。而在那时，苏格拉底没有质疑这一原则的权威性；直到此处——只有当他［苏格拉底］准备向他［游叙弗

---

① 译者补注：参见《柏拉图全集：中短篇作品》，刘小枫、李致远等译，华夏出版社，2023，第7页。或译为"理念"。

伦］提出他［苏格拉底］在 10a2 – 3 中所提出的问题时，我们才会认识到这种质疑至关重要。因为对我们来说，他［苏格拉底］表明，自己在 9e4 – 7 中所阐述的替代原则［the alternative principle］，是如此"不言自明的"［self-evident］。因此，需要一种正当理由，来面对游叙弗伦的知识，而后者对这个问题的回答为其提供了不可或缺的基础。

然而，在如此重视他［游叙弗伦］的回答之时，我们转瞬忽略了一种之前已暗示过的合理怀疑：这是不是一个真实的回答，这一回答能否准确地反映游叙弗伦自己的想法。我们只有从整体上更为透彻地考虑它所属的语境（苏格拉底在对话的最后部分中质询游叙弗伦），才能有足够的信心来确认它的真实性。并且，即使无法从其他方面确认其真实性，探索这一语境也有助于为如下问题提供一个更为权威的答案：原则上，是否可以正当合理地质疑游叙弗伦有关神明的知识。

九

该对话最后一部分的主导情节是，苏格拉底公开宣称他自己希望以游叙弗伦为师——并且，也许在某种程度上，他确实希望向他［游叙弗伦］学习。他真的希望能动摇游叙弗伦认为自己知晓什么是虔敬、什么是不虔敬的信心。该目的需要让他给予游叙弗伦一切可能的机会——无论是一个自诩的机会，还是一个或一些真实的机会——来教导他。当游叙弗伦首次被要求说明何为他所称的虔敬、不虔敬时，他陈述道：虔敬是他"现在"控告自己父亲的行为。为了证明法律［law］要求他惩罚自己父亲的不义行为，他提供了如下例证：诸神中最为伟大、最为正义的宙斯［Zeus］就惩罚了宙斯父亲［克罗诺斯］的不义行为；而在那之前，宙斯父亲曾惩罚了宙斯父亲之父亲［乌拉诺斯］的不义行为。并且，苏格拉底之所以批评游叙弗伦教授他何为虔敬的这一尝试，是因为它不具有权威定义所要求的普遍性［generality］，而不是因为它诉诸一种不被接受的有关诸神的观点（6c9 – e6）。恰恰相反，正是在如是语境中，他表示，为了遵从游叙弗伦可能具有的、更为高等的知识，他可能不得不放弃拒斥后一观点。因为游叙弗伦为这种观点的真实性做了担保。

然而，游叙弗伦也用更为通行的术语表述了他据以行事的法则：无论作恶者或罪人是否可能与某人有任何关系，惩罚他都是一种虔敬；并且，不惩罚他才是不虔敬的（5d8 - e2）。不过，苏格拉底暂时忽略了这个说法［formulation］；甚至，他还要求游叙弗伦提出另一种说法。但没有什么能迫使游叙弗伦因此放弃它［旧说法］（也参6d2 - 6）；并且，他显然认为他的新说法——神之所喜者是虔敬，所不喜者是不虔敬（6e10 - 7a1）[1]——是对旧说法的补充，而非取代了［旧说法］。该新说法尤其补充了他对虔敬的看法：我们惩罚不义之人，正是在做我们心目中诸神所喜之事。（如果没有这一补充，人们可能会认为游叙弗伦第一种说法的意思是，虔敬要求或囊括了我们对诸神的效仿；无论我们这样做是否与祂们［诸神］有关，我们都把祂们当作榜样——甚至，换而言之，就像苏格拉底随口开玩笑时所说的那样，即使祂们只关心祂们自己的事务，即使与祂们有关的不义之惩罚仅仅只关涉祂们之间的不义，也会如此。见8d8 - 10，它或许表达了一种可能的推论，该推论依据的是游叙弗伦在5e5 - 6a3中所陈述的"事实"；关于另一种推论的性质，或游叙弗伦自己得出的推论，则可见苏格拉底在8b1 - 6中的陈述。）

并且，第一个说法反过来又补充了一点：在我们看来，诸神特别喜爱的正是我们对不义之人所施行的惩罚。此外，只有假设苏格拉底认为这个定义的前提是游叙弗伦早前提出的说法——只有当他认为把这两个说法结合起来时，才能表达出一种同一的虔敬观——才可以理解他对第二个说法所做的批判。因为，正是在他对新说法的批判中，他其实（也）面对着他已默然忽略了的早先说法。他一直等到它所属的整体——我们现在有资格将此整体视为游叙弗伦真正的虔敬观——被完全展现出来之时，才与之对抗。苏格拉底对这一观点的批判分为两部分。在第二部分中，他修正了第二种说法（9d1 - e3），他以某种方式让游叙弗伦明白了：虽然（在他看来）凡是诸神所喜之事都是虔敬的，但（他同样相信）能吸引诸神之爱或认可的事物本质上就是值得被爱的（11a5 - 6）。

---

[1] 译者补注：参见〔古希腊〕柏拉图《游叙弗伦·苏格拉底的申辩·克力同》，严群译，商务印书馆，1983，第19页；《柏拉图全集：中短篇作品》，刘小枫、李致远等译，华夏出版社，2023，第8页。

换而言之，游叙弗伦不愿把重点仅仅放在这种事实关系上：他不愿只凭诸神对某种行为的爱，来确认或决定这种行为是否虔敬。他将诸神之爱置于一种标准之中——或者说得更为谨慎一些：他相信诸神之爱本身就符合一种标准。尽管我们之前发现，他承认自己是在苏格拉底的"帮助"下这样做的，但是我们现在能更加达地知根，知晓这一标准与他一直所持的虔敬观念是一致的。

因为，这种观念总是具有两大要素。我们可以说，他认为，虔敬主要是指符合诸神对我们的期望或要求；与此同时，他也认为虔敬（惩罚不义之人）本质上值得袘们［诸神］的爱或认可。苏格拉底向他强调了如下两种对象之间的区别：一种爱的对象［an object of love］之所以被爱［being loved］，只是出于爱它之神或诸神的喜好；另一种对象则因其值得被爱而必然被爱。并且，随之而来的还有两者间的如下区别：一种爱是只服从于爱它之神或诸神那无法捉摸的喜好，而另一种爱则是指按照可爱性［lovableness］的标准来爱其自身。可以说，据此，苏格拉底提出了游叙弗伦观念中两大要素的一致性问题（10a1 – 11a6）。

当我们认为自己所遵守的喜好（或意愿）本身符合一个我们也认为行之有效的标准之时，我们还会遵从该喜好（或意愿）本身吗？或者说这种遵从还能存在于何处呢？但是，游叙弗伦无疑会认为这种难题（即一个人如何能既遵从一位神的喜好或意愿，与此同时又不遵从于它）属于神的奥秘。他还发现自己无法向愚钝得出奇的苏格拉底传授这些奥秘。（参 9b4 – 5、11b6 – d2 和 14a11 – b2 与 3a6 – c5。苏格拉底试图通过剥夺诸神之爱或认可对虔敬而言的一切意义，剥夺其在决定何为虔诚方面的任何作用，来消除这种不一致性。这时，游叙弗伦也许是第一次在这场讨论中表现出明显的恼怒：11a6 – d2；参 10a4。与此同时，苏格拉底明确表示，这种恼怒更能揭示出如下事实：他愿意承认诸神也喜爱虔敬之事物本身。事实上，我们不应感到惊讶的是，在讨论结束时，游叙弗伦仍然坚持他的信仰，相信虔敬就是做我们心目中诸神所喜之事，也即遵从于袘们对我们的要求或期望：15b1 – c10。）

因此，游叙弗伦的观点中有一个更显著的难题——苏格拉底对第二种说法（尚未修正）之批判的第一部分就指出了这一点——这一难题关涉游叙弗伦所认为的诸神之爱本身所遵循的标准：惩罚的正义［punitive justice］。游叙弗伦自信地认为这一标准具有稳定性。但至少根据苏格拉底此处论证来看，这一标准显然缺乏这种稳定性。正义似乎在本质上就是存在争议的（见 7e9 - 8a2 及 8e4 - 8，根据 7c10 - e7）。人类尤其在正义这一问题上存在分歧，并为之争斗；并且，像游叙弗伦所认为的那样，如果诸神也在争斗，那么祂们也可能对此持不同意见。此外，如果诸神珍视或喜爱正义（对勘 7e6 - 7 中的术语顺序与 7e2 - 3、7d1 - 2 中的术语顺序），那么祂们中的一位神或一部分神所珍视的事物，将是另一位神或另一部分神所憎恨的事物。既无法通过找到所有神都喜爱（或憎恨）的事物来解决这种难题，也不能通过一神论来自动解决这种难题。因为，如果正义在本质上是有争议的；那么，某一时刻被视为正义而被爱的事物，另一时刻很可能被视为不义的事物而遭到憎恨，反之亦然（对勘 9c2 - 8 与 8a10 - 12）。事实上，如果正义在本质上确实存在争议，那么可能多神论相对而言会更具合理性（值得考虑的是 8b1 - 6 以及上下文）。或者更确切地说，无论如何，由于苏格拉底不愿意在这里论证正义之本质的一致性和稳定性（可以说，为了让正义作为一种真正的型相或形式存在），他实际上转而做了如下尝试：建议游叙弗伦将自己的虔敬观从其与正义的纠缠中解放出来，从而保留游叙弗伦教导他的可能性。

他［苏格拉底］是在对话最后部分的最后一节中提出这一建议的；在此之前，他不得不在讨论中占据主动，以便向游叙弗伦展示他如何才能充分地教导他（11e2 - 4，12e1 - 4，14b8 - c3）。但苏格拉底只取得了部分成功。事实证明，游叙弗伦不愿意按苏格拉底之精神来采纳苏格拉底的建议，但至少，为了教授苏格拉底，他被引导着提供了一种关于虔敬的说法，这种说法不允许他控告自己的父亲——无论这是否也是苏格拉底的意图（14a11 - b2）。

十

苏格拉底的论述是循序渐进的。他首先提出，虔敬与正义相互联系，就像是部分与整体相互联系。当游叙弗伦被引导着理解了这一议题——将虔敬纳入，或保持在正义或法律的范畴内（参 5e3），从而保留了虔敬与责任［obligation］之间的关系——游叙弗伦就接受了它。而在这之后，他就可以毫不费力地自行阐释如下议题了：虔敬是正义的一部分，关乎我们对神的照料，而正义的其余部分则涉及我们对人类的照料。他可能明白，也可能不明白随之而来的推论：当人们不义之时，虔敬并不要求我们如同惩罚这些人（或他们的同伴）那样来照料这些人；或者说，在执行此种惩罚时，我们没有做任何关涉（无论如何）诸神的事情。（不必以这种方式来理解虔敬和正义之间的关系；这一点不仅展现在《游叙弗伦》到此为止的全部论述中，也展现在苏格拉底以自己的名义所坚持的观点中，他在《普罗塔戈拉》［*Protagoras*］331a6－332a1 中也使用了与此类似的术语。）

但是，苏格拉底对他那议题所作的阐释显然过于冗长，且在某种程度上预先指明了这种牵涉关系。游叙弗伦欣然承认一切虔敬的事物都是正义的；但他不明白苏格拉底为何询问他是否一切正义都是虔敬的；或者更确切地说，该问题是：正义的事物只有一部分是虔敬的，而另一部分是别的什么（11e4－12a3）。苏格拉底以此回应道，他的意思与［一位］诗人在两行诗文中所表达的意思相反。他引用了那段诗文："宙斯，这位造化万物之神，民莫敢名，因为凡有恐惧，必有敬畏。"（12a9－b1，最好通过阅读抄本来查证）① 这段诗文的前半部分并没有间接地质疑宙斯对正义之关心的可靠性——诗人提出这种质疑的另一个例子，可对照荷马或他的缪斯所讲述的事件，即特洛伊人违背了与亚细亚人［Achaeans］定下的誓约，并且可对照阿伽门农［Agamemnon］后来公开解释时的情形（《伊利亚特》［*Iliad*］4.30－72 及 158－68），看如何将越轨行为［transgression］与惩罚联系起来。这种质疑已经出现在他的脑海之中，并展现在了诗文的后半部分。苏格拉底明确解释道，诗人在这部分诗行中的意思是，敬畏［awe］总是伴随着恐惧［fear］；他反对说，我们恐惧有些事物，却并不敬畏它们（12b4－7）。

---

① 译者补注："诗句来自斯达西诺斯（Stasinus）所作的《居普里亚》（*Cypria*），讲述的是《伊利亚特》和《奥德赛》史诗中的故事。"该注释参见《柏拉图全集：中短篇作品》，刘小枫、李致远等译，华夏出版社，2023，第 15 页。诗文译文也参见〔古希腊〕柏拉图《游叙弗伦·苏格拉底的申辩·克力同》，严群译，商务印书馆，1983，第 28 页。结合这两种中译本，据布吕尔所引内容，引文有改动。

但是，诗人是否说过，伴随恐惧而来的敬畏（必然）是对我们所恐惧之事物的敬畏？

再进一步说，按照苏格拉底的明确解释，他的意思是不是：可以认为恐惧隶属于敬畏。这样，苏格拉底就可以转而反对这一观点。或者更确切地说，可将恐惧视为产生敬畏的基础、条件或原因？如果是后者，苏格拉底那隐微的修正就将包括如下内容：他用一种类属关系代替了因果关系。如果把这一暗示应用到他自己关于正义和虔敬之关系的议题中，我们就可以说，这里存在一种心照不宣的因果关系（对正义的关注，产生并维持了一种虔敬；然后可以依据这种关注来解释此种虔敬）。他（仍然）试图通过在正义和虔诚之间建构另一种关系（虔敬隶属于正义），来剥夺这种因果关系的力量。问题仍然是，他自己的意思如何与诗人（若正确阐释的话）的意思恰巧相反。诗歌的语境暗示道，敬畏类似于虔敬。因此，可以认为，诗人的意思是恐惧必然导向虔敬；而与此相反的是，苏格拉底甚至确切承认，在试图证明这一论题［恐惧导向虔敬的］无效时，希望（正义所带来的希望）也会导向虔敬，尽管这并非必然。重复一下，苏格拉底试图暂时用另一种关系来取代正义和虔敬之间的因果关系。只要我们从法律或责任的角度出发来理解我们对诸神的照料，这种新的关系（部分与整体的关系）就仍会使虔敬与正义的关联残存下来。

因此，他［苏格拉底］下一步要做的是，努力将这种照料和现在所理解的虔敬从这一残存的负累中解放出来。他仍然继续坚持这一努力。他为说明这一点所选择的例子就表明了该努力的要领［tenor］或精神。也就是说，看看游叙弗伦是否愿意（14b8 – c1；参 11a6 – b1）从纯粹的经济意义出发来理解这种照料，即提供利益以换取其他（已被说明或未被说明）的利益。并且，即使游叙弗伦退而论述虔敬（若这只是为了达到教导他的目的），表明虔诚由祈祷［praying］和祭献［sacrificing］组成，或者说虔诚需要祈祷和祭献，他也不可能再将他对自己父亲的控告视为一种虔敬的行为。（不久后，游叙弗伦便以有急事为由离开了。此时，尚不清楚他是否已经完成了与"神"的交易。）

事实上，苏格拉底利用全新的、修正后的叙述，趁机大胆地向游叙弗伦提议：（如此理解的话）虔敬可以被定性为某种交易技艺［commercial art］(14e6-9)①——而后者明显受到蔑视。换而言之，从虔诚与正义之间仅存的联系出发，游叙弗伦毫不妥协地抵制了这样一种企图，即让他默许：将我们对诸神的照料或满足，从我们所谓的道德意义［moral significance］中解放出来。（对勘苏格拉底在14d6-7中所提出的问题之要领，以及游叙弗伦在15a5-6、9-10以及14e8中所做回应的精神，并留意他在13e10-14b1中拒绝回答苏格拉底的那段情节。）

但是，考虑到正义在这场对话中所处的状态，虔敬与正义的持续纠缠意味着——它仍然面临着很多难题，而仅仅一个游叙弗伦无法解决这些难题。后者［游叙弗伦］不能成为教授苏格拉底虔敬、不虔敬的老师。鉴于有关虔敬的知识和有关神性的知识之间存在联系，他［游叙弗伦］也不能教授他［苏格拉底］关于诸神之事的知识。于是，苏格拉底又陷入了与这场对话开始时相同的"无知"之中——这种"无知"还迫使他得出了结论。正是在这种情况下，他将不得不直面美勒托斯对他所提出的指控。

---

① 译者补注："苏：那么，游叙弗伦，虔敬成了神与人互相交易的技术？"参见〔古希腊〕柏拉图《游叙弗伦·苏格拉底的申辩·克力同》，严群译，商务印书馆，1983，第34页。"苏：那么，游叙弗伦，虔敬岂不成了诸神与人彼此之间的一种交易技艺？"参见《柏拉图全集：中短篇作品》，刘小枫、李致远等译，华夏出版社，2023，第19页。

《苏格拉底的申辩》导读

克里斯托弗·布吕尔（Christopher Bruell）/文　肖炅焘/译

摘　要　《苏格拉底的申辩》作为唯一一篇柏拉图在其中充当角色的对话，是从名声、"名号"展开讨论的。其中的苏格拉底形象更关注长期名声，他矛盾的言语或许是为了将潜在信息传递给柏拉图。在回应指控时，他提及了一项早先的诬蔑-指控，进而处理了美勒托斯等人对自己不敬神、引进新的具有神性的事物和败坏青年的指控。其间，苏格拉底谈及指控与"德尔斐"考察之间的关系，他表明自己仅拥有无知之知。此外，他还强调了"道德"问题：何为高贵与善。通过将高贵重新阐释为捍卫权利和公正的意愿，苏格拉底的申辩词将高贵置于正义之上。而后，他讨论了"神性预兆"，并暗示哲学和政治共同体之间的冲突无法解决。

关键词　《苏格拉底的申辩》　高贵与善　诬蔑-指控　"德尔斐"考察　"神性预兆"

一

《苏格拉底的申辩》①［Apology of Socrates］的写作目的是要呈现苏格拉

---

* 原文出处：Christopher Bruell, "Apology of Socrates", in On the Socratic Education: An Introduction to the Shorter Platonic Dialogues, Lanham: Roman & Littlefield, 1999, pp. 135 – 156.

** 作者：克里斯托弗·布吕尔（Christopher Bruell），波士顿学院政治学系荣休教授，曾先后求学于康奈尔大学、耶鲁大学，后在芝加哥大学跟随列奥·施特劳斯（Leo Strauss）学习并取得博士学位，其研究涉及修昔底德、柏拉图、色诺芬、自由教育等领域。译者：肖炅焘，圣安德鲁斯大学古典学学院硕士研究生。

① 译者补注：本文所引柏拉图作品的篇名、人名译法及引文主要参考《柏拉图全集：中短篇作品》（刘小枫、李致远等译，华夏出版社，2023）、《柏拉图全集：法义》（林志猛译，华夏出版社，2023）、《柏拉图全集：理想国》（王扬译，华夏出版社，2023）。部分引文有改动。

底的演说，或者更确切地说，是苏格拉底［Socrates］① 在受到美勒托斯［Meletus］（以及另外两人：安虞托斯［Anytus］和吕孔［Lycon］）指控的审判中所发表的演说。演说的第一部分包含他对指控的辩护（他的申辩词）；第二部分是他在被定罪之后提出对自己惩罚时所说的言论，他有权利或有义务这么做以供陪审团考虑，来替代指控方提出的惩罚；第三部分是当［陪审团］再次投票判处其死刑之后，他依次对陪审团的两部分人（投票赞成定罪的人和投票赞成无罪的人）所说的言论。陪审团作为一个整体或就其组成部分而言，当然是每次演讲的主要受众。它由数百名雅典人组成（至少如此），可能是通过抽签选出的：换言之，陪审团是民主制雅典治下"多数人"的典型样本。

然而，在场的还有一群听众（24e10），其中便包括苏格拉底自己圈子中的许多成员（33d8-9及其上下文）。如果苏格拉底（在第一次演讲中）只关心能否无罪释放，（在第二次演讲中）只关心怎样避免死刑，那么主要受众就应当是唯一受众——无论是作为一个整体的听众，抑或其中任何一部分或几部分听众，都不会对苏格拉底在这个场合下选择说什么产生任何影响。但他从一开始就表现出自己对无罪释放的期望抱着矛盾情绪（据28a4-8来看18e5-19a4），并且当被定罪后，他也并不关心如何规避死刑（37b5-8）。换言之，柏拉图［Plato］在此处赋予苏格拉底的演说意图，不如演说场合和演说对象那样明确，而意图的模糊性也让受众问题隐入迷雾。

但［演说的］意图并不完全是模糊的。无论苏格拉底是为了确保自己被无罪释放还是为了避免被判处死刑，他必定是从长远角度在为自己辩护，即为了自己的身后名（参34e2-3）。在此，苏格拉底几乎是顺便提醒我们（34e4-35a1），名声［reputation］或某个"名号"［name］可以是真实的，也可以是虚假的。在名副其实的情况下，为人所知的是一个人的真正价值。苏格拉底在这里（21a5-23b7）再次申明，不管出于何种原因，他无疑非常关心自己的真实价值（在智慧方面）。可以相当有把握地假定，他在这些演说中最想树立或保护的名声是真实的名声。但是，如果没有人知道或能够知道真相，就不可能有真实的名声。

---

① 译者补注：为了避免与原文中作者所使用的（）相混淆，使用［］表示内为本文译者的引用、注释、说明或解释。

《苏格拉底的申辩》导读

在《苏格拉底的申辩》中，苏格拉底的主要受众实际上是"多数人"［the many］[1]，他曾在另一个场合说过（《高尔吉亚》［Gorgias］474a7-b1），他不与他们交谈；如果他现在要与他们交谈（37a6-7），那也仅仅是为了履行他为自己辩护的法律义务（19a6-7；参18a7）；他们不太可能知道或了解关于他的真相。据此，他早先就告诉他们，他们从他那里"将听到""全部的真相"（17b7-8；另见20d5-6），就像他之后告诉他们，他们"已经听到了"某件事的缘由，因为他已经对他们说了"全部的真相"（33c1-2；另参24a4-6）：他并没有声称他们会明白——或者已经明白——他们所听到的内容。他也没有期望他们明白，鉴于他同时告诉他们：他会用自己习惯的方式来表述真相（17c6-18a3；参27a9-b2）；如果从此处使用的方法来判断，将其称为矛盾法或许更为妥帖。的确，在《苏格拉底的申辩》中苏格拉底所作的重要论断，都被他在同一作品中当即反驳或在后文处所反驳，几乎无一例外。

倘若他没有糊涂的话，那么，他一定想到了一个能够把握住矛盾的人（我们没有机会阅读并重读他的言论），并理解其所指。但至少有这样一个人在场，因为柏拉图认为他自己在场（34a1, 38b6）。巧合的是，这是我们的作者选择让自己充当角色的唯一一次对话（参《斐多》［Phaedo］59b10）。此外，在其《会饮》［Symposium］中，正是苏格拉底不得不提醒诗人阿伽通［Agathon］，在"多数人"中有少数人（或一个人）在场，而后者则展示了自己的诗歌（194a5-c5）。同样是柏拉图式的苏格拉底，那么，此处他不可能犯与他指摘阿伽通时类似的错误，特别是当他在没有欲求（无罪释放）或恐惧（死刑）驱使［的情况］下，去过度关注陪审团在短期内的反应（参38d3-e5与35a6-7）。

因此，我们有资格说，《苏格拉底的申辩》展现了苏格拉底与柏拉图的一次对话，这是（在众多这样的对话之中）我们的作者允许我们见证的唯一一次对话。这并不是否认苏格拉底也关心陪审团（或"多数人"）的反应，至少从长远来看是这样，或者说他的演说首先是针对那些我们认为是

---

[1] 译者补注：《高尔吉亚》474a7-b1处古希腊语原文应为 πολλούς 与 πολλοῖς，此处译法沿用李致远《修辞与正义——柏拉图〈高尔吉亚〉译述》，四川人民出版社，2021，第282页。

其主要受众的人。他在某种程度上在此与柏拉图谈话，他可以在主要对其他人演说的言论之中，或通过那些言论，向柏拉图传达一些事情。这些讲辞很大程度上是在对他们而言充足［sufficient］的限度之内的（24b4），无论这是否等同于单纯意义上的充足（28a3-4）。但这种对话的限制可能并不像对于其他大多数对话者那样成为交流的障碍，甚至反而可能指出门径（参《书简七》［*Seventh Letter*］341e2-3）。类似的考虑可能足以解释为什么苏格拉底没有将其"全部真相"传达给柏拉图，特别是，在更早的时候——如果没有的话——在更"有利"［favorable］的情况下。

二

在开篇最长的、几乎在各方面也都最为重要的演说中，苏格拉底承诺为自己辩护，反驳他被指控的罪名——针对被指控的不义或不法行为去自证清白——即使他不奢望自己的辩护在短时间内说服陪审团（或与之类似的人），即确保他无罪释放（参36a2-5和37a5-6）。为此辩护是第一次演说的主要任务，也是我们称之为他的"申辩词"的原因。然而，我们如此断言有些操之过急。苏格拉底自己只把其中一部分内容（即便那是篇幅最长的一部分）作为他的申辩。

这一部分内容之前有一段话，其中他本人坦率真诚而不加修饰的修辞（17b5-6），与极具说服力但近乎完全（17a4）在信口雌黄的控告者们的言辞形成了对比。《苏格拉底的申辩》最开头的几句话就引发了一个疑问：控告者们的言辞对陪审团有何影响？陪审团的成员们在听取他们的发言时作何感受？苏格拉底并不知道这个问题的答案，因为他不确定他们的感受与他自己的感受是否相同或相似（对勘21c4-5、22a2-3与22c3-4）。他说，以他个人的感受来看，控告者的话十分具有说服力，也就是说，他们是聪明的演说者。

接下来，苏格拉底又暗示说，他们在警告陪审团不要被他聪明的言辞所欺骗时，犯了一个重大疏忽。也就是说，他们根本就不是聪明的演说者。这个疏忽之所以重大，是因为当苏格拉底在任何方面都没有为人所察觉出（或表现出）擅长演说时，谎言立马就会被揭穿。而苏格拉底，柏拉图笔下的苏格拉底，的确成功地说服了一代又一代的学者，即使他没能说服更敏锐的雅典陪审团，他不是一个聪明的演说者。接着，他解释了为什么他不会像他之前的许多人那样（利用孩子、其他亲戚、朋友以及眼泪）去乞求陪审团的同情。

苏格拉底为他拒绝引入"这种可怜的表演"（35b7）辩护，诉诸两个考虑：高贵或他自己背负的名声以及城邦的名声（34e2-3）和正义或正义与虔敬一起（35b9-c1 和 c5-7；另见 35c8-d1）。因此，他将名声（或"名号"）更多地与行为方式上合乎高贵联系在一起，而不是（仅仅）与行为方式上合乎正义联系在一起。当然，这并不意味着他不关心自己在正义方面的名声——并且，专门证实自己在被指控的不义或不法行为上的清白。但这一点的确表明，他所关注的名声不仅仅是关于正义的名声。

他对名声的关注——无论可能是怎样的［名声］——超越了正义层面，且不仅仅是居于次要地位。如果只有在他第一次演说的那一部分（他把那一部分称为他的申辩，即他亲自指定作为其申辩词的那一部分）完成之后才发现，那可能会被认为只起辅助性作用。但他已经明确表示，在他对导致自己受审的指控进行辩护之后，他的辩护仍在继续（对勘 34b6-7 与 24b3-4、28a2-4）——无论这种辩护是狭义上的（24b4-25a4）还是广义上的（18a7-28b2）。

在辩护结束后展开的部分中（28b3 及以下），他谈到自己过去的行为时，也预示了他在完成整个申辩词之后对自己现在的行为的看法：亦即他强调这些行为合乎高贵（或免于羞耻）的要求（28b3-6，b9-c4，d6-10；另对勘 28d3 与 35b8）。我们得出的结论是，在《苏格拉底的申辩》中苏格拉底所要证实或保护的名声，首先是正义的名声（以及在最后：35b9 及以下），其次是超越正义的某种东西（至少在避免不义或不法行为的层面上），第一个映入眼帘的便是高贵（参色诺芬《居鲁士的教育》[Xenophon *Education of Cyrus*] 1.5.13）。

三

为了证明自己的正义，在受审所涉及的不义或不法行为的层面上证明自己无罪，苏格拉底必须直面美勒托斯和其他人对他的指控。在他的申辩中，他也的确是这样做的——直截了当地——在其申辩词的中心部分。但他对这一指控的处理，准确来讲只能用轻蔑来形容。他甚至不屑于一字一句地引述它（24b8 - c2）。他不屑于大费口舌地去否定其真实性。（之后，他在 35d5 - 7 处高度含混的断言，不管意味着什么，都不等同于否认美勒托斯的指控。）

他"反驳"了指控，如果我们可以用这个词的话，但他的论据相当缺乏说服力。并且，在这样处理之后，他认为不值得为了指控作出更实质性的回应（28a2 - 4）。但是，如果对他提出这样的指控并非一种应当被严肃对待的行为，那么还有什么——除了年轻时的轻浮或自以为是（24c4 - 6、26e7 - 27a7、27d5 - 6 和 e3 - 5；参《游叙弗伦》[*Euthyphro*] 2b12 - 3a5）之外——能让美勒托斯这样做呢？苏格拉底已经预先给出了答案，他提到了一项更早的指控。正如他所声称的那样，他已然被诬蔑多年了，而且他认为这些恶意中伤比当下的指控威胁更大（18b1 - c8）。

正是这诬蔑 - 指控给了美勒托斯充足的理由，对苏格拉底提出指控（19a8 - b2）。如果苏格拉底因美勒托斯的指控而被定罪，那便是受诬蔑 - 指控或其影响才将他定罪，而不能归因于美勒托斯或安虞托斯（28a4 - b2）。在这种指控情形下，苏格拉底明确地否认其真实性（18b1 - 2，但需考虑到 18b6 处 *mallon ouden*[①] 所引入的限定条件——涉及 17a4；19c4 及以下；23d1 - 9）。但是，如果诬蔑 - 指控实则是捕风捉影，那么它解释美勒托斯指控的能力，便不如亟待解释其本身的需要来得有根有据，苏格拉底承认甚至强调了这种需要（20c4 - d2）。

因此，在其申辩中，他把大部分篇幅都用在了对这件事的解释上，这部分内容是为了确证他的正义（见 20d2 - 4，21b1 - 2，23c7 - e3）。根据这种说法，原先的指控起因于众多三教九流的雅典人对苏格拉底的某项活动或其后果的反应，他们认为（苏格拉底的所作所为）令人十分恼火［vexing］。显然，苏格拉底有必要通知或提醒组成其陪审团的雅典人，尽管这种活动令人恼火，但无疑是无罪的。苏格拉底要让他们明白，在所有对他

---

① 译者补注：此处沿用英文原文中希腊文的拉丁转写，下同。

的诬蔑中,他没有发现任何非法行为,一切都是空穴来风。

然而,在这样做的过程中,他是在强迫陪审员们回想起那活动(20e3 – 5, 21a5)——就像他强迫他们(雅典人和其他人①:30a3 – 4)受他影响或以其他方式身处其中时(21c7 – d1, 21d7 – 22a1)——他冒着在陪审团中激起与在其他人身上类似的对自己的倾向[disposition]的风险,即便没有,也加强了这种举止在他们中的一些人身上已经引起的倾向(参 17c8 – 9, 19d2 – 3)。至少在事后,他意识到了风险。他认为几乎可以肯定的是,他的叙述在陪审团中产生了这样的反应(24a6 – 7)。他断言这种反应证明了他对关于自己的诬蔑产生原因的解释是正确的(24a6 – b1)。

四

现在,我们必须从整体视角更细致地考察一下这占据整整一半篇幅的申辩词,苏格拉底在其中——无论是直接还是间接地——回应了导致自己受审的指控。第欧根尼·拉尔修[Diogenes Laertius](2.40)保留了这一指控的实际(正式)措辞,其内容如下:"苏格拉底对城邦所信仰(认可)的诸神行了不义,因为他不信这些神,而是传进(引进)其他新的具有神性的事物[daimonic things];他行不义之事,也表现在败坏青年。"②(另一种翻译同样可供参考:"苏格拉底由于不信……行了不义;他还通过败坏……行了不义。")在接过这个问题时,苏格拉底给出了一个被公认为不确切的描述(24b8 *pōs*; 24c2 *toiouton*)。

事实上,他是这样重述的:他将指控中不虔敬的部分移至第二顺位,并断言——在实际措辞中,其内容保留了开放性——对于别人口中他引入的具有神性的事物,他自己是信仰(认可)的。(见前文《〈游叙弗伦〉导读》第二节)由于美勒托斯没有注意到这一变化,当苏格拉底在盘问他时,便可从他那里得出论断,即他指控苏格拉底完全是无神论[atheism]——这一控告与指控的实际措辞并不矛盾,尽管其意图并不明显——从而使他

---

① 译者补注:本段"其他人"应指外邦人。
② 译者补注:见〔古罗马〕第欧根尼·拉尔修《名哲言行录》,徐开来、溥林译,广西师范大学出版社,2010,第171页。此处引文据布吕尔引文译出,与之有别。

看起来自相矛盾。

因为当苏格拉底改变了措辞之后,对于无神论的罪名会显得与现有指控不一致。(对勘 27c5 - 8、24b8 - c1 与 26c1 - 7、e3 - 5。然而,值得考虑的是,在 27c10 - d2 处,论点仍然被迫针对"我们"——"我们雅典人"或"我们希腊人"——所信仰的事物提起申诉,并借由在 27e7 中非法添加对其他不必要的"神"[theia]的总结性陈述,暗示出其对这番申诉的充分性表示怀疑。)因此,苏格拉底对具有神性的事物的信仰,是建立在美勒托斯的一种论断的基础之上的,而美勒托斯并没有这样说过,只是在苏格拉底式的手法或话术[Socratic sleight of hand or tongue]之下才承认了这一点。正如他对"神明"[daimons]之神性的信仰,或是对通达"神明"神性之手段的信仰,以及他对诸神的信仰,只是建立在他对这一问题的看法与雅典人或希腊人的看法相同这一心照不宣的假设基础之上的。

但是,即便有人愿意从表面价值来看待这个论点,其中也没有提到苏格拉底因为不信仰而受到审判的神:城邦的诸神。同样的,为了证明自己并非无神论者,苏格拉底在此处给出了另一个"论点",他断言:当美勒托斯否认苏格拉底信仰(认可)太阳和月亮的神性时,他便不足信。因为,即便有人愿意把这一论断(或由此而来的不相信太阳和月亮神性的论证,不可能是苏格拉底的原创,因为在他之前阿纳克萨戈拉[Anaxagoras]便在广为流传的著作中宣称过这一论断)作为他相信太阳和月亮神性的证据,那么,最多能证明他所信的神,是所有的人(包括希腊人和野蛮人)都信仰(认可)的神(《法义》[Laws] 886a2 - 5)。这些神的活动对我们而言是显而易见的,与那些只在他们意愿范围内表现自己的神不同(《蒂迈欧》[Timaeus] 41a3 - 4 及上下文):简而言之,[他们]是宇宙诸神,而非城邦诸神。苏格拉底诱导美勒托斯进行的——对完全无神论的指控的——澄清或激进化[clarification or radicalization],在某种程度上掩盖了他直接回应指控不虔敬处所产生之结果的重要性。

五

根据他对正式指控的重新表述或再加工,在讨论不虔敬的部分之前,苏格拉底先讨论了败坏［青年］的部分。他做出的这些改变也使得指控的两个部分之间联系更为紧密（通过在申辩的第二部分开始时删去"并且他行了不义"），或是令指控者们已经盘算好的联系更加明显（见26b2-7）。正如在对美勒托斯的盘问中所澄清和证实的那样，其结果是（通过指出其中"败坏"意味或意指什么）阐明指控中败坏［青年］部分的含义，但这也在一定程度上掩盖了诉讼中苏格拉底自身的异端性或不信仰［unorthodoxy or disbelief］对其诉讼的重要性。（对勘《游叙弗伦》3b1-4与6a6-9及前文《〈游叙弗伦〉导读》第二节和第五节，以及《苏格拉底的申辩》18b1-c3和35d2-8；还需要考虑到这样一个事实，尽管我们已经描述过为其所做的准备，即苏格拉底驳斥指控中关于不虔敬的部分时，他更强调的是自己信仰或不信仰的问题，而不是关于他教过什么的问题——对勘26b4和b6，c2和c6，d10，27c5-6——尽管在这种语境下，他对教学问题闭口不谈可能另有原因：《游叙弗伦》3c7-d9。）

苏格拉底对指控中败坏［青年］部分的直接回应由两个论点构成。在第二个论点中（25c5及以下），他反驳了从美勒托斯那里得出的论断，即他的败坏［行为］，若果真是一种败坏的话，便是出于自愿，因为必须在法律层面服从司法程序。苏格拉底，同其他任何人一样，必须假定他希望从他的同伴那里获得裨益而不是受到伤害，他和美勒托斯一样清楚的是，居心叵测或品行恶劣之人［the wicked or bad］总是对那些最亲近的人造成伤害；然而，如果他让他的某个同伴变得卑鄙，他就要担上被他伤害的风险。这一论点的前提是，那些被败坏的人会敌视败坏他们的人，而不是心怀感激（参34b1-2及上下文）。

至少在苏格拉底给出的推论中，我们也可以理所当然地认为，他会停止他的败坏活动——因为他明白如果这是败坏的话，就会带来风险（26a4）：即除了安然生活［living safely］在同伴们之间外，再无其他目的和好处可以劝诱他承担这样的风险，去付出在所难免的代价（需要留意33b3-6，更不用说21e3-5）。在第一个论点中，苏格拉底反驳了美勒托斯的论断，即通常来讲，是那些组成陪审团和听众，以及担任议员和参加大会的雅典人，使年轻人变得更好，并有能力教育他们（24e4-5）——而只有苏格拉底会败坏他们——抑或正如雅典人通常理解的那样：法律，能做到[让年轻人变得更好]这一点。

对于其他任何一种动物来说,所有的人都能把它们变得更好,而败坏者只是某个人;然而并非如此,情况恰恰相反:只有特定的一人或极少数[精于驯兽的]专家能够让它们变得更好,而如果多数人与他们伙同并利用他们,那么就会败坏(毁灭)它们。苏格拉底认为[精于教育的]专家让年轻人变好,就可以理解为[精于驯兽的]专家让其他动物变好——这是他针对指控中败坏[青年]部分自证清白的两个论点之一。而他通过坚持(如果半开玩笑地讲)这一论点——暗示了法律在[让年轻人]变好方面效果甚微,恰切的理解是,在某一特定情况下和在其他情况下没有区别(参24d9 - e2;留意24e4 - 5处所暗示的区别,另见20a6 - b5)。

苏格拉底将这两个论点并置——是为了表明美勒托斯没有资格指控自己败坏青年(对勘26a8 *ēdē* 处及其上下文与25c1 *hikanōs* 处及其上下文,以及24d8 - 9),即其中一个证明美勒托斯对专家或知者[the expert or knower]在让年轻人变好方面的作用一无所知,另一个则证明美勒托斯对自己归咎于苏格拉底的那些危害所具有的欲加之罪意味一无所知。据说,这些[论点]确实起到了这样的作用,披露了他们对年轻人教育问题漠然置之[the indifference]、轻率从事或缺乏关心[the thoughtlessness or lack of caring],这些必然会导致这种无知(24c4 - d4,d7 - 9,25c1 - 4,26a8 - b2)。在此处,苏格拉底并没有提及他在《游叙弗伦》中所作的一些夸张言论所指向的审慎考虑,即提出这样的指控本身就代表着某种关心(对勘《游叙弗伦》2c2 - 3a5与《苏格拉底的申辩》24b4 - 5)。

六

苏格拉底在面对他受审的指控时,只是说将"试图"为自己辩护去反驳指控,或者更确切地说,是去反驳指控的发起者(24b4 - 6;参18a7 - 9,18e1 - 2,18e5,19a7)。因此,他事先就指出了这种辩护的缺陷——大概是为了与他对诬蔑-指控的辩护形成对比。在他对早先辩护的介绍中,他强调其发起者,即他的"最初的控告者"(18a7 - 9),是与"安虞托斯那伙人"(18b3)区分开来的,后者对他提出了正式指控(尤见于18d7 - e1)。

这一区别显然是他所附论断成立的前提,即除了谐剧诗人阿里斯托芬[Aristophanes](18d1-2,19c2),我们不可能知道并讲出第一拨控告者的名字。相应地,据说相较于原本的情况,这一现实情况令苏格拉底更难以驳斥他们,而非常相似的情况却使他们自己对苏格拉底的指控比原本[的情况]更加容易(尤其需要对勘18c7-8——*apologoumenou oudenos* 与 18d7——*mēdenos apokrinomenou*)。无论如何,苏格拉底在对第一拨控告者的回应的结尾处,把美勒托斯、安虞托斯和吕孔也包括在内,从而悄然抹去了这两拨控告者之间的区别(23e3-24a1以及23d4-5和26d6;这种发展是由一个中间步骤铺垫而来的,在这个步骤中,苏格拉底在第一拨控告者这一类别中作了进一步的区分。这至少引发了一个疑问,即美勒托斯是如何或为何被排除在由此生成的子类[subclasses]之外的:对勘19b1-2与18d2-4)

与此同时,其作用是使他能够对诬蔑-指控作出回应,而不必在任何强迫下,就该指控对任何一位指控发起者进行询问或盘问[question or cross-examine]。正如我们实际上已经看到的(上文第三节),他的回应由两个要素构成。首先,他断然否认了指控的真实性——在19c2及以下,他以最长的篇幅和最详尽的细节予以否认——然后在20d1及以下,他描述了引发指控的原因(当然,他没有做出解释)。正如苏格拉底所指出的那样,这一指控可以被用来,并且已经被用来指控"所有哲人"[all the philosophers](23d4-5)。通过其断然否认,他传递给人的印象是自己与哲人们所关心的问题或所做的事情毫不相干。

他所指出的引发指控的活动似乎是他自己所特有的(20c6-8与30d5-31a7;至于后文39c3-d3的矛盾之处,它指的是苏格拉底离世后会发生什么,以及他的这种活动对年轻人的吸引力[attractiveness]所导致的结果:见23c2及以下,以及33b9-c4;因此,它倾向于证实而不是削弱具有独特性的主张)。然而,指控他的人(无论是新一拨,还是原先那一拨)认为他们有理由把他与哲人们联系起来,抑或,他们至少可以说服别人[认为]有足够的理由将二者联系起来(对勘18d2-4与23c7-d9)。那么,一定是发生过什么,才让他们产生了这种看法。

此外,苏格拉底并没有回避将自己的生活描述为哲学的[philosophic]

生活，同时他又明确指出，他所认为或被诟病为引发指控的活动并未耗尽他的哲学思考［philosophizing］（28e5 - 6，29c7 - 8，29d5 - 6；另需留意41a6 - c4）。那么，他那哲学的活动的其余部分是由什么构成的呢？抑或，何为哲学的整全［the philosophic whole］，以至于招致指控的活动必然成为其中的一部分？抑或，换一种问法，如果苏格拉底也被称为哲人，并因此位列"所有哲人"的范畴之内，尽管他与他们不同，但两者之间有何共同点来证明这种分类是正确的呢？是什么赋予了这个术语确切含义？

这些疑问的答案，也正是理解《苏格拉底的申辩》所需要仰赖的，而［上述术语］目前的用法——比无用更糟糕——人们非常慷慨地将"哲学"一词用于几乎任何观点或观点集合，然而［这种做法］是愚蠢的，他们还将"哲人"一词用于任何在哲学"系"任教的人。我们必须求助于真正的哲人［the genuine philosophers］亲自给出的指引；而恰恰在这个问题上，他们出奇地沉默。因此，向与他们旗鼓相当的对手（名副其实的或只是自卖自夸的）学习有时是有所裨益的，甚至可能是必要的。相较于那些哲人，这些对手可以让自己更自由地谈论他们没有义务为之辩护的事业。在迈蒙尼德《迷途指津》［Maimonides *The Guide of the Perplexed*］II 19 关于亚里士多德［Aristotle］自然科学之意旨的讨论中，可以发现有关这种裨益的例证。回到《苏格拉底的申辩》，我们可以有把握地说：苏格拉底所声称的诬蔑 - 指控（这一指控是针对他本人，同时也是针对"所有哲人"的）与他那特立独行的活动联系起来令人费解，这迫使我们思考他与哲学本身，以及他与前代哲人们以及与同时代哲人们的关系问题。

七

苏格拉底和其他哲人们所受到的指控是，他们考察地下的事物和天上的事物，把"较弱"［weaker］的言论（大抵更是不公正的言论）变成较强［stronger］的言论，即对于自然［nature］的考察和关于修辞的训练。（这是苏格拉底在此处沉默的标志，他避免在这种语境下使用"自然"这个术语：参22c1，以及特别是《斐多》96a6 - 8。）苏格拉底给出了三个版本的控告，而这两项指控在每个版本中都有所涉及（18b6 - c1，19b4 - c1，23d5 - 7）。

三个版本的控告在各种细节上均有所区别，对于包括还是排除教学和无神论的附加指控也有所不同。苏格拉底教授的正是传闻中他考察和训练的东西——在第二个版本里，这一点成为指控中最明确的一部分。该版本，一方面是苏格拉底唯一详尽论述过的版本，另一方面他却绝口不提无神论。无神论在第三个版本中成为控告的一部分，据传这也是第一个版本的听众得出的推论。苏格拉底在直接否认第二个版本的指控时说，他对阿里斯托芬《云》[Clouds]中涉及的自己喋喋不休的问题一无所知，这些问题可以说是归属于自然科学和修辞术的。他还说，自己为了报酬而教学的观点毫无事实根据。

是否有那么一门他否认自己掌握的（自然）科学（19c5-7），抑或是否有那么一种教学的能力（19e1-2，20b9-c1），他对于这两个问题均未下定论。但在教学方面，他明确表示，他已经考察过是否有真正的老师[genuine teachers]的问题，不是教自然科学的老师，甚至不是教修辞术的老师，而是传授人的德性和政治德性[human and political virtue]的老师（20b4-5及上下文）。关于自然科学或是归属于该范畴的东西，他让许多听过他谈话的陪审员作证，问他们之中是否有人听过他谈论这些问题。他们在很大程度上可以相互来传授和说明这件事（19d1-5）；当然，他们必须相信他的话，即他在私下谈论的内容与他在公开场合谈论的内容没有任何区别（参33b6-8）。

八

至于究竟是什么原因引起了特别针对苏格拉底的指控，他似乎只是因为他猜想有人可能会对他所说过的话提出异议才这样说的（20c4-d1；另见28b3-5，这标志着关于其引起指控的活动[这一]主题的回归，并且在37e3-4处，该活动再次成为主题，以及——对这些段落的阐释——色诺芬《回忆苏格拉底》[Memorabilia] 4.6.13-15）。为了回应他自己提出的这种异议，苏格拉底说他会"尝试"[attempt]向陪审团指明是什么让他有了这样的名号和诬蔑（20d1-4）。正是某种智慧造就了名号（20d6-7），他将这种智慧描述为"凡人的智慧"[human wisdom]，并将其与其他哲人所拥有的智慧进行对比。如果他们的确拥有他们孜孜以求的那种自然科学的话（20d6-e3），那么那些智慧将比凡人的智慧更伟大，或是超越凡人的智慧。

那么，苏格拉底的确对这样一门自然科学有所了解——他完全有能力以这种方式描述它，并且能意识到自己并不拥有它：毕竟，他明确否认的并不是他与其他哲人都在研究的那些问题，而是他理解它们或拥有关于它们的科学（对勘 18b7-8、19b4-5 与 19c4-8）。他在这里所说的凡人的智慧，似乎就在于他意识到自己缺乏这样一门科学。他举出德尔斐的神作为证人，证明自己拥有凡人的智慧（20e6-8），更确切地说［证人］是神的女祭司，或者更确切地说是苏格拉底年轻时的同伴——凯瑞丰［Chairephon］，著名的民主派。关于对苏格拉底的智慧的质疑，女祭司已经给出了神的回答——或者更确切地说，［证人］是他的兄弟，因为凯瑞丰本人已死（顺带一提，凯瑞丰和他的关系并不好：色诺芬《回忆苏格拉底》2.3）；而神通过这些渠道已然证明或正在证明的事实是：苏格拉底在神作出回应时已经达到的那种对无知的认知［awareness of ignorance］，对个体智慧的局限性的认知，确实是某种智慧（23b2-4）。

但神的回答远不止于此。在宣称没有人比苏格拉底更聪明，或者苏格拉底是最聪明的时候（21a5-7；参 21b5-6），它实际上是在宣告凡人智慧的价值总体上是如此微不足道，以至于认知到自己在智慧方面的局限性便是我们所能获得的最高智慧（23a5-b4）。现在，苏格拉底并不知晓自己所拥有的那极为有限的智慧的相对层级［the comparative rank］。他并不需要德尔斐的神去帮助他了解自己在智慧方面的地位（21b4-5），但正如他所宣称的那样，德尔斐的神对凯瑞丰的回答，让他认识到这样一种可能性，即像他那样意识到自己在智慧方面的局限性，实际上就是最高的智慧。于是，他转向一项旨在检验神谕回答是否属实的考察（21b7-9，21c1，21e5-6）；因为他拒绝遵循自己刚刚向陪审团建议的做法，即对神谕信以为真（参 20e5-6）。

事实上，他当时展开的考察，至今仍在继续（23b4-7）。无论他过去是否也这样做过，但其不完全恭敬的特质，并不妨碍他现在宣称它是神圣的权威（21e5, 22a4-8, 22e1-5, 23b6-c1, 28e4-6, 29d3-4, 30a5-7, 30d7-e3, 及 31a7-b1, 以及 33c4-7；比较 37e3-38a8）；因为，正如他可能已经预见到（21b8：*mogis panu*），并且不管怎样很快会察觉到的那样（21e3－4），不仅对那些被其审视的人而言，而且对许多目睹他与他们交谈的人而言（21d1；另见21e1－2），这都是非常令人恼火的考察。因此，这给他带来了——最初关于他的那些诬蔑——连同一个他并不拥有的智慧的名号（据21d3－7思考22e6－23a5；参20d6－7）。直到转而谈到考察时，[苏格拉底] 还没有遵守他的诺言进行解释（21b1－2；参20d3－4及20d7；另见22e6－23a2，23e3及上下文）。

这种考察要求苏格拉底去拜访那些公认是（或自认为是）智慧的人（21b9，c6－7，d8），以便亲自看看他们是否智慧。而特别引人注目的是，尽管他强调，自己去[拜访]了所有那些被认为知道些什么的人（21e5－22a1）或任何他认为智慧的人，无论是雅典人还是外邦人（23b4－6），但他并没有^①去找其他哲人。（他清晰并且似乎完整地列举了他前去拜访的人的类别[classes]——22c9及22a8－b1——并以各种方式表明他有能力不动声色地提供任何必要的补充——22c1－3，24a1——同时，在后文26d6－e2处，他顺便提供了证据——这表明如果他需要的话，他有可能承认在这方面与哲人们有过一些交集。）

由此可见，如果他不是通过提前考察而事先知道，哲人们所寻求的自然科学并不是由他们造就的，他便不可能得出从这次考察中方能分析而来的一般性结论[the general conclusion]（23a5－b4）。在《斐多》所呈现的对话中，柏拉图笔下的苏格拉底在临终当天，向其亲密同伴们证实，他实际上在年轻时进行过一次考察，得出了这样的结论（96a6－100d8）。在那次早年的考察之后，他仍然不知道的是（这次考察同时也向他揭示了他自己在智慧方面的局限性）或者他可能通过其结果发现他并不知道的是，其他一些人（例如游叙弗伦）是否可能拥有比他自己那仅仅是凡人的智慧更高的智慧。他的"德尔斐"考察正是为了找到这个疑问的答案。后来的考察是通过对话来进行的，根据《苏格拉底的申辩》中所提供的唯一指引来判断，我们称之为"道德"[moral]问题：何为高贵与善[noble and good]^②

---

① 译者补注：原文用斜体以示突出，译文中用楷体显示，下同。
② 译者补注：《苏格拉底的申辩》希腊语原文为 καλὸν κἀγαθὸν (21d)，καλώ τε κἀγαθώ (20b, 亦作 καλώ τε καὶ ἀγαθώ)。吴飞译本译作"美好和善好"，但因此处强调道德倾向，故而译作"高贵与善"。

（21d4；参 20b4－5）。

这些对话——或者说是查验（23c4）、反驳（23a5）——不仅使苏格拉底满意地揭示或证实，与他交谈的人并不智慧（21c5－7）；至少在某些情况下，［这些对话］也试图向那些对话者表明他们缺乏智慧（21c7－d1；参23b6－7）。目前尚不清楚这些尝试是否成功地说服了哪怕一位年长的［考察］对象（参30a2－3），让他相信自己并不知道"天下大事"［the greatest things］（22d7）；然而，这些［尝试］似乎与苏格拉底从他"德尔斐"的经历（21c5，22a2）中得出结论的能力有关：即他自己对于智慧的局限性的认知，构成了他在智慧上的决定性优势（21d2－7 和 22e1－5）。

这些关于疑问的尝试可能对其中一些曾亲眼看见的人更奏效（21d1）。它们似乎尤其给一些年轻人留下了深刻印象，其中一些人甚至仿效苏格拉底，自己展开查验（23c2－7 及 30a2－3）。事实上，根据苏格拉底的叙述，正是他那些年轻的仿效者所进行的查验，直接激起了（对他的）诬蔑，其结果是他们随后被引导着，把反对"所有哲人"时所说的话用在了他身上（23c2－e3；参前文《〈游叙弗伦〉导读》，第二节）。至于美勒托斯，他要么是被诬蔑者们的指控所说服，才发起控告的（19a8－b2），要么他本就是他们中的一员，至少他在某种程度上（伙同安虞托斯和吕孔）是出于恼火，才代表他们出面这样做的（23e3－24a1）。

九

为了证实自己的正义，即他面临受审的不义或不法行为是莫须有的，苏格拉底必须如我们已经看到的那样（上文第三节），用令人信服的方式对指控作出说明，以追溯一些［自证］清白的缘由［origin］。他声称在他的"德尔斐"考察中找到了这个缘由。据此，他认为，这种考察本身，或者经由年轻人的仿效，便足以引发对他的指控，例如对无神论的指控。这些指控构成了诬蔑－指控，而诬蔑－指控又足以招致美勒托斯的指控。但美勒托斯的指控中包含了一项既非针对又并不包含其他哲人的指控，因此，在诬蔑－指控中：控告是关于苏格拉底"引入"（如正式版本中所述）或"相信"（如针对正式指控的苏格拉底式记述中所言）"其他新的具有神性的事物"的。

所以，即使按照已经说过的保留意见（始于上文第六节），我们倾向于认可苏格拉底关于其"德尔斐"活动与诬蔑-指控之间关系的十分有趣的暗示，我们仍会面临难题，因为那项指控未能令人满意地将该指控纳入美勒托斯的指控，或以其他方式进行说明。苏格拉底曾在《游叙弗伦》中隐晦地提到这一指控，他形容其为令人摸不着头脑［strange］[①]（3b1-4）；尽管苏格拉底一直避免使用"具有神性的"［daimonic］或"具有神性的事物"等术语——但游叙弗伦［Euthyphro］——还是立马将其追溯到苏格拉底求助于他自己的"神性预兆"［daimonion］[②]（3b5-9），丝毫不见犹豫。并且，随后在《苏格拉底的申辩》中，苏格拉底证实如果不提"神性预兆"，就不可能陈明这部分指控（31c8-d2）。

因此，更值得注意的是，在其整整一半篇幅的申辩词中，他一门心思证明自己的正义，并没有提到他的"神性预兆"，在那一半讨论指控起源的部分中，对于他正在做或试图这样做的事情来说，是绝对有必要［进行说明的］，但他却只字未提。因为"神性预兆"，（在某种程度上）是自从苏格拉底童年时期开始便萦绕耳畔的具有神性的声音，也是《苏格拉底的申辩》后半部分的主角。"神性预兆"不能与德尔斐的神或神谕的回应混为一谈，［德尔斐的］那位神是前半部分的核心人物，他曾经向苏格拉底传达过一次［具有神性的声音］，当时苏格拉底或许还年轻（21a1），但肯定已然不是孩童了。事实上，神与"神性预兆"的对立、冲突或关联，乃是后半部分的至高主题，正如我们已经看到的（上文第二节），其目的是要将苏格拉底的高贵与他的正义区分开来。

[①] 译者补注：此处沿用《柏拉图全集：中短篇作品》中顾丽玲译本的译法，严群译本译作"耸人听闻"（［古希腊］柏拉图：《游叙弗伦·苏格拉底的申辩·克力同》，严群译，商务印书馆，1983，第13页）。

[②] 译者补注：该词在英译本中大多翻译为 divine sign，也有译本作 spiritual sign。在《柏拉图全集：中短篇作品》（华夏出版社，2023，第42页）及较早前的单行本《苏格拉底的申辩》（华夏出版社，2017，第140页）中，吴飞则将该词译作"精灵的声音"，并在单行本中对其进行了注释、说明。由于在《苏格拉底的申辩》中，该词具有两个特征——具有神性、起警示作用，故此处将其处理为"神性预兆"。

十

申辩词的后半部分,以苏格拉底假设有人会根据他所说的话向他提出的异议开篇。因此,其开篇部分与前半部分的开篇类似,前半部分是专门讲"德尔斐"考察的。事实证明,后半部分也与那项考察有关。(正如我们在第八节开头所指出的,这种方式也用于 37e3-4 的反对意见。)这不仅意味着如果不考虑到"德尔斐"考察,关于苏格拉底的高贵的问题就无法充分加以讨论,而且还意味着这项考察本就是极为宽泛的话题。因此,就其本身的讨论不应完全包含或局限在对其正义的考察。回到这半部分申辩词的开篇,此处假想出的反对者含蓄地承认苏格拉底已经成功证实了他的正义(参 20c4-d1)。

然而,苏格拉底认为,为了这样做而不得不谈论的("德尔斐的")活动,在某种程度上是可鄙的,因为这令他面临着因投身其中而死亡的风险。换言之,反对者则认为,高贵(可鄙的对立面)要求我们的不仅仅是不违法作恶层面的正义。它至少还要求我们,有力量保护自己,以及保护我们的朋友和(我们自己的)家人免受他人不法行为之害(留意《希庇阿斯前篇》[Greater Hippias] 304a6-b3 和《高尔吉亚》486a4-c3:每一种情形下,语境中都是在指责苏格拉底缺乏所涉层面上的高贵;另需留意色诺芬《齐家》[Oeconomicus] 11.9-10 中,苏格拉底与"高贵且善"的伊斯霍玛霍斯["noble and good" Ischomachus] 交流之中的言外之意)。

因此,苏格拉底对他①做出了公正的回应("公正的演说"),如果他认为大丈夫在行动时应该考虑死亡的风险,而不是只考虑死亡的风险,那么他的言辞算不上高贵:无论他的行为是正义的还是不义的,是君子之事还是小人之事。这近乎是把人应该不惜一切代价规避风险的想法归结于反对者,而苏格拉底本人显然反对这种观点。但同时,他也以自己的方式承认,高贵还要求我们拥有某种东西 [something],而不仅仅是不违法作恶层面上的正义。它要求我们有勇气不计代价地维护正义:不是指能力 [capacity]

---

① 译者补注:此处的"他",应指上一段的"反对者"。

（正如我们所认为的反对者真正要表达的意思），而是指捍卫权利和公正的意愿［willingness］（32e3-4），这是对无罪意义上正义的补充或附加标准（因为这种维护本身就需要某种程度的勇气：32a4-e1），是高贵的必要条件。

为了反驳其反对者所持的（有些部分模糊不清的）关于高贵的观点，苏格拉底提到了阿喀琉斯［Achilles］作为支撑论据，通过此处援引的荷马诗行（对勘28c2-d5与《伊利亚特》［Iliad］18.95-106）中某些补充内容，阿喀琉斯的意图或认知得以提升。阿喀琉斯自觉认为（不惜任何代价）为正义而采取的行动是高贵的标志；因此，这就使得苏格拉底在语境中可以被视作另一个阿喀琉斯。但是，要为关于高贵的新观点辩护，毫无疑问，需要的不仅仅是通过对荷马的"修正"［correction］使旧模式与它一致。因为将捍卫权利的突出意愿而非突出能力作为高贵的标志，即使在实践中并不总是如此，这样做也是在扩大观念上已经存在的罅隙［gap］，这似乎构成了应得（高贵［nobility］）和回报之间的罅隙。在这种情况下，苏格拉底就更有必要去设法解决这一罅隙［所造成］的问题了。

他通过两种可行的方式来达到这一目的：一方面，他通过断言（或断言他做出的论断）所有善的事物都来自德性［virtue］（30b2-4，这段话允许一种不那么激进的解读，但直接和更广泛的语境都反对这种解读），否认罅隙的存在；另一方面，他否认像德性或高贵这样善的事物本身并不构成或提供，甚至可能阻止我们得到任何结果上的益处（30c6-d5；参37b2-d6）。近乎与此同时，他指出了我们或许可以称之为接受这些否认的条件：他似乎把他的活动，那项他在此处捍卫的，堪称楷模的高贵活动，描述为城邦无私服务（31a7-c3：这一段指向后文，到41c8-d2直至其结束，不仅因为这服务据说是受神的指派；澄清关于"一个人自己的东西"的含义，见36c5-6；另外关于苏格拉底的贫穷的意义，见38b1-2）。

十一

我们已经谈到，申辩词的后半部分以异议开篇。事实证明，这不仅意味着苏格拉底的"德尔斐"活动——一个"敏感"话题——将被讨论，而且意味着，至少最初，它将从苏格拉底自己的观点以外的角度来考虑。而那项活动已经显示出其危险性——无论是否也被预见到（21b8）。它使苏格拉底在即将临终时，面临着了结自己生命的危险。苏格拉底的处境并不足以保护自己免于这种危险（尽管在这方面，他或许并不像自己有时试图给人的印象那样不知所措：对勘《高尔吉亚》521d6－522c3 与《苏格拉底的申辩》38d3－6）。因此，"德尔斐"活动使他很容易遭到反对或指责，说他从事这种活动是在过一种可鄙或卑劣的生活。

这种指责意味着，高贵的核心是刚毅的男子气概［manliness］，即保护自己和他人的能力（参色诺芬《齐家》9.15－10.1）。苏格拉底为了保护自己免于这种责难，试图重新阐释高贵，将其核心定位于为正义而行动和为正义而承受苦难的意愿——或者说，将此前高贵中已经存在的因素或倾向凸显出来（正如荷马笔下的阿喀琉斯所体现出来的：［相关论述］见原书第八章第八节）。这种重新阐释以及他对这种阐释的辩护，可能是出于多种原因在他那里脱颖而出，［它们］对西方后来的发展产生了不小的影响。无论如何，既然这些论述（至少在《苏格拉底的申辩》中）是为了回应我们所指出的那种异议而加以阐明的，我们就不应因为发现此处这些论述并不构成苏格拉底的临终遗言而过于惊讶。他的临终遗言，或近乎临终遗言的话，是用来讨论他的"神性预兆"的。

十二

相关讨论的引入部分并非异议，而是类似于异议的话语（31c4－7）。鉴于苏格拉底刚刚所说的无私为城邦服务，而他并没有通过从政来为城邦服务，因此他假定此举可能看起来很奇怪。他的回答或解释是，他的"神性预兆"阻止了他从政。但是他接着对"神性预兆"的所作所为表示毫无保留的赞同：如果他从政，以配得上好人名号的方式捍卫正义（31e2－32a3 及 32e2－4；参 28b5－9），他早就命丧黄泉了，并且［这样做］对他自己或是对雅典人都没有好处（31d7－e1 与 36c2－3）。

因此，在苏格拉底看来，关心对个人有益的事物并非不被允许（如果一个人牢记忽视自己的东西并不等于忽视自己，就会更容易理解这一点，就像关心自己的东西并不等于关心自己：36c3－7及原书第三章第七节；从这个角度考虑38a1－6和28d6－7）；一个人对这一点把握得越牢，便越清楚生命并不是一件被轻视的好事，死亡也并不是一件被漠视的坏事。——可以说，在《苏格拉底的申辩》中，苏格拉底对死亡的公开立场是：我们对"冥府中的事"知之甚少，因此无法知道死亡是坏事还是好事（29a4－b6，37b5－7）。

的确，"地下所有事物"的知识（18b7－8，另需重点关注：参19b5，23d6），以及由此而来的死亡的真正特性，人们普遍认为［这些］等同于苏格拉底曾凭借智谋否定过的无神论，［而这种看法］或许并不愚蠢（18c2－3及上下文；另留意29a1－4）。站在苏格拉底的立场来看，他将自己与那些对死亡做出预判的人区分开来，因为他们似乎知道死亡是最坏的事（29a8－b1；另见30d1－4），这是一种极端的立场。与之相反的极端是，认为人知道死亡根本不是一件坏事，甚至是一件好事。然而，这近乎就是苏格拉底的持论，至少——在他对陪审团所做的最后一次演说中，这部分是对那些投票无罪的陪审员所说的话，他们可能会因为（他的）死亡而感到困扰（39e1及以下）。他肯定会力劝这些"朋友们"接受它（40a1），我们可以推定这些人（出于他们对德性的关注）已然做好准备（41c8－d2；参30c8－d5）。

然而，在考虑苏格拉底本人是否持有这种观点时，我们必须考虑到这样一个事实：他在语境中说，居住在冥府的人与这里的人不同，他们不必再死，这让他们拥有更优越的幸福，从而削弱了他为支持这种（关于冥府的）观点而提出的论据之一（41c5－7），而他用自己的毕生去追求和鼓励清醒（38a5－6，30e1－31a7）的行为，提前削弱了另一个（关于睡眠的）论据。因此，在他看来，这种极端的立场比我们所称的公开立场更没有根据。但那种［公开］立场也有可能缺乏足够的依据。出于一些考量，他无法坚持在劝说"朋友们"时所持的极端立场。不论那些考量是什么，难道不会同样令他无法坚持公开立场吗？

或者，换一种问法，难道公开立场不也已经是一个必须以某种对德性或高贵的意向为"准备"，才能被认可的立场吗（留意29b6－9及37b2－5）？这些问题可能足以引发我们思考：在将死亡视为最大的坏事和将其视为根本不是坏事，甚至是好事的两种极端立场之间，是否存在另一种更加精确的中道［truer mean］。恰切地理解（将 41d3 - 6，ēdē 与 40a2 - c3 对比）"神性预兆"通过其所为和不为［action and inaction］指出的中道，正是这样一种中道默许苏格拉底现在死去，现在死去对他已然是一件好事（参 38c1 - 7 及 35a6 - 7），尽管此前它曾让他活着（31c4 - 32a3，32e2 - 33a1）。

不言而喻的是，死亡在早些时候对于苏格拉底的人生不是件好事，但并不意味着如果他能避免一切风险，就能像现在这样生活得很好（关于此方面，另需留意 32a4 - e1）：这只是意味着，唯一能被觉察到的风险是他的生活方式本身在本质上所牵涉的风险，或是过这种生活所需要的品质或名声使他不得不承担的风险。——因此，"神性预兆"的所作所为迫使苏格拉底背离了他自己（为了能够捍卫其"德尔斐"活动的高贵）所阐述的，甚至连伟大的阿喀琉斯都要遵守的高贵的模式。

并且除此之外，或者说更进一步的是，他赞同这种背离。他含蓄地拒绝了自己的模式（参《会饮》223d3 - 6）。尽管如此，我们对这一事态发展并不会感到完全出乎意料，这不仅是出于前面提到的原因（上文第十一节），还有另外一个原因，即正如我们所看到的，"德尔斐"活动的最初和真正目的是知识或智慧（发现或确证苏格拉底那非常有限的智慧的相对层级），而不是任何形式的高贵。——这并不是在否认由于需要使"德尔斐"活动符合（新的）模式，［因而］他在申辩的后半部分介绍"德尔斐"活动时模糊了这一真正目的。

这种需要直接或间接导致苏格拉底对活动的描述发生了或大或小的变化。举两个小但却典型的例子，将 30a3 - 4 与 23b5 - 6 对勘，33b1 - 2 与 23c2 - 3 对勘——因此，尽管动摇新模式必然在某种程度上有利于它试图取代的旧模式，但苏格拉底的生活也不符合旧模式。举例来说，如果他含蓄承认了那个模式所坚持的正义中（某种）意志［strength］对美好生活的贡献，那么他就会比其背离的模式更充分地认识到，这种意志有时必然是去承受或忍受无法改变的现实（参《理想国》［Republic］390d1 - 5）。因此，他的生活是一种具有神性的生活（参《会饮》203a4 - 5），这似乎和他对死亡的看法一样，是介于两种极端之间的中道，并优于两个极端。

十三

我们还需要从主题上考虑其生活的两个方面之间的关系,即具有神性的和"德尔斐的"——或者更简明地说,"神性预兆"和德尔斐的神之间的关系。我们已经断言(第九节末尾)它们不能混为一谈。并且有很多证据支持这一说法。除了当时所提到的,还有一个事实,就是德尔斐的神派遣或推动苏格拉底去完成一项使命,而"神性预兆"只是把他从他将要做的事或要说的话中引开,而从来没有把他引向任何事情(31d3-4;40b3-6及上下文)。加之相关的事实[也支持这一说法],即苏格拉底肩负的"德尔斐"使命或考察令他遭遇危险,而"神性预兆"禁止他从政则保全了他。

相应地,后一种差异还属于一种更广泛的对立:神吩咐他过一种看起来无私的生活,为城邦和它的公民服务(31a7-c3,这段话是为31c4及以下介绍"神性预兆"的铺垫;另见30a7,31a1),而"神性预兆"的功能是照看苏格拉底自己的安宁[welfare](尤其体现在40c2-3)。然而,同时也出现了神与"神性预兆"不同寻常的融合。当苏格拉底先后认为他们使他远离政治时,这种融合以最引人注目的方式显现了出来(对勘23b7-c1及其上下文与31c4及以下)。换句话说,因为苏格拉底的"德尔斐"活动使他无暇参与政事,所以"神性预兆"不必高声喝止他参政。

诚然,"神性预兆"会为了保护他而让其远离政治,而德尔斐的神则是通过将他置于另一条危险的道路上来实现这一目的。但"神性预兆"并不阻止一切风险,只是阻止不必要的风险;苏格拉底也并没有表示对自己的"德尔斐"活动持反对意见。事实上,在《理想国》中(496c3-5),他暗示"神性预兆"要为他倾其一生进行哲学思考而负责。因此,至少就其效果而言,它不必仅仅是否定的或反对的。此外,如果"德尔斐"考察是其哲学思考的必要组成部分,那么根据《理想国》的说法,"神性预兆"也必须对他进行哲学思考负责(参《苏格拉底的申辩》40a4和33c4-7)。那么,(德尔斐的)神是否完全可以被"神性预兆"取代呢?

在这方面,我们可以补充说一下"神性预兆"——"神性预兆"也可以起到慰藉[consoling]作用(40a2-c3和41c8-d6),而同时,正如我们在此前场合所看到的（原书第九章，第十二节，关于《忒阿格斯》[*Theages*] 128d2 及以下），它充当的是警告或兆示凶险 [warning or threatening] 的角色。然而，"神性预兆"的功能仍然是照看苏格拉底的安宁，而神在这方面的功能则不甚明晰（31a7 - 8）。（举例而言）每一个人都可能将苏格拉底引向忽视他"自己的东西"的方向，这一事实可能会令人困惑。因此，只有对那些没有注意到他在自己和自己的 [oneself and one's own] 之间划出鲜明区别（36c5 -6，或者与之有相同结果的事）的人——他的许多或是大多数"朋友们"和追随者们可能也包含在这类人之中——他才通过求助于此处的"神性预兆"，去解释他对自己高贵模式的背离。

从另一方面来说，对于那些已然注意到这些事情的人来说，他在这种情境下诉诸"神性预兆"，只会倾向于印证他们自认为从他那里学到的东西（见前文《〈游叙弗伦〉导读》第二节和原书第九章第十二节）。因此，也难怪苏格拉底把对"神性预兆"的讨论留到自己的申辩词的后半部分。

十四

我们已经提出，哲学（正如苏格拉底生活的方式）与政治共同体 [political community] 之间的冲突，是根本性的或必然的（见前文《〈游叙弗伦〉导读》，第一节）。若果真如此，那么对共同体的任何改革，都不足以通过消弭冲突产生的背景来消弭冲突。从我们当下目标的立场来看，最重要，也是最显而易见的背景，便是政治共同体执意要求其公民笃信那些哲人被迫认为是谬论的信仰：后者①永远不可能彻底成为由笃信这种信仰而构成的共同体的一员。而在现代西方或西方化的国家，由于建立了对"信仰自由"[freedom of belief] 的法律保护，这一背景已然被消弭了。

这并不仅仅是由于这种保护，使得对苏格拉底的那类控告在此处不再成立。更确切地说，对信仰自由的法律保护（有别于严格的非官方容忍）等同于政治共同体放弃了决定其公民信仰的企图，这种企图激发了这些控告，或许还证明这些控告是正当的。共同体的合法成员不再需要真正或公

---

① 译者补注：此处"后者"，应指前一分句"哲人"。

开地笃信任何特定信仰，这就等同于说，新共同体正式成员资格的特征，由放弃那些对成员予以要求的协约所赋予，在这方面成员只需要认同该协约［agreement］。由此产生的疑问是，苏格拉底是否会赞成这种做法。

如果苏格拉底对他所受到（或曾面临）的这种控告的理由发起过批评，予以直接反驳，便可作为他有能力反驳的标志。然而，据笔者观察，无论是在《苏格拉底的申辩》中，还是在其他地方，他从未给出过这样的标志。恰恰相反，正如我们已经看到的（前文《〈游叙弗伦〉导读》，第二节），他留下了一些证据，表明他至少在原则上赞同这种做法。此外，他也在《理想国》中试图消弭哲学与政治共同体之间的冲突，但他行进在一条与现代政治的奠基者们选取的［路向］截然不同的路向上。他提出的解决方案不是要求政治共同体放弃决定其公民信仰的任务——这是这种共同体一直承担着的任务，而且在现代西方的影响范围之外仍然如此，只不过是通过把这些信仰引向真理［the truth］来准确执行这项任务。原则上，哲人不会反对一个致力于鼓励真正的信仰和把握真理的共同体。

但是，如果没有哲学的统治者（哲人－王），这种共同体是不可能实现的；正如《理想国》本身所承认的那样，智慧和政治权力并存过去是难料的，现在亦是如此。在这种情况下，苏格拉底显然满足于哲学与政治共同体（比如雅典）并不和谐的共存，这种政治共同体意识到了决定公民信仰的某种权利或义务，但执行得很糟糕。他显然没能给它们提出一个可行的替代方案（参37a7 – b1）；而且，如果从这次失败中可以推断出一种偏好的话，他更喜欢这样的共同体，而不是任何可行的替代方案。回到我们特别关注的那个可行替代方案，它对于信仰自由的法律保护意味着，公共秩序对各种"宗教"的教义或教诲［doctrines or teachings］保持着（近乎或不那么彻底的）中立立场。诚然，这些教诲涉及最重要的问题［the most important matters］。

如果我们想要以正确的方式生活，它们提出了我们需要得到答案的疑问——不是随便的答案，而是正确的答案。（需要留意至少有一些教诲提出的主张是基于对真理的最佳揭示，是某种［the］真正的教诲。）因此，我们对所遵循的教诲的真实性的疑问［question］，才是我们作为人类所面临的最重要的疑问。然而，我们也遵循我们的公共秩序，并且遵循我们正在遵循的公共秩序，而我们引以为荣或敬重有加的政治共同体，在这个与我们作为人类最密切相关的问题上，却拒绝向我们提供任何指导——不仅如此，［它］还宣称自己持中立态度，等同于说，对真理存在于何处漠不关心。因此，我们不得不作出以下选择。我们要么必须失去一些我们自然而然倾向于赋予共同体的崇敬之情，那些将其视为高于或大于我们每个人的情感；要么必须采纳一种意见，它试图（无论是明示还是暗示地，有意识还是无意识地）否认我们的政治共同体已证明自己对那疑问的重要性漠不关心。

只要仍然存在对于是否真的可以否认这个疑问的重要性的怀疑——也就是说，只要仍然存在对我们在没有充分意识和应有考虑的情况下，是否可以过好我们生活的怀疑——我们就有理由怀疑，苏格拉底是否会同意赋予我们政治共同体其特征的协约。现在，如果他不能做到这一点，那么这一可能消弭哲人在政治共同体中成为正式成员所面临的最大障碍的步骤，将在其位置上竖起另一种障碍［obstacle］。诚然，在新的共同体里，苏格拉底不会因为他对共同体的批评而受到控告，而在旧的共同体里，则要求那些持不同意见的"成员"有一定程度表面上的服从，也就是说，并不发自真心地服从。而现在，人们认为这种［服从的］必要性已然过去，［这种服从］被认为与好品格不相容。但在那些较早的时代，人们认为哲学并不与某种对内心深处思想的持守相矛盾。苏格拉底也不这么认为，尽管他在接受审判时使用了已经人尽皆知的"反讽"［irony］（《苏格拉底的申辩》37e3-38a1）。

《美诺》导读

克里斯托弗·布吕尔（Christopher Bruell）/文　李舒萌/译

摘　要　依据苏格拉底谈话对象的转变，《美诺》可划分为"苏格拉底－美诺（第一次）对话""苏格拉底－安虞托斯对话""苏格拉底－美诺（第二次）对话"三部分，对"德性的可教性"的讨论是贯穿三个部分的核心线索。苏格拉底引导美诺首先思考"什么是德性"，探寻作为"一"而非"多"或"部分"的德性，并借此审视美诺承袭自高尔吉亚的德性观。通过呈现政界要员安虞托斯的愤怒，对话批判了智术师以及所谓贤人妄教德性的"无知"之举。在最后一部分的对话中，苏格拉底阐明德性既非知识，又不可教，并将德性的来源归于神旨。此外，苏格拉底对政界人士有所保留的批判，体现出对话作者对哲人应当如何在城邦中自处这一议题的思考。

关键词　苏格拉底　《美诺》　安虞托斯　德性可教性　智术师

一

据《苏格拉底的申辩》[①]［*Apology of Socrates*］[②] 可知（18b3），在三个

---

*　原文出处：Christopher Bruell, 'Meno', in *On the Socratic Education: An Introduction to the Shorter Platonic Dialogues*, Lanham: Roman & Littlefield, 1999, pp. 165–186.

**　作者：克里斯托弗·布吕尔（Christopher Bruell），波士顿学院政治学系荣休教授，曾先后求学于康奈尔大学、耶鲁大学，后在芝加哥大学跟随列奥·施特劳斯（Leo Strauss）学习并取得博士学位，其研究涉及修昔底德、柏拉图、色诺芬、自由教育等领域。译者：李舒萌，中国传媒大学人文学院博士研究生。

①　译者补注：本文所引柏拉图作品的篇名、人名译法及引文主要参考《柏拉图全集：中短篇作品》（上下），刘小枫、李致远等译，华夏出版社，2023。部分引文有改动。

②　译者补注：为了避免与原文中作者所使用的（）相混淆，使用［］表示内为本文译者的引用、注释、说明或解释。

正式指控苏格拉底［Socrates］的人中，安虞托斯［Anytus］最为重要。虽然安虞托斯并没有像美勒托斯［Meletus］（24c9－2a1）一样在该对话中现身，但是这并不意味着他没有参与审判（29b9－c5）。安虞托斯本人在《美诺》［Meno］中确有露面。当安虞托斯（雅典政界的重要人物）到来时，苏格拉底和美诺（一位富有、俊美且年轻的帖撒利亚人［Thessalian］，来到雅典且与苏格拉底交游）已经交谈了一段时间，安虞托斯主动坐到了他们身边（89e9－10），取代了美诺在对话中的位置。安虞托斯的父亲与美诺或美诺的家族是旧相识，他或许因此对这位年轻人的福祉颇为关心（对勘91c1－5）。

苏格拉底和美诺的谈话在很大程度上构成了这篇对话的第一部分，继之而起的安虞托斯与苏格拉底的对话是其第二部分。然而，因为安虞托斯很快就生起气来，并将矛头对准苏格拉底，所以新对话没过多久就结束了。怒火中烧的安虞托斯对苏格拉底所说的最后一段话近乎警告或威胁。苏格拉底于是继续与美诺对谈，但安虞托斯并未离席（对勘99e2、100b和89e10、90a1，以及92d3；亦可对勘99e3和91a1），而是作为见证人在场。这也使该部分对话区别于第一部分的美诺与苏格拉底对话。苏格拉底可能因此表示自己另有他约，迅速结束了这场对话（100b7；对勘《普罗塔戈拉》［Protagoras］362a1－3与309d3－310a7；《美诺》76e7－77a5）。

对话的最后部分，苏格拉底论及德性的来源，以及人如何成为有德性之人，使对话达到高潮。根据这一说法，德性确实由神安排或分配，并非为人之心智所有（99e4－100a1、100b2－4，以及99d1－5）。美诺意识到，这个令他满意的答案（100b1及上下文），可能引得安虞托斯想要（再一次甚至多次）对苏格拉底发怒。尽管如此，苏格拉底还是请美诺说服安虞托斯信服该观点。安虞托斯若能接受这一脱胎于自己与苏格拉底那段（曾使他甚为恼怒的）交谈的德性来源，会变得更为平和。换句话说，无论是否会被再度激怒，他的愤怒和烦闷都会平息下来。虽然这对苏格拉底本人并无影响（99e3；对勘76a9），但或许会使雅典人从中受益（100c1－2）。因此，我们有把握说，安虞托斯的愤怒与息怒是《美诺》最后两个部分的主题（之一，而非全部）。但这并不是对话第一部分，即最长一部分的主题，因此也并非一条联结三部分且贯穿整体的线索。

在此，我们需要注意，在邀请或迫使安虞托斯参与到当下及随后的谈话中时，苏格拉底描述了安虞托斯没有亲历的那部分谈话（以帮助突然加入的安虞托斯尽快适应），其描述正确但不完整。（尤可参 93b1 和 6，有关他们"之前好一阵子"就在探问的事情，亦可参 91a2；有关苏格拉底不愿意谈及的内容，参 96e1–5 和 97b10–c2；也可思考 100b4–6 对方才结束的讨论意味着什么）苏格拉底可以预见安虞托斯之怒，他对谈话内容的保留不正是为了应对这怒火吗（对勘 95a2–6 与 90b1–2）？换句话说，柏拉图 [Plato] 让我们明确地意识到，安虞托斯对很多人的责怒（尤可参 92b5–c7），特别是他对苏格拉底的愤怒（95a2–6）都是出于无知 [uninformed]。一个人因某种错误的或不充分的缘故而生气，并不意味着更充分的理由不存在。但是，无论是单纯的理由，还是其自己视角中的理由，勃然而怒者或许都恰好意识不到。因此，我们不可避免地要追问，此时的安虞托斯之怒，是否隐含着一个或多个这样的理由？如果是，对话的第一部分是否在一定程度上将之揭示？

二

这场讨论起初由美诺发起，他直率地向苏格拉底求教，毫无谦恭之感，但却（如果只是出于这一原因）不乏魅力：德性是否可教？如果德性不可教，那么它是否可练？抑或德性既不可教，也不可练，而是人之天性，或是以其他方式为人所有（70a1–4；关于提问的语气，可对勘 71b9–c2 以及 79e7–80a2）？

美诺的提问顺序表明，他最关心第一个论题：德性是否可教？（亦可参 71a4–6，86c7–d2、d3–6、e3–4，87b2–5 及以下）原因可首先追溯至他曾师从著名的智术师兼修辞家高尔吉亚 [sophist-rhetorician Gorgias]。例如，他笃定自己知道何为德性，就算这一观点并非来自高尔吉亚，后者也应当给出过权威的支持或认可（71b9–d8、73c6–8、76a10–b1；对勘 79e5–6）。《苏格拉底的申辩》中的高尔吉亚声称"做人的和做公民的德性"可教（19e1–20c1）。但是，美诺认为并非如此，高尔吉亚甚至会嘲笑那些自诩德性之师的智术师，并认为教师应当（仅仅）让他的学生善于言辞（95b9-c4）。然而，美诺虽然钦佩高尔吉亚始终没有提出前述观点，但却不知道老师对持有这些观点的智术师之贬斥是否正确（95c-8）。

因此，在这篇以"美诺"为题的对话中，开场便是美诺向苏格拉底发问，他的问题恰如一场战役的开场齐射［opening salvo］。美诺想要苏格拉底解答高尔吉亚因故没有为他解答的问题，这或许也能同时以某种方式解答他对自己德性状况的困惑。他对一般问题（德性的可教性或智术师是德性之师）的不确定可能导致或加剧了他对自身德性状况的不确定（思考86c7-d2，91a1-6，96d1-4）。

三

美诺对这一论战的坚持，证明了德性的可教性问题，在此等同于（或转化成了）智术师是不是德性之师的问题，且自始至终都以各种式样存在于讨论中。这一问题远比安虞托斯的愤怒更为引人注目，它正是贯穿全篇的线索，将对话的三个部分联系在一起。当然，这也意味着，正是对这个问题的讨论，引发了安虞托斯之怒。

也就是说，讨论的第一部分，包含在对话的第二部分中，也包含在第三部分中。它起初激起了安虞托斯的愤怒，随后又会缓和他的愤怒。可以说，安虞托斯就像一个从未见过狗的人，有一次瞥见狗的尾巴，就以这一知半解，对他之所见大为抵触。正因如此，我们不禁要问，如若他看到了狗的其余部分，又会作何反应呢？

四

苏格拉底并非不愿与美诺探讨德性的可教性问题，但他在整个对话中（开头、中间和结尾）一再坚持，如果不先理解德性本身是什么，就无法回答德性是否可教。苏格拉底主导对话时（思考86d3-e4），总会将讨论引向这一先决问题。更确切地说，苏格拉底在对话第一部分的开头和结尾（71a1-b8，86d3-6），到对话最后一部分（100b4-6）的结尾都坚持优先探究什么是德性的问题，但这种坚持并不影响当下的讨论。在第二部分中，他对什么是德性却缄口不言（可以从这个角度思考 91a1 – b2）。因此，对什么是德性这一问题的探讨主要集中在第一部分，其次是第三部分。我们应当仔细思索苏格拉底在第二部分的缄默，并探寻其与第一部分和第三部分之间的联系。

五

我们看到，美诺先前确信自己充分理解何为德性。因此，对话的第一部分必然是对美诺德性观的审视或批判。如果没有这样的批判，即苏格拉底如果不使美诺意识到自己对德性的认识存在问题，美诺不会愿意去思考德性是什么——人不可能探究自己已经知道的东西（80d1 – 4；对勘 79e7 – 80b4 和 84a3 – c9）。然而，这样的开端也可能出于另一个原因。苏格拉底在讨论之初便表示自己对德性一无所知（71b1 – 3；对勘 71a1 – 7）。虽然我们可以，或应当结合他之后的言论（例如 86b6 – c2）有条件地理解这一自我判定，但现在我们别无选择，只能相信他的话。

然而，正如美诺所言，如果苏格拉底完全不知道德性是什么，他就不会去探寻德性，也就没有思考什么是德性的基础（80d5 – 8）。也就是说，除非苏格拉底能从别人对德性的评价出发、从他所听闻的探讨出发展开探究，不然他就没有探寻德性的出发点与基础（对勘色诺芬《齐家》［Xenophon *Oeconomicus*］6.12 – 17）。虽然原因不同，但苏格拉底和美诺一样，在思考什么是德性这个问题时，有必要率先探究美诺对德性的看法。美诺若非受到苏格拉底的影响，不会想到或愿意探究这一问题；没有美诺（或像他一样的人）的帮助，苏格拉底也只能对这一问题束手无策。美诺与苏格拉底的探讨能够触及那些仅靠他们自己不会做或不能做的事情（参 81e1 – 2、86c4 – 6）。

但事实果真如此吗？苏格拉底为了使美诺按照自己的预期参与讨论，显然必须使美诺同他一样陷入迷茫，即进入自我意识的无知状态［self-conscious ignorance］（79c7 – 80b4、80c6 – d3）。唯有如此，美诺才能具备探求德性的动力（84a3 – c9）。至少从苏格拉底自己的情况来看，他以丧失理解德性的能力为代价，换取了探究德性的动力。美诺很难与苏格拉底讨论自己无法掌握的事物（也即，美诺很难与苏格拉底讨论自己不相信的，或自己完全摒弃的观点）。美诺与苏格拉底探究德性的动力越是充足，理解德性的能力就越是欠缺。但是，即使是自己可能力有不逮的预测，也激励了他们的探索（80d5 - e5, 81d5 - e1, 86b7 - c2）。

六

为了说明该问题有解，苏格拉底在第一部分的枢纽，也可以说是在整个对话的枢纽位置，进行了《美诺》中最著名的一段演示：他让美诺找来一个从未学过几何的小奴，以提问的方式，教他求一个面积是给定正方形两倍的正方形的边长。苏格拉底意在通过演示，证明学习的可能性，即学习只不过是通过回忆恢复已知之事。倘若如此，人们起初就并非无知，而是具备全面的关于万事万物的知识，只是人们已经将之遗忘。出于遗忘的无知，也就并非完全或纯粹的一无所知。该论证不仅要说明一般性学习的可能性，还要证明德性学习的可能性（81c7 - 9, e1 - 2, 86b2 - 4, c4 - 6）。

我们可以学习或回忆我们在某种程度上已经知晓之事，即一切从本质上可学习或可理解的事情。它们之所以可学，首先是因为它们存在：它们是事物或存在物，抑或是二者的属性（81c6 - 7, c9 - d3, 85e2 - 3, 86b1 - 2）。上述论证不一定能够适用于解释"德性"[virtue]。换句话说，困难之处在于，证明无知不是没有知识，而是遗忘了知识，并不能消除这样一个事实：学习虽然是恢复我们失去的知识，但它仍需要一样已经"记起"[recovered]的东西作起点，而不能始于一个被彻底遗忘的事物（81d2 - 3）。此起点若要导向与德性相关的知识，就必须与德性有或多或少的联系（参见85c6 - 7 和 81c9 - d1）。因此，无论这段回忆论多么适合解决苏格拉底面临的潜在的讨论动机[rhetorical-motivational]问题（86b1 - 4 和 81d3；对勘81c5 - 7），我们都很难说它解决了我们如何甚至是否能够学习什么是德性这一实质问题。抑或，回忆论的目的根本不在于此，而在于引导我们回到对美诺德性观的考察上来。我们会因这段回忆演示而更为敏锐地注意到美诺的德性观。除非检验美诺的德性观（这些观点本身或与之相似的观点，可能曾经是苏格拉底自己的观点），否则实质问题就无从解决。

美诺等人认为苏格拉底只是简单地否定了既有观点（79e7-80a2），苏格拉底有时也鼓励或允许人们这样想，但实际上并非如此（80c6-d1和《克莱托丰》[Cleitophon] 全篇；对勘84b6-7，在随后的解释性段落中，让小奴困惑的苏格拉底自己并不困惑）。我们也许可以，甚至有必要从苏格拉底对自己及他人的考察中，得出对既有观点的肯定性结论（《苏格拉底的申辩》38a4-5），这将指向甚至构成他对德性的认识，我们先前（第五节）曾提及该认识。而否定性结论则会揭露并证实人们对德性的无知，且这种无知无法补救，苏格拉底为自己的一无所知而自责，也为自己同胞的无知而自责（71b9-c4）。

七

美诺或高尔吉亚的德性观后来得到了诸如亚里士多德这样敏锐的德性研究者的赞扬（《政治学》[Politics] 1260a27-28）。美诺最初的陈述清晰阐明（72a2-5）：每个年纪和每种条件下的人都会有相应的行动和德性。此外，亚里士多德亦指出，苏格拉底对这一观点的批判本身也可指摘（对勘《政治学》1260a21-24与《美诺》73a6-c3；美诺在b5和c3的回答犹豫不决，表明他可能也不是完全没有意识到自己论证的弱点）。在此我只提及一点：苏格拉底无视了美诺叙述中的一般性，也就是我们在探索的东西，从而使自己有理由否认美诺的德性定义。他的理由是：美诺仅指出德性的复合性和多样性，却没有厘清所有德性都具备的特征或形式，也就是德性的同一特性 [character] 或形相 [form]（72a6-d1）。

美诺的陈述确实留有空白，或许正是这一空白招来了苏格拉底的诘责。他论及的德性是一个没有明确统一性的类别，而这个类别所包含的内容复杂多样。德性由每个（每类）人的工作所决定。通俗地说，人的德性就是做好自己的工作（参《理想国》[Republic] 353b2-e3以及亚里士多德《尼各马可伦理学》[Nicomachean Ethics] 1098a7-15）。到目前为止，论述都无可指摘。但是，每个人的工作又缘何而定？答案并非不言自明，美诺最初的陈述也没有给出明确的答案。那么，此处的观点又意味着什么？首先，它表明一个人的工作是参与政治（城邦事务），即对朋友做好事，对敌人做坏事，同时小心别让自己遭殃（71e1-5）。这样的"工作"［work］很可能是美诺和其他许多人（例如《希庇阿斯前篇》［Greater Hippias］304a6-b4）所认为的最强烈的欲求。

在美诺看来，人的工作完全由自己的欲求决定吗（对勘77b4-5）？他的回答至少是清楚的。但他马上又指出（71e5-7），女人的工作是操持好家务，也就是保护好家庭的物品（包括财产），并顺从于"一个男人"（她的丈夫）。因此，在美诺看来，女人的工作不是由她自己的意愿决定的，而是由男人的意愿决定；他可能也会对孩子或奴隶做出类似的说明（71e8-72a1）。诚然，要消除这种模糊性，只要阐明妇女、儿童或奴隶没有严格意义上的工作（包含德性），即没有他们自己的工作就够了。美诺表现出迈出这一步的某种意愿（对勘73c9-d1与71e1-5），尽管事实证明他无法坚持下去（73c6-8和d2-5），这也许是因为他没有充分意识到自己正在做什么。换句话说，要消除德性的复合性（这些德性几乎没有共同点），不应把德性的含义严格限制于所有德性，或这一范畴中的要素都能完全满足的标准上（72a8-b9）。承认并非所有德性的所有要素都是严格意义上的德性，也可以解决德性的复合性问题（对勘亚里士多德《政治学》1260a10-24和31-33）。

美诺对个人工作决定因素的回答可能存在更严重的问题，而这一问题只能从他所指出的男女工作决定方式的明显差异中看出来（对勘73d6的过渡）。如果美诺完全意识到了这一点，他也不可能不作任何解释就默默地搁置这种分歧。如果他很明确自己对如何决定一个人的工作有"清晰"的看法，就像我们想要让他做的那样，他就不会缺乏这种认识。更大的难题在于，他并不清楚人们的工作由什么决定。这种含混带来一个难题，且是一个重大难题。因为，只要工作的决定"原则"不明确，出色完成工作所需要的德性也就无法明确。此外，美诺提出（不同种类的个人）的德性"集群"［swarm］的含混多样曾让苏格拉底感到不满（72a6-8）。如果有关"原则"确实由工作决定，且互不相容，那么上述含混的多样性可能会变得更为棘手，并重现于单个（种类的）的德性中，甚至是最好的德性中（对勘74a7-8以及74a11-b2）。

八

在美诺看来，尽管苏格拉底看似在为德性的统一性辩护，他还是在某种程度上确信德性中存在悬而未定的复合性。因为，他让美诺同意自己的观点：女人与男人都应好好工作，他们在工作中都需要做到正义和节制（73a6 – b2），美诺乐于接受这一点。同时他也认为，他们不能不加论证地假定，可以凭借同一"原则"，甚至是仅凭一些相互兼容的"原则"来确立正义和节制（对勘《普罗塔戈拉》330b6 及以下，尤其是 333b7 – d4：显然，因为普罗塔戈拉对论辩失去了耐心，所以其本人或"多数人"［the many］对正义和节制的看法仍成问题）。

苏格拉底首先论及节制和正义（73a9，b1，b1 – 2，b4 – 5，b6，b7 – 8），然后又单独讨论正义（73d8），从而指出困难所在。他没有单独讨论的节制又被美诺与勇敢、智慧和大度一并提出（74a4 – 6；对勘 78d8 – e1 以及 78d4）。这时，苏格拉底说，虽然求证方式与以前不同，但他们得到的依然是多样的德性（74a7 – 8）。于是，美诺承认他不能像把握其他问题那样，掌握贯通一切德性的单一德性（特性或形相）。苏格拉底至此表示，他没有找到这种德性并不奇怪（74a11 – b2）。他提议自己可以提供帮助时（74b2 – 3），并没有承诺帮美诺找到这样一种特性或形相，以证明他使用"德性"这一名称的正确性（对勘 74d5 – 6，d8，e11），而是很含糊地说要帮助他们更进一步（探索）。虽然美诺有些抗拒，苏格拉底还是不断督促他寻找"一"（72c6 – d1，73a1 – 3，74a7 – 10；对勘 73c6 – 8），且他的督促还将持续下去（77a5 – b1）。

九

苏格拉底的帮助正是为了鼓励和督促他们进行这种探索。苏格拉底以形状［shape］（或形象［figure］）为例，将圆归为一种特殊形状，并以此来说明正义与德性的关系。美诺在他的引导下将正义视为一种特殊德性（73d9 – e8）。他要求美诺说出特定的一个或某个名称，这一名称可以指称许多不同的，甚至相对立的事物，例如圆形和直线都是（一个）形状。什么能够同时含纳圆和直线呢？苏格拉底引导美诺尝试指出所有带有共性的东西，归纳其相通之处。如此，美诺将按照苏格拉底的指示，找出什么是德性。但美诺不愿用这个机会提升自己（75a8 - 9：对勘 85c9 - d2；也可对勘 70a1 - 4 和 86c7 - d2），而是要求苏格拉底说出什么是形状。苏格拉底应允了，条件是美诺必须回答（苏格拉底要求他回答的）什么是德性。

苏格拉底通过回答什么是形状，为回答什么是德性做了示范。他将形状解释为：形状（或形象）是所有存在物中唯一总是跟随（或伴随）颜色的东西。他对德性的解释也应当遵循这一思路。我们可以从美诺对这一解释的反对中认识其意义。美诺反对意见的大意是：此回答依赖于一个未定义的术语（对勘 79d1 - 5），这对于不知道"颜色"这一概念的人，或是那些对颜色和形状一样茫然无知的人来说是无用的。美诺的反对预设了一个前提，即定义的作用是让人们知道（完全）不知道的东西，就像在字典里查一个我们不认识的词语，而苏格拉底的解释不过是让人们知道已经知道的东西。就拿眼前这个例子来说，我们都能够认识（或意识到）颜色，就像我们可以认识（或意识到）形状一样。我们需要的是廓清这种知识或意识，即明晰我们以某种方式已经知道，或意识到的究竟是什么。不用说，这同时也是为了划定我们所不知道的事物，或认清我们的意识限域。

尽管美诺没有按照苏格拉底的指示去寻找他应该寻找的答案，但苏格拉底或也因此认为，鉴于这场对话的氛围很友善，自己有责任回应他的反对。对他来说，最直接的方法就是给出颜色的定义（不依赖于形状，他在定义形状之前，已经引起了美诺对颜色的注意：74c5 - d2，75a2）。然而，他并没有这样做，而是重新定义了形状。形状的新定义不依赖于人们对颜色的认识，尽管他声称，他的第一个定义已经揭示了形状的真相（对勘 75d2 - 7 和 78c2 - 8）。新定义只使用了美诺自认为理解的术语（这并不一定意味着他真正意识到了这些术语的所指，或者换句话说，这些术语具有"颜色"的自明性）。

尽管做出了让步，但美诺还是没有立即接受新定义，而是要求苏格拉底说明颜色是什么。他认为，苏格拉底之所以给出新定义，似乎是因为想要回避有关颜色的问题。因此，苏格拉底不得不给颜色下定义。他这样做是为了（暗中）运用新的形状定义（76d4：如果他提到的是第一个定义，那么论证就是循环论证；如果没有暗中涉及形状的定义，那么颜色的定义就依赖于一个未定义的术语）。如此，他的对话者不仅对颜色的定义心悦诚服，还同时认可了形状的新定义（对勘色诺芬《回忆苏格拉底》[*Memorabilia*] 4.6.15）。而苏格拉底直言，比起这个定义，他本人更偏爱最初的形状定义，他将之称为"这一个"[the]形状的定义（唯一真正的定义，76c4和7）。

颜色的定义始于形状的定义，它被定义为"立体"[solid]或物体的表面，有或多或少的随机性（对勘76c7-d5与75e176a7）。颜色从形状中流溢，而形状的最初定义又始于（可感知的）颜色，我们能够通过颜色感知形状。（参亚里士多德《尼各马可伦理学》1097b22-1098a15和1102a5-7，其中有一个类似的循环，可以让人联想到此文中的循环。）苏格拉底称颜色的定义为"肃剧式"[tragic]定义，以这种方式解释颜色的定义，或解释如此定义的颜色对美诺所具有的吸引力（76e3-4；对勘《法义》[*Laws*] 817b1-5）。这一定义虽然看似比形状的定义更为详细，但实际上却理所当然地预设了一个前提，即我们对世界有清晰认知，形状的定义正是要帮助我们得到这种清晰的认知（使我们最终能够确定什么真正可认识，什么不可认识）。

借此来看后文有关回忆的段落，可知其核心不过是对苏格拉底定义之辨的重复，我们对世界尚未明晰的认识包含了被我们遗忘的知识，试图定义世界的各个组成部分，就是试图回忆我们曾经知道的东西。为达到这一目的，"道德"[moral]和智性方面的努力是必要的，因为阻碍或妨碍"回忆"[recollection]的不仅是苏格拉底在回忆论部分（81d6-7和86b9）所强调的不专心或懈怠，还是他在解释美诺关于颜色定义时提及的一个引人注目的术语：*Sunētheia*（76d8）。这个术语具有双重含义：共同生活，乃至共同放牧；习惯或习俗。（也许苏格拉底想到的是这两层含义的某种结合：我们共同生活中的习惯。）因此，只有当我们愿意跃出熟悉的生活园囿，并对其中的事物提出质疑时，才有可能保持清醒。

十

苏格拉底在论述完定义问题之后，总结了美诺的德性观。这部分考察激起美诺对苏格拉底的强烈抗议，继而引起谈话危机。苏格拉底在适当准备后，用与小奴的演示化解了此危机。在回忆演示之后，如果要继续思考什么是德性，苏格拉底就不得不亲自给出部分指示。故而，他能够，或不得不部分地肯定或确认美诺对德性的讨论，而这种肯定在否定性结论中已有所体现。

苏格拉底进而以如下方式指出他对德性的肯定性看法。和前面的论述相仿，美诺试图说明什么是德性，从而开启了讨论。但在苏格拉底意料之中（对勘77a5 – b1与71c9 – d8和73c6 – 8以及76a10 – b1），第三次尝试与前两次尝试不同，美诺没有遵循高尔吉亚的指引（77b2 – 3）。不管美诺从苏格拉底对事物的定义中学到的有多么少，他所经历的整个考察过程，已经使他隐约意识到，在他的观点中，德性包含两个要素，它们在某种程度上是相异的，且不可能统一，或者说，它们之间的罅隙不可能在高尔吉亚观点的基础上弥合。

然而，当第三次尝试也以失败告终时，对美诺德性观的研究（即便不是正式的，也是事实上的）也告一段落，苏格拉底实际上建议他回返高尔吉亚的观点（79e5 – 6：因为事到如今，他还没有完全理解高尔吉亚的观点，真正的回归对他来说也是一个新的开始）。更确切地说，正是不愿走到这一步，或是为了抢先走这一步，美诺才将矛头对准苏格拉底，其攻击至少也具有威胁或警告的意味（对勘80b4 – 7与94e4 – 95a1），预示了后来安虞托斯的攻击。

十一

美诺在第三次尝试时引用了一位无名的诗人的言辞（无论是否合理），以说明德性就是欲求高贵（美的）事物 [noble (beautiful) things]①，并有能力使人得到高贵之物（77b4 - 5）。他之前的两次尝试也证明了美诺对这种能力 [capacity] 的重视，他认为能力是德性的一个要素，其中最优者，是安身立命的能力（71e3 - 5，73c9）。但是他还无法解释这一要素如何与他所说的其他德性要素（如正义）相关联（73a7 - 9，d6 - 10）。能力需要与其他德性要素相配合，这说明能力的使用被限制在一定范围内。美诺现在试图通过"高贵（美的）事物"来捕捉至今仍旧难以捉摸的德性的统一性（73c1 - 74b1）。这些事物很诱人，人们似乎对其有所欲求，即使对它们的追求（更甚于关心自身）限制了自己用以安身立命的能力。抑或正是因为有这些限制，人们才想要追求它们。

苏格拉底要求美诺尝试从整体上说明什么是德性，美诺尽力做了回应（77a5 - 9）。在提出这一要求时，苏格拉底让他参考自己给出的定义范本（77a9 - b1；对勘 79a10 - 11）。我们有理由问，苏格拉底理解的形状和颜色这类事物，在哪些方面真正是一个整体？尤其是形状，他指出，这个类别包含一些相反的形状，如圆和直线（74d5 - e2）。苏格拉底对形状的定义或许也暗示了我们：特定的形状和颜色相互依存，一种形状或颜色之所以形成（并可被感知），是因为受到其他形状或颜色的约束或限制。或者，举一个更切题的例子，不同乃至相反的品质，如勇敢和谨慎 [caution]，可能必然统一于一种完成某项任务的能力，且只有它们彼此配合，才能促进任务的完成。也即，只有最为谨慎的勇敢，以及能够理解并承担巨大风险的谨慎，才是上述能力的真正组成部分。能力的整全 [wholeness] 和统一 [unity] 将在这些彼此不同，甚至相互对立部分的相互依存中显现出来。但能够凭借此能力完成一个整一的任务，是各部分的整全和统一及其相互依存状态的潜在意义。

苏格拉底在这部分讨论的开头问美诺，渴望高贵（美的）事物的人，是否就是渴望利好 [good] 之物的人。美诺甚为肯定的回答表明，在他看来，没有谁比这样的人更渴望利好之物了。换句话说，高贵（美的）事物就是极为利好之物。对利好之物的渴求只有在对高贵（美的）事物的渴求

---

① 译者补注：此处《美诺》原文为ἐπιθυμοῦντα τῶν καλῶν，τῶν καλῶν直译为"欲求那些美的（事物）"，因此论及人之德性，故布吕尔言明了καλῶν（原形为καλός）中"人之美"的意涵，即"高贵"（noble）。

中才能充分实现。苏格拉底试图否认美诺的直觉 [intuition], 即可以按照欲求的等级（与所求之物的等级相对应）对人进行划分 (78b3-6); 但事实上, 他在论证过程中默默地用"希望"[wish] 代替了"想要"[desire], 从而肯定了美诺的直觉（从 78a4 开始; 亦需思考 78a7-8 的例外情况）。

苏格拉底的肯定可做如下解释：苏格拉底是为了更便捷地揭示美诺观点中很可能仍然存在的问题。如果这个问题存在，它将给美诺的直觉设限，故而苏格拉底在这里先略过了直觉问题。这使他能够以简化的形式重述美诺的第三个回答 (78b9-c1): 德性是获得（所有人都希望拥有的）好东西的能力（不是所有人都有这种能力，且这种能力有等级之分）。美诺完全认可这一表述 (78c1-2)。

此时，美诺德性观中的两个要素看起来只剩一个。或者说，他终于理解并接受了二者在他认识中的不同权重。但苏格拉底随后的提问立即确认，或证实了事实并非如此。美诺把健康和财富、获得金银以及政治荣誉和官职等都理解为这类利好之物。简而言之，他认为德性就在于能够带来这些事物，而苏格拉底迫使他承认，有些时候，人也会因拥有这些事物而陷入不义。故而，美诺所说的德性也就并非如此 (78d3-e6)。这就意味着，拥有这些事物者并不比没有这些事物者更富于德性，或者说，德性无论如何（所为或不为 [action or inaction]）都是合乎正义的 (78e6-79a2)。那么正义就不是德性的一部分 (78e1), 而是德性的全部。美诺则坚持认为正义只是德性的一部分 (79a11-b3)。美诺的观点可以总结为：德性必然是一个由各部分或各要素，甚至是相对立的要素组成的整体。但是，正如美诺未能正视各要素之间的对立一样，他对这些要素的区分也不够清楚：每当他想到一个要素时，就会下意识地带上另一个要素的某些特征，反之亦然。正是这种混淆，使美诺眼中的德性仅是整全之物的一面或表象。

十二

在早先的讨论中，我们可能会认为，辨别特定（种类）的"德性"，就像辨别特定（种类）的形状或颜色一样不成问题。前者与后者相同，只需明确类别特征或分类标准即可。然而，人们在尚未明确这种特征和标准时，就已经把诸多特定德性划归为德性了（参74a7 - 10和上下文；另见72a6 - 8和上下文）。苏格拉底现在不得不公开质疑，诸如正义这样的部分德性，是否可以先于整体德性为人所识（79c8 - 9）。这一质疑可以衡量论证的进展。事实上，他紧接着就试图掩盖此问题的重要性，声称从美诺（错误地）坚持的形状之定义中可以找到该问题的合理性（79d1 - e4；对勘75c2 - 8）。然而，在回忆演示之后，苏格拉底通过有关德性思索的言论，道出了该问题真正的合理性。由此得出，正义（88a7）和其他属于灵魂的事物一样，也需要审慎的指导才能变得有益（87d2 - 3、e2，77d1 - 4；对勘78d3 - e7）。

美诺坚持要求将讨论转向更为直接的如何拥有德性后（86c7 - d2），苏格拉底以下述方法延续了关于什么是德性之问题的思考：他提议首先思考可教的德性必须是什么（对勘86c9 - d1）。他们一致认为，除了知识以外，没有什么真正可教（87c1 - 4）。继而，他提议将论题转向德性是否就是知识的问题（87c11 - 12）。故而，他们又回到了有关什么是德性的思考。

诚然，在问"德性是与灵魂有关的东西中的哪一种"时（87b5 - 6），他们更为直接的讨论对象是我们那合乎德性之行为的来源，而不是其特征。因此，他们似乎又提出了一个问题，这一问题不同于他们在回忆演示之前所探讨的问题。但是，从知识或审慎中寻找德性的源泉，至少保证了合德性的行为并不具备非理性特征，但就相应的行为或工作究竟是什么这一问题而言，我们却知之甚少。换句话说，我们不清楚与德性等同的知识或审慎最终指向什么。故而，现在还不能确定，除了一定的知识之外，完成一项工作是否还需要其他品质（更不用说审慎行事本身可能需要的品质了，对勘93d9 - 10和上下文），这些品质也许对有德性或将要有德性的人来说是与生俱来的（对勘86d1）。

然而，只要审慎于德性而言必不可少，我们就能够认为好人并非天生（89a5 - 6）。事实上，无论哪种意义上的好都是如此（对勘89b1 - 7与87d8 - e6；对勘97a3 - 4提到的"高贵"与96e7 - 97a1的观点；另见99e4 - 100a7），因为次生或派生意义上的美好品质有赖于特定的天性"教育"。而恰恰是那些天性更好的人最为全心全意地接受这种教育，如此，若要回返自然性情［natural disposition］，必然也要通过特定的败坏（89b5 - 7；对勘91c4）或"二次［second］教育"才能实现（91d5 - e3和上下文）。自觉恢

· 171 ·

复因缺乏自我意识而丧失的部分性情,并非简单的复原。(参 97e5 - 98a6,这段话道出了"回忆"在最重要的情况下的关键含义:我认为,aitia 在这里应译为"归责"[responsibility]。另见 98c10 - d2:通过在前两点之外出人意料地提及第三点——[doxa] epiktētos [获得(意见)],或许如其原文所示——苏格拉底暗示,doxa alēthē [真正的意见]并非后天获得,而是天性使然。)①

十三

我们可以清楚看出,美诺并不属于那种天性较好的人。他只能勉强接受一次教育,而并非二次教育的主要对象。因此,苏格拉底随后有意让步,以达到讨论的目的:除了知识之外,没有任何东西真正可教(81c1 - 3);德性必须是好的(87d2 - 3),因而也是有益的(87e2,88c4 - 5,89a2);只有知识或某种具体的知识能明确地使拥有者获益。知识使事物有益,或引导事物向有益的方向发展(87d4 及以下)。因此,德性就是这种知识,是审慎的整体,或审慎的某一部分(89a3 - 4)。

如前所述,我们已经看到,德性并非天生。但这并不一定意味着德性可教(87c5 - 7),除非我们可以证明所有及各种知识都可教;或认为可学本身等同于可教;或是在很大程度上忽略可学和可教之间的区别(89c1 和 d3;对勘 87b7 - c1、82a1 - 2 与 81d2 - 3、e4)。教授德性的教师无处可觅,并不一定意味着德性不是知识。苏格拉底既坚持无法寻得德性之师(89e4 - 9),又以这种方式解释了所谓的教师之缺失(89d3 - e3)。换言之,他接受了一个有争议的、针对论证前提的解释(89c2 - 4;对勘 87c5 - 7 与 c1 - 4),以便质疑其结论。这使他能够在引起对该结论的怀疑的同时,暗中保证最重要的论证前提是完好无缺的(87d2 - 3)。

在忠于真理的同时,苏格拉底还试图为美诺或美诺现在和将来的同伴

---

① 译者补注:此处布吕尔的译法与通行译本不同,如沃尔特(Walter Rangeley Maitland)将 aitia 译为 causl(原因、归因)。布吕尔则认为应将之译为 responsibility,拙译为"归责";[doxa] epiktētos 中的"[doxa]"为作者补充,意在点明 epiktētos(获得)与 doxa(意见)的联系。

做点什么（对勘色诺芬《居鲁士的教育》[*Anabasis of Cyrus*] 2.6.21 - 29）。为了达到这一目的，他对没有德性之师这一观点做出了让步。然而，因为安虞托斯恰好到来，他不得不至少暂时收回自己的让步（89e9 - 10：假设安虞托斯听到了苏格拉底在89e6 - 9的观点，后面的内容就无法理解了）。

安虞托斯对智术师以及他们自诩为德性之师的主张抱有敌意（91b2 - 8，95b9 - 10），这种敌意非常强烈，且并不理智（90b7 - 92c7）。面对安虞托斯时，苏格拉底无法顺理成章地坚持他对美诺所说的观点，因为这种观点很可能被视为对前述主张的明显否定（尤其是91b2 - d2、92d7 - e1与89e6 - 9）。可以说，如果苏格拉底不再批判诡辩 [sophistry]，便是安虞托斯及其同伴之过（对勘《苏格拉底的申辩》19c5 - 7 和 e1 - 2，即使安虞托斯退出了谈话，他的影响也没有消失：96a6 - b1的总结非常笼统或粗略地再现了苏格拉底在89e6 - 9的论述，但其目的已不再是提出他自己的观点；另请思考96b2 - 4，这里谈到的困惑之人不是指智术师；亦可对勘96d5 - e1及其上下文）。当然，这并不一定意味着苏格拉底对诡辩的批判因安虞托斯的出现而偃旗息鼓了，亦不意味着这种批判非真，或是苏格拉底对诡辩的公开立场不那么真切。在揭开德性的真面目之前，有关诡辩的真相无从知晓（100b4 - 6），而此处苏格拉底的论述顺序则与此相反（89d3 - e3，98d10 - e8，99a7 - 8）。在安虞托斯退出对话之后，苏格拉底又以某种方式重新思考起德性问题。因此，也许到了《美诺》的最后一部分，苏格拉底与安虞托斯论辩的核心才得以解决。

十四

这场争论的焦点是谁来教授德性（90b4 - 6），而更根本的问题是到底有没有这样的教师，这个问题甫一提出，就被悄无声息地搁置了（90b3 - 4）。在关于此问题的争论或拉锯战中，苏格拉底支持智术师的主张，认为智术师就是他们所寻找的教师（90b7 - 92e1），而安虞托斯则代表雅典贤人提出了一个主张（92e1 - 93a4）。这是一个贤人们可能会，也可能不会以自己的名义提出的主张（对勘95a6 - b5 和96b2 - 3）。

苏格拉底指出，许多杰出的贤人并没有把自己的德性传予他们最希望传授的人，即他们的儿子。由此，他驳斥了安虞托斯的观点（93a5及以下），并得出结论：德性不可教（93e8，94b8，d3、7，e2）。也就是说，他确实（以否定的方式）回答了是否存在德性教师的问题，这个问题后来又以德性是否可教的形式重新出现了（93b1）。苏格拉底故而又回到了他方才的观点，或者说是安虞托斯刚到来时的观点（89e6-9）。但是，我们又应如何理解他对智术师教授德性的认同？他们的主张仅仅因为安虞托斯无缘由的敌对就被驳回，这理由显然不充分（92b5-d2；对勘92d7-e1：苏格拉底承认安虞托斯的驳斥可能是正确的，这与驳斥本身一样缺乏依据）。因此，苏格拉底与安虞托斯的对话远非否定这一主张，而是表明这一主张的真理性仍然悬而未决。但我们无法否认，他们之间的交流也可能在某种程度上预示着，对话的最后一部分将重新思考德性，或为重新思考德性做好准备。

当苏格拉底向安虞托斯描述德性时，他断言美诺"之前一直"在告诉他自己欲求某种德性（91a1-6；对勘71e1-5和73c9-d1），苏格拉底在描述时增添了美诺根本没有提到过的内容（例如照顾父母，或热情款待城邦民和非城邦民），或者没有主动提到过的内容（以高贵的方式管理城邦）。继而，苏格拉底问安虞托斯：为了获得上述德性（91a6-b2，92d3-5），他们应该把美诺托付给谁？苏格拉底如此描述德性，可能触发了安虞托斯对智术师的反感，因为他曾认为智术师不能带来这种德性（这也许在理），这也促使他给出相反的建议，即鼓励美诺与雅典的贤人交往（92e3-6）。

在苏格拉底的动员下，安虞托斯进一步阐明，贤人们，即"高贵且善"[noble and good]的人，是通过向他们之前的其他高贵且善的人"学习"（92e7-93a3）才变得高贵善良。然而，苏格拉底在驳斥这种说法时，暗中用"善于处理城邦事务"（93a5-6）或"善"及其派生物（93b4、7，d1，e3、8、11，以及94a2、6，b7，d2、8）代替了"高贵且善"（93c7中的例外只是为了使这种替换不那么明显；也可对勘93a3-4）。也就是说，与其说正直之人通常无法使自己的儿子成为正直之人，不如说能力出众的政治领袖无法将执政能力传授给自己的儿子（93b3-4，d1，e7）。与前一种德性不同，后一种德性不是比他曾认为的要更为"可教"吗？抑或，苏格拉底认为政治德性有两种形式，一种形式更智慧（93e3、7，94b1；对勘

91a3；也可对勘 93d6 和 94b6），另一种形式则不那么智慧。然而，从严格意义上讲，即使对于天生适合于政治德性的人（正如 93d9-10，尽管有讽刺意味，但其意在表明），高级［higher］形式的德性（87c1-3）也并不比低级［lower］形式的德性更为可教。

十五

对话的最后一部分（逐步）揭示了这一悖论所蕴含的思想。安虞托斯退出了讨论，苏格拉底再次与美诺对话。与同安虞托斯对话不同，让美诺相信贤人无法教授德性并不困难，因为他们本身对德性的可教性也不甚明了（95b6-8，96b2-5）。美诺与安虞托斯的不同之处亦在于，他没有完全否定智术师自诩德性之师的行为（95b9-c8 和本文第三节）。在此，他们教授德性的主张被否定了，理由与贤人们声称自己拥有德性的理由如出一辙：遵从普遍认同的事物（96a8 和 b2）。安虞托斯认为，智术师们甚至认为自己不知道或不具备德性，也就更不足以为人师表。但美诺为什么要接受这种观点呢？美诺在教育问题上的矛盾心理，即他自称与"多数人"（95c5-8）一样的矛盾心理，由此显现出来。

苏格拉底援引诗人忒俄格尼斯［Theognis］的两段诗歌，使前述矛盾转变为对智术师观点的否定。这两段诗在德性的可教性问题上显然相互矛盾。既然苏格拉底认为诗人与"政界人士"［the political men］不同，思想并不混乱（对勘 95c9-10 与 d1），那么他一定认为这两段文字代表了不同类型的"教学"［teaching］。事实上，忒俄格尼斯在其中一段诗歌中提到，高贵事物（*esthla*）[①] 的教与学，是通过与那些本身就具有可学品质的人交往并努力取悦他们来实现的。而在另一段诗歌中，他则谈到人们无法用良言（或故事）使坏人变好。因此，智术师的主张应该被否定，因为他们的设想仅停留在口头上，而单靠语言无法产出低级形式的和基本的政治德性。

但是，他们的主张也必然与这种政治德性关系不大，如果有关联，也是与高级形式的政治德性有关（这一点很好地体现于《普罗塔戈拉》中。

[①] 译者补注：此处为作者标注的希腊文的拉丁转写，下同。

苏格拉底谨慎地描述普罗塔戈拉，使普罗塔戈拉在戏剧开头发表的长篇演说给人留有如下印象：除了最基本的政治德性之外，他不知道还有其他政治德性，也不传授其他任何东西。故而，当普罗塔戈拉将智慧和勇敢也归入这种德性时，苏格拉底表现出了些许惊讶，329e6－330a1；另见316b10－c2和318e4－319a2）。

因此，我们不禁要问，苏格拉底对忒俄格尼斯诗句的解读，是否足以或以何足以否定他们（那部分）高级形式的政治主张。如果苏格拉底确实足以将之否定，我们便不必再强调这样一个事实：他们所教导的德性，只有在某种特定情况下，才是所谓的政治德性（对勘100a1－7和99b7－9与《高尔吉亚》［*Gorgias*］521d6－8）。

十六

我们首先应注意，（无论如何）智术师的主张既已被驳倒，苏格拉底又把美诺带回被安虞托斯打断的讨论中。也即，美诺现在同意苏格拉底亲口提出的主张：没有人能够教授德性（对勘96b6－9和89e4－9）。他认为，这也意味着没有学习德性的学生（96c1－9）。因此，德性显然不可教（96c10－d1）。此外，他无疑还记得他们曾否认了德性是好人的天性这一观点（89a5－b7），但没有记住否定这一观点的理由（德性必须后天习得）。而且，他自己也早已否定了德性是练习而来的观点（对勘86c7－d2和70a1－4）。因此，如果苏格拉底不指出另一种获得德性的方式，他就会对有德性的好人是否存在感到绝望（96d1－4）。

现在，讨论的结果是：不是通过学习而获得的德性就不再是知识（97e6－98a6）。苏格拉底若要达成目的，最简单的办法就是立即收回德性即知识的说法。显然，在安虞托斯介入之前，苏格拉底就已经准备收回这个观点了（89d3－6）；尽管他还没有考虑到，即使没有教授德性的老师，也可能会有学习德性的学生。至少在美诺来看，这种可能性现在已经存在了（99c1－9）。因此，苏格拉底为此所做的铺垫，至此显得越发合理。然而，美诺现在没有接受，或至少还不会马上接受这一点。相反，他在保留或尽可能少地修改德性是（某些）知识这一最重要的论证前提（对勘97a3－4

与 96e7－97a1，以及 98e10－13）。他认为，他们错在提出了一个观点，我们可将该观点视为一个小前提：引导我们正确行动的不只有知识或审慎（96e1－5；97a6－7）

正如知道如何去拉里萨［Larisa］的人，也可以正确地或很好地为他人引路（97a9－11）。对某条路有（正确）意见的人，尽管他从未走过这条路，且不知道它的具体样貌，也还是能够正确地引导（他人）（97b1－3）。这一推理使苏格拉底得出初步结论：对事物有正确意见［right opinion］的人，其指导作用并不比认识这一事物者差（97b5－6），或者说，正确意见的益处并不比知识少（97c4－5）。尽管不久之后他承认，实际上只有真实意见［true opinion］才能（通过关于归责的推理）转化为知识（苏格拉底在 97b9、c2、e6、98d1、99a2、5 中谈到真实意见与正确意见的区别；也可参 97b6）。

苏格拉底稍后便会说明何为正确意见；他阐明，如果有些人是好人，且对城邦有益，不仅是因为他们富有知识，还是因为他们具有正确意见（98c8－10）。我们下一步试图详细阐述随"如果他们是［好人］"而来的质疑。在重申他们刚刚返还的，或得出的关于德性不可教的结论时，他们又得出了一个苏格拉底当时犹豫不决的结论：德性不是审慎（98d7－e9；对勘 96b6－d1）。后续部分已经表明，或证实了苏格拉底愿意在这里提出该观点的原因，即他在重复此观点时对它进行了限定。他们认定自己的观点（德性是好的；正确的指导才是有益的、好的；正确意见和知识可以提供正确的指导），并再次总结道：德性不是知识（因为它不可教授，98e10－99b2）。苏格拉底在此补充说："引导政治行动的不可能是知识。"（99b2－3）换言之，严格地说，那些拥有更高形式的政治德性之人在管理城邦时，无论他们的管理有多么正确，都并不依靠知识的指引。

出于同样的原因，他们依靠的也不是真正的意见，这就解释了苏格拉底为什么没有得出他似乎准备得出的肯定结论（特别是在 99a1－5 和 b1－3 中），而是提出了一个替代性结论：指导那些人治理城邦的是"好的意见"［good opinion］（而不是真正的意见），或者，更常见的说法是"好的名声"［good repute］（99b11－c1）。安虞托斯口中的杰出政界人士并不依靠某种智慧领导城邦（99b5－7）。无论如何，德性不是审慎，也不是知识。这一结论使苏格拉底阐明：这些人的德性既非天生，也非后天教导而成，而是神的旨意或分配（99e5-100a1；对勘70a1-4：由于美诺在86c7-d2忘记了"可练"，这一步就变得容易多了）。

十七

这个观点似乎对美诺很有吸引力（100b1）。美诺对"神圣的事情"[the divine matters]兴味甚浓，实际上早有端倪。他打断苏格拉底的话，急切地询问苏格拉底曾听闻的神圣之事："他们［有智慧的男人和女人］说过什么话［神圣的事情］？"（81a5-7）苏格拉底要求美诺劝说安虞托斯，使他变得更加温和，但这一建议是否合适尚待商榷。苏格拉底认为，就审慎而言，政界人士与占卜者[oracle-chanters]，以及受神启的预言者[divine seers]没有任何区别。也即，他们都不知道自己说的是什么（99c2-d5）。从我们方才看到的苏格拉底与安虞托斯的全面交锋可知，至少有一个属于政界人士群体的人（95c9-10）适时地谈及一个并非无足轻重的问题：美诺对德性的看法。

现在，回到苏格拉底在对话开头（71a1-b4）所作的断言：没有一个雅典人不承认自己完全不知道德性是什么（因此也不知道德性是否可教）。这让人想起苏格拉底在《普罗塔戈拉》中的论断：雅典人认为德性不可教（319a10-d7），这一论断在某些方面较此处的论断更进一步。在《美诺》中，苏格拉底从安虞托斯被雅典民众选为最高官职一事中得出的结论恰好与普罗塔戈拉的论断相矛盾。他认为，此事意味着，民众认为安虞托斯的父亲将儿子（抚养和）教育得很好（90b1-3）。

至于《美诺》开头的论断，安虞托斯的存在本身就足以将之驳倒。我们可以肯定地说，苏格拉底的这些论断并非出自真心。然而，它们也并非完全没有意义。这些论断是为了说明，在什么样的条件下，苏格拉底才能与他的同胞们和睦相处（71b1-2）。在《美诺》的开篇演讲中，苏格拉底提到了帖撒利亚[Thessaly]在智慧方面的进步，他将这种进步归功于高尔吉亚的影响；雅典在这方面却在退步，而苏格拉底没有归咎于任何人。既然所谓的"退步"是雅典人承认自己对德性的无知，那么我们就必须探察苏格拉底对他周遭城邦民的影响（对勘《苏格拉底的申辩》21c7-8）。当然，苏格拉底没有，也不可能对城邦民普遍施加这种影响，然而他也不能完全避免这种行为。正如本篇之前的三篇文章①已经解释过的，这是因为他有必要质疑他的一些同胞和其他人对德性的认识。因此，苏格拉底可能会思考，他能否减轻自己的言论在对话人以及许多旁观者中激起的敌意（《苏格拉底的申辩》21d1）。特别是一些旁观者，他们接受了对话结论中的德性来源，并认为自己的德性与之相仿，无须做它做不到的事情：阐明自身。安虞托斯正是，或者说几乎就是这些旁观者之一……苏格拉底在文中预言（99e3-4），他将有机会再次与安虞托斯交谈，这表明作者对美诺说服安虞托斯的能力寄予了多大希望。抑或，作者想要说明，如果安虞托斯被说服，这一结论对平息安虞托斯之怒能够起到多大作用。

---

① 译者补注：原书即《苏格拉底的教育：柏拉图对话短篇导读》。原书章节顺序为《游叙弗伦》导读、《苏格拉底的申辩》导读、《伊翁》导读。

·学术访谈·

关于康德美学的对话

聂运伟　倪　胜[*]

聂运伟：

听说商务印书馆约你翻译德国学者文哲先生关于康德美学的一本著作，我很感兴趣。看了你发来的美国康德研究专家艾利森（Henry E. Allison）为该书写的序，不由联想到中国美学界康德美学研究的一些往事。20 世纪 80 年代以来，准确地说，是李泽厚先生《批判哲学的批判》一书问世后，康德美学的思想迅速颠覆了黑格尔美学思想的霸主地位，成为中国美学界重新阐释德国古典美学、马克思美学、西方现代美学（弗洛伊德、胡塞尔、海德格尔、萨特、法兰克福学派）的知识学背景。张法在《20 世纪中西美学原理体系比较研究》一书里设置了一个中西美学原理学术资源表格，中国的美学著作选了五种：朱光潜的《谈美》、王朝闻的《美学概论》、李泽厚的《美学四讲》、杨春时的《美学》、张法的《美学导论》。这五种著作里提及康德与黑格尔理论的次数是：朱光潜，3/3；王朝闻，42/50；李泽厚，22/10；杨春时，55/27；张法，18/22。此量化统计的数据一方面彰显出中国美学界对康德美学思想关注度的历史波动，另一方面这一波动又与西方康德美学研究的某种趋向具有同步性，如西方当代美学著作里提及康德与黑格尔理论的次数是：德索《美学与艺术理论》，4/7；朗菲德《审美态度》，2/0；苏珊·朗格《情感与形式》，2/0；杜夫海纳《审美经验现象

---

[*] 聂运伟，湖北大学文学院教授，主要研究方向为美学、文艺学；倪胜，外国哲学博士，戏剧戏曲学博士后，副教授，上海戏剧学院创意学院教师，主要研究方向为德国古典哲学、艺术理论、西方戏剧学等。

学》,43/40;迪基《美学导论》,50/0。我以为,寻求这种历史波动的原因,只有进入思想史的研究范畴予以探讨,才可能体味到一种伟大的思想是如何从晦涩走向澄明的。我有所忧虑的是,康德美学思想在中国学界的升温与走红,与当年黑格尔理论的走红有许多类似之处,人人争说、滥用辩证法,却没有几人认真研读过黑格尔的大小《逻辑学》。如今中国各式美学著作里随处可见康德的引语,但康德美学著作的经典释读以及相关的域外康德美学研究专著的出版却较少。所以,我很想知道,商务印书馆约你翻译此书的动机是什么?

倪胜:

聂老师的话引起我对美好而青涩的求学年代的回忆。当年,朱光潜、贺麟、杨一之、宗白华、王玖兴、杨祖陶、梁志学等先生的大名如雷贯耳,李泽厚先生的书也曾反复拜读。但在康德哲学上对我影响最大的是韦卓民先生,他译的《纯粹理性批判》和《判断力批判》下卷我曾熟读,并作了不少笔记。宗白华先生译的《判断力批判》上卷错误比较多,逼我不得不去湖北省图书馆找到一册 Meredith 的英译本对着读。好像是1999年,有幸认识了邓晓芒老师,从他那借到《判断力批判》的德文本复印一册,才开始真正直接从原文研读康德。后来杨祖陶和邓晓芒合译的三大批判,李秋零《康德著作集》和曹俊峰《康德美学文集》陆续出版,最近几年牟宗三译本也在大陆重版,今天我国的康德研究水平和档次应该说比以前强太多,资料尤其容易寻得,令人羡慕当代学子的学习条件。

20世纪80年代中国哲学界曾经有过要康德还是要黑格尔的争论。黑格尔哲学对我国的巨大影响当然是因为马克思和恩格斯,为了深刻领会马克思和恩格斯思想,必须研究和掌握黑格尔哲学。据说1949年以后,民国时期的老先生不能上讲台,组织上就安排他们翻译西方哲学名著,后来陆续出版,成为商务印书馆"汉译世界学术名著丛书"哲学类的主体部分,其中就包括黑格尔的重要著作如《精神现象学》《逻辑学》《小逻辑》《自然哲学》《法哲学原理》《美学》等。康德三大批判也译出了,但似乎影响远不及黑格尔。到20世纪80年代,尤其《批判哲学的批判》出版后,康德开始热起来,一度超过了黑格尔。这个时候就出现了要黑格尔还是康德的争论。尽管我个人一直觉得这种争论没太大意义,但的确从那时起,康德在哲学研究者和哲学学生心目中的地位超越黑格尔,而且越来越被重视,直到今天。这是我了解的中国情况。

国外的情况,我曾问过黑格尔研究专家、德国耶拿大学 Klaus Vieweg 教授,他说德国每次召开黑格尔的国际会议,参加者有 200 多人,而康德会议则会有上千人。我自己也查阅过国外重要的哲学期刊,的确,研究康德哲学的文章远多于黑格尔哲学研究。

我曾在美国跟随著名美学家卡罗尔教授学习,他在课堂上很少讲康德,他的著作里也很少提。课后问他,他说自己的老师是美国著名的康德专家 Paul Guyer,如果我想学康德,他可以推荐我去 Guyer 教授那里。卡罗尔教授是认真学习过康德的,只是他不专门做康德研究(在 2020 年出版的新书里,他专列了一章谈康德美学)。他所专注的,也是美国美学的主流,是分析美学。因此,在美国,康德美学的地位不像在中国那么高。

至于我国学界赶潮流以及肤浅理解康德、黑格尔的流弊,学界名宿已有一些批判。作为晚辈,在这方面我总是附和赞同,并尽绵力促其向好。个人浅见,提高翻译质量是改变现状的首要关键,其次,要抵制对哲学的庸俗化理解,尤其要改变过去常做的,用语录摘要来即学活用,代替对哲学名著整体阅读的学习方法。

文哲先生是我多年的好友,他是德国数学和哲学双博士,目前在台湾大学任教授。2004 年我就译出并发表了他关于康德美学的论文,他的文章具有德国学者一贯的扎实、深刻、严谨的学风,值得一读。2005 年他的《康德美学导论》在著名的 Blackwell 出版,当时他就跟我说,希望我能译成中文在大陆出版。没想到,2018 年我才开始动手翻译它。而此前它已在台湾出版,并有了波斯文版。

台湾版译者是牟宗三先生的学生,和作者一起工作了好几年反复打磨才完成台湾版译本。众所周知,台湾学术界对某些康德术语有自己的译法,比如将契机(Moment)翻译为机窍,将 maxim 翻译为格律等。由于译者是牟先生的学生,其译名受到牟先生的影响不小,而大陆康德学界一般认为牟先生的译法太过贴近中国哲学术语,容易令读者受中国思维的影响对康德产生误读。所以最初文哲先生希望由我将台湾版的术语改换为大陆版术语,他和我都以为很快就能完成这一工作并出版本书。但同时文哲先生也要求我对不合适的翻译再进行修订，他知道我对康德美学的中文术语有自己的见解，表示尊重我的意见，希望能按照我的观点来重新确定一些关键译名。按照这些要求，我与出版社编辑商量，考虑到一方面台湾版版权不易处理，另一方面在阅读台湾版时发现太多地方需要修改，与其束手束脚地改，还不如重译。因此，确定下来由我参考台湾版译本进行全面重译。

英文版《康德美学导论》十多年来反复重印，极受欢迎。我曾亲眼见到英国教授采用这本书作为教材。这本书优点很多，一方面对康德美学的基本术语作了清晰深刻的整理和介绍，另一方面又全面吸收并介绍了近年来欧美康德研究的新成果，台湾版译者称它为"站在世界康德美学研究前沿的学者对康德美学的简括有力的介绍的书，是融会西方学术界多年研究成果的结晶，是康德美学国际研究现状的简短导引。极具学术价值"。诚哉斯言！

聂运伟：

我很羡慕你研习西方哲学和康德美学的经历，一开始就有比较客观的知识学背景和较好的多种外语阅读能力，有扎实的文本解读基础，又多次去国外访学，接触了许多一流学者，对康德美学研究的源流有全面和切实的了解，相信你能如愿译出高质量的《康德美学导论》，推动国内康德美学研究的深入发展。如何提升康德美学研究的水平，我非常赞同你的意见："提高翻译质量是改变现状的首要关键，其次，要抵制对哲学的庸俗化理解，尤其要改变过去常做的，用语录摘要来即学活用，代替对哲学名著整体阅读的学习方法。"曹俊峰老师在《康德美学文集》的"译者前言"里亦说道：在西方，"至于康德美学，也不断有新的研究著作问世，其深入和细致的程度也是我们难以想象的，不仅有'康德的美学思想''康德美学的体系''康德美学思想的形成'之类总体性的研究，而且举凡'无利害关系''无目的的合目的性''想象力''自由游戏''鉴赏判断''共通感''崇高'等重要概念都分别有专门的研究著作。反观我国，不仅研究性的著作凤毛麟角，就是康德本人的美学论述也没有完全介绍过来，这不能不说是我国文化基本建设的缺陷之一"。我整理了一下康德美学著作的汉译出版情况，如下：

关文运译《优美感觉与崇高感觉》，商务印书馆，1941。

曹俊峰、韩明安译《对美感和崇高感的观察》，黑龙江人民出版社，1990。

何兆武译《论优美感和崇高感》，商务印书馆，2001。

李秋零译《关于美感和崇高感的考察》，《康德著作全集》第二卷，中国人民大学出版社，2004。

宗白华译《判断力批判》上卷；韦卓民译《判断力批判》下卷，商务印书馆，1964。其中，宗译上卷又收入《宗白华全集》第四卷，安徽教育出版社，1994。

牟宗三译注《康德判断力之批判》上、下册，学生书局，1992、1993。

邓晓芒译，杨祖陶校《判断力批判》，人民出版社，2002。

李秋零译《判断力批判》，《康德著作全集》第五卷，中国人民大学出版社，2007。

曹俊峰译《康德美学文集》，北京师范大学出版社，2003。

我想，这些著作的出版时间清楚地说明，20世纪七八十年代之交异军突起的康德美学热并没有相对成熟的翻译及研究的文本基础。从思想史的角度看，此时的康德美学并非严格的学术研究的对象，而是"文革"结束后人文启蒙的一种理论诉求：以人性论对抗阶级论，以审美自由对抗政治异化，以人道主义对抗专制主义。1982年文化热兴起之后，康德美学研究开始出现与中国传统文化发生勾连的现象。

回顾这一段研究历程，不一定全面，我的困惑是：为什么我们对康德美学的研究兴趣往往是借助康德的一两个命题去讨论其他的问题，而不是康德美学本身。

倪胜：

聂老师在学界属于高我半代人的学者，对80年代以来美学研究的争论和变迁史比我更熟悉，总结得很好。的确，老一辈学者受教条式马克思主义哲学的影响，对黑格尔哲学的地位已经有过分拔高之嫌，80年代后对马克思巴黎手稿、戴厚英《人啊人》的研读又掀起异化问题和人道主义问题的宏大争论。相关文献，如《1844年经济学哲学手稿》《九三年》《人啊人》以及人道主义争鸣论文集、异化问题争鸣集等，我都认真学习过。虽然康德哲学的热兴，似乎是对过分拔高黑格尔哲学地位的纠偏，但我感觉，他们又过分拔高康德了。我更注重康德的本意，喜欢客观冷静不受外在影响地钻研康德的思想，这就是为什么我说比较喜欢韦卓民先生的翻译。

聂老师很认真地整理了康德美学的诸种译本，非常全面。只是个人以为还要补充一本《逻辑学讲义》，我在2004年发表过文章，提出《逻辑学讲义》比《论优美感和崇高感》更能代表康德早期美学思想。

这里请允许我略谈谈对这些中译本的观感。关文运译《优美感觉与崇高感觉》我没看过，但关先生译出过不少哲学书，比如贝克莱、洛克、休谟，还有康德《实践理性批判》等我都读过。据说关先生是英文系的，他的英文功底非常好，从译文上看，他应该也懂一点拉丁语。总的说来关先生的译文质量不错，错误较少，可惜他不太注意哲学术语，不少十分关键的地方都译得比较模糊。何兆武先生的译本也不错，可惜也是有点不太注意术语。宗白华先生是我们尊敬的前辈，他在中国艺术学上的成就高山仰止，可惜他译的《判断力批判》上卷错误非常多，经常将意思译错译反，看韦卓民先生所译《判断力批判》下卷译后记，似乎对宗先生译本有所不满。韦先生早就全文译出了《判断力批判》，一直搁置到2016年出版《韦卓民全集》才完全与读者见面。韦先生的译文可以说是学术典范，准确流畅，硬要挑点毛病的话，那就是他对英译本有点过分依赖。牟宗三译本太喜欢把中国传统术语往康德身上套，其实属于魏晋南北朝时期佛学上的格义方式，削足适履，似是而非，但对中西比较哲学的研究来说，具有一定价值。其他译本的译者都是还健在的前辈学者，邓晓芒译本特点是严格遵照德文本，尽管有点小瑕疵（我曾跟邓老师说过一些，他说会修订，也许最新的重印本已经改正），但比宗白华译本好太多。硬要说缺点的话，就是不够流畅，尤其是对从句位置的处理，过分依照德文本，会令中文读者感到困惑。曹俊峰老师的译本是个惊喜，他的译本在国内似乎没什么影响，但读过的人都说好。曹译本文字流畅，表达清晰，理解确当，我常常建议学习康德美学的后进们以曹译本为入门。至于李秋零先生，译出康德全部著作，功莫大焉！可惜我读得少，没办法全面评价。在翻译文哲先生的大作时，我想我会同时参考包括李秋零先生译本在内的各译本，择善而从。

聂运伟：

关于翻译问题，你能否举个例子？

倪胜：

好，我就举一实例对比分析一下。

康德《判断力批判》§5 中的一句原文为："Das Angenehme, das Schoene, das Gute bezeichnen also drei verschiedene Verhaeltnisse der Vorstellungen zum Gefuehl der Lust und Unlust, in Beziehung auf welches wir Gegenstaende oder Vorstellungsarten von einander unterscheiden."①

Meredith 的英译："The agreeable, the beautiful, and the good thus denote three different relations of representations to the feeling of pleasure and displeasure, as a feeling in respect of which we distinguish different obejects or modes of representation."②

Paul Guyer 的英译："The agreeable, the beautiful, and the good therefore designate three different relations of representations to the feeling of pleasure and displeasure, in relation to which we distinguish objects or kinds of representations from each other."③

宗译："快适，美，善，这三者表示表象对于快感及不快感的三种不同的关系，在这些关系里我们可以看到其对象或表现都彼此不同。"④

韦译："可见适意的、美丽的和良好的是指表象对于苦乐的感情三种不同的关系，苦乐的感情是一种感情，在它的一方面我们分辨出不同的对象或不同的表象方式，而且表示我们对于这些东西的满意的口气是不同的。"⑤

牟译："适意、美与善这三者指示表象对于快与不快之情的三种不同的

---

① Kritik der Urteilskraft, hrsg. von Heiner F. Klemme, Felix Meiner Verlag GmbH, Hamburg 2009, s. 56.
② Immanuel Kant Critique of Judgement, trans. By James Creed Meredith, revised, edited, and introduced by Nicholas Walker, Oxford University Press, 1952, 2007, p. 41.
③ Critique of the Aesthetic Power of Judgment, Edited by Paul Guyer, Translated by Paul Guyer, Eric Matthews, Cambridge University Press, 2000, p. 95.
④ 〔德〕康德：《判断力批判》上卷，宗白华译，商务印书馆，1964，第 46 页。
⑤ 〔德〕康德：《判断力批判》，韦卓民译，《韦卓民全集》第四卷，华中师范大学出版社，2016，第 40 页。

关系，而快与不快之情乃是这样一种情，即在关于此情中，我们区别不同的'对象'或不同的'表象模式'。"①

曹译："因此，舒适、美、善表述了表象与愉快和不愉快的情感之间三种不同的关系，根据这些关系我们把各种对象或表象方式彼此区分开来。"②

邓译："所以，快适、美、善标志着表象对愉快和不愉快的情感的三种不同的关系，我们依照对何者的关联而把对象或表象方式相互区别开来。"③

李译："因此，适意者、美者、善者表示表象与愉快和不快的情感的三种不同的关系，与此相关，我们把对象或者表象方式彼此区别开来。"④

胜按：以上中文各译者有译名的不同，我们暂不去讨论。只说说对德语原文中的 in Beziehung auf welches 这个短语的译法。Meredith 英译为 "in respect of which"，Paul Guyer 英译为 "in relation to which"。这个 welches 指什么？我以为，可以指 Das Angenehme（快适）等，更可以指代前面这一个句子。Guyer 英译中的第一个 relation 对译德语 Verhaeltnisse，第二个对译 in Beziehung auf，容易引起读者误会，将两个不同关系（relation）看成同一个东西。而 Meredith 的英译用 in respect of 似乎更为恰当。其实也可以用 according to。

英译者可以直接用 which 来对译 welches，但汉语如果直接使用指代词会导致译文歧义或曲解。

比如邓译成"何者"，尽管与原文完全严格对应，没有译错，但叫人摸不着头脑，极难索解。宗译"在这些关系里"，曹译"根据这些关系"，实际上将 welches 的指代理解成 Verhaeltnisse，但 welches 是单数，而 Verhaeltnisse 是复数。当然，宗译、曹译的意思是对的，曹译比宗译更容易理解。至于韦译"在它的一方面"与原文意思差得较多，也许是受英译影响（据韦先生后记，他译时参考了 Meredith 在 1952 年的译本，我们上引 Meredith 译文经过了 Walker 的校正，因此目前尚无法判断）。牟译"关于此情"显然有误，李译"与此相关"比较模糊，不如宗译、曹译和邓译准确。

---

① 〔德〕康德：《康德：判断力之批判》，牟宗三译，西北大学出版社，2008，第129页。
② 〔德〕康德：《康德美学文集》，曹俊峰译，北京师范大学出版社，2003，第457页。
③ 〔德〕康德：《判断力批判》，邓晓芒译，人民出版社，2002，第44页。
④ 〔德〕康德：《康德著作全集》第五卷，李秋零译，中国人民大学出版社，2007，第217页。

这个短语，我建议译为"根据这种情况"，以表示 welches 指代前面的句子。

当然，我们不能仅就以上一句话来评判各译本的高下，但可以用来举例，以示康德之难译。

我曾建议某博士生学德语，她学了一年德语，然后对我说，这些中译本都不用看了，以后就读原文好了，这搞得我很尴尬。2005 年我有幸参加弗雷格《算术基础》学习班，主讲之一夏威夷大学的 Mary Tiles 教授跟我说过，教她康德哲学的老师是个德国人，这位老师自己经常会翻阅三大批判英译本，说直接读原文很难懂。所以，译本是非常重要的。我相信，新一代的青年学者外语水平会越来越高，但学术翻译仍然是必要的，学术翻译是对外来文化的消化理解和重新解释，同时也是对我国哲学思想乃至学术语言的革新和改造，包括译注在内，饱含着译者的辛勤创造，是提高我国哲学研究水平的必经之路。一个优秀的译本，译者付出的劳动可能比大部分 C 刊论文要大得多，对我国学术的贡献也要大得多。

聂运伟：

陈寅恪先生在《高僧传》中围绕"译经传播事者"做出如下评论："间接传播文化，有利亦有害：利者，如植物移植，因易环境之故，转可发挥其特性而为本土所不能者，如基督教移植欧洲，与希腊哲学接触，而成欧洲中世纪之神学、哲学及文艺是也。其害，则辗转间接，致失原来精意，如吾国自日本、美国贩运文化中之不良部分，皆其近例。然其所以致此不良之果者，皆在不能直接研究其文化本原。研究本原首在通达其言语。"[①]陈寅恪先生对晚清至"五四"期间病急乱投医似的引进五花八门的西学显然是不满意的，他所设想的研究西学的理想之路是先"通达其言语"，然后再"研究其文化本原"，如此才不会"致失原来精意"。尽管历史不可能按照这样的"学理性"去发展，但我们实用主义地译介、传播的"西学"，往往丢失了"文化本原"的东西，以此指导实践，其害处之大，无论是从政治层面看，还是从学术层面看，都足以让我们三思。

1990 年初夏，邹贤敏老师策划了一个西方美学范畴史的研究课题，把

[①] 蒋天枢：《陈寅恪先生编年事辑》，上海古籍出版社，1981，第 83 页。

关于康德美学的对话

曹俊峰老师从哈尔滨请到湖北大学,这是和曹老师的第一次见面。在学校招待所里,邹老师、曹老师、张首映、冯黎明和我,几人好像讨论了几次,弄出来一个写作提纲,但此事后来并没有一个结果,为什么?现在想来,原因在于那时的我们正处在一个特定的历史语境中,难以青灯枯坐,一心研习学问,更喜欢接受五花八门的、能够冲击固有思维模式的理论。曹老师则不然。当时的曹老师已年过半百,坎坷的人生经历使他早已读懂了历史的变动,绝无我辈的心绪茫然。他醉心于研究康德,是因为康德对人性良善、人格自由的肯定和坚守,康德言行一致、信念和行为相统一的学术风范和为人之道,正是康德哲学的精华。朴实的曹老师,他是想以康德的思想来疗治世道人心吗?我作如是观。曹老师在《康德美学引论》中说:"自1865年奥托·李普曼喊出了'回到康德去'之后,每当人类精神陷入困境之时,这一口号便重新响起。他们把康德哲学视为解救人类精神困惑的灵药。"[①]在经济全球化、科学技术高度信息化的背景下,固有的道德—价值体系失衡,生命—技术伦理濒于无效的边缘,风险社会、文明冲突、地区与世界和平的现实压力更是不断地让人们真切地感受到康德关于道德自律、公共理性、永久和平思想的内在价值。

可那时的我,对康德的理解还肤浅得很。二十余年后,曹老师的话和他康德美学研究的成果证明了一个既简单却也无比深奥的道理:学问之事,如同农民种田、工人做工,重要的是以平常之心踏踏实实地做,一分耕耘,一分收获,这个谁都会说的道理,其实有几个人能做到呢?就治西学而言,陈寅恪说"首在通达其言语",否则就不知西学"文化本原",终不察西学之"精意",此乃真言,曹老师做到了,我却辜负了曹老师的希冀,想来真是汗颜。这个教训,我常讲给学生听。

曹老师研究康德的特点,早就受到其师蒋孔阳先生的好评。《康德美学引论》出版时,蒋先生在"序"里说:"以我推测,目前,俊峰恐怕是国内掌握康德美学资料最齐备的学者之一……为了写作本书,他对康德的《判断力批判》根据德文版,对照英文版,参考宗白华先生的中译本,逐字逐句进行了重译,本书中所有康德美学原著的引文,基本上都是经他独立重

---

① 曹俊峰:《康德美学引论》,天津教育出版社,1999,第2页。

译的。因此，本书资料之翔实、准确、可靠，是无可置疑的，也是本书学术质量的基本保证。仅从此点，亦可看出俊峰治学的严谨、扎实，重科学、实证的精神，这在当今学界浮躁功利之风盛行之际，尤其难能可贵。"[1]贺麟先生早在20世纪40年代的《五十年来的中国哲学》一书中，就这样说过："我们学习西方哲学的经过，仍然是先从外表、边缘、实用方面着手。功利主义、实证主义、实验主义、生机主义、尼采的超人主义、马克思的辩证法唯物论、英美新实在论、维也纳学派，等等，五花八门，皆已应有尽有，然而代表西方哲学最高潮，须要高度的精神努力才可以把握住的哲学，从苏格拉底到亚里士多德，从康德到黑格尔两时期的哲学，却仍寂然少人问津。"

倪胜：

邹老师给我们上课时也讲过，到源头喝水（古希腊哲学），上最高的山（德国古典哲学），再遍采各家。这个说法给我印象很深。我国学界历来重视古希腊哲学和德国古典哲学。尽管五六十年代也有一些关于20世纪欧美哲学的翻译，但从八九十年代才开始大规模全文完整译介当代西方哲学资料，引发尼采热、海德格尔热等热潮，对现代哲学的追捧并没有过多地影响对德国古典哲学的研究，反而最近一些年康德全集、黑格尔全集等纷纷推出，翻译质量也较高，这证明着我国的研究实力。就我个人粗浅的观察，从20世纪起到现在，欧美哲学主流是分析哲学和后现代哲学，在我国引起巨大反响的现象学在欧美（尤其在美国）并不热门。有意思的是，我第一次见到文哲教授，他在读一本有关心灵哲学的论文集，这让我有些意外。2019年初，国内更出现一种说法，认为将来学生要到中国来才能学好德国哲学，虽然是个笑谈，但能看到我国哲学界对德国哲学持之以恒的学习热情和成就。可惜事实上，我看到的是，国内哲学院系存在不少热衷于分析哲学和后现代哲学的学生，有志于从事德国哲学研究的越来越少。当然，人各有志，不应强求，但德国古典哲学是哲学史上最为重要的一个部分，还是应当得到相当的重视。

对外来文化的翻译和消化需要一个长期的过程。佛教从东汉末年传入

---

[1] 曹俊峰：《康德美学引论·序》，天津教育出版社，1999，第1~2页。

我国，最初经层层重译转换为汉语，而一些名词术语由于没有现有的汉语对应，只好采取音译，顶多只是以格义的方式进行文化转换。比如佛（Buddha）曾被理解为道家意义上的道，这实际上是一种比附。唐文帝曾命玄奘与诸道士一起译《老子》，结果引起佛道争执。《集古今佛道论衡》卷丙《文帝诏令奘法师翻〈老子〉为梵文事第十》记此事曰："厥初云'道'，此乃人言。梵云'末伽'，可以翻度。诸道士等一时举袂曰：'道翻末伽，失于古译。昔称菩提，此谓为道。未闻末伽以为道也。'"玄奘指出："'菩提'言'觉'，'末伽'言'道'。唐梵音义，确尔难乖。"道士成英反对："'佛陀'言'觉'，'菩提'言'道'。由来盛谈，道俗同委。今翻'末伽'，何得非妄？"玄奘以梵语义解释："'佛陀'天音，唐言'觉者'。'菩提'天语，人言为'觉'。此则人法两异，声采全乖。'末伽'为'道'，通国齐解。"所谓"末伽"，即梵语"道路"。菩提词根√budh，意思是"觉醒"。佛陀也源于√budh，加上过去分词语尾 ta，变成 buddha，意为"觉悟了的人""觉者"。√budh 的抽象名词就是 bodhi，意思是"觉"，音译"菩提"。季羡林先生于《佛教的倒流》一文中对此事有详细讨论，可参看。这个故事表明，唐代佛教有着从对道教的依附中独立出来的强烈愿望，佛教此时已经站稳脚跟，开始希望强调自己的独特性，要求原汁原味准确完整地理解和传播佛教。

我曾仔细对照学习过玄奘译《因明入正理论》，梵文根据郭良鋆先生提供的原文。因明是印度的逻辑学，国人不熟悉，翻译难度大，但对比看来，玄奘的翻译非常成功，十分准确，仅有一些小地方存在争议。这些问题到底是因为玄奘的翻译问题还是玄奘所据的原本与今本不同，或是因为教义关系故意曲译，现在还无法判断。但大致可以说，唐代的佛教引进工作基本已经成熟，形成了一套规范，能够比较准确和原汁原味地理解印度原文。正是在这个基础上，才产生了唐代各大宗派，尤其是形成了中国化的佛教——禅宗。表明我们已经从对佛教的陌生不理解到试着以原有知识体系套用理解到真正从原意上理解，最后走向了自我创新。

我国对德国古典哲学的引进消化和发展，也应该是这样一个过程。刚开始时译错译偏，庸俗理解和曲解都是不可避免的，随着时间推移，研究认识深入，文本翻译也越来越精准，直到最后完全掌握其精髓，为下一步的发展创新提供坚实的基础。这也是康德名著有多个译本的原因，不是重复翻译浪费资源，而是思想的进步迭代。

过去我们急于引进马克思恩格斯，而后发现不读黑格尔不能准确理解马克思恩格斯，再后发现康德的思维方式可能对我国哲学更重要。黑格尔辩证思维、历史具体地看问题的方法，与中国古代传统的有经有权、时移世易等观点是相合的，而康德字斟句酌的分析方法，与国人传统思维有点格格不入。前面说到，一些学者比较习惯于从意识形态上看待德国哲学，习惯于寻章摘句，即学即用，不习惯于远离实际生活的哲学思考，无视康德、黑格尔哲学的体系性。因此，过去对康德哲学的理解多少是有点通俗化乃至庸俗化了。另一个问题则是一些人习惯于奉圣贤，对哲学家五体投地亦步亦趋，而较少对康德、黑格尔进行批判，从而较少发展出新的哲学思想。

当然，尽管我们需要改进的地方有很多，但总归还是在进步，只是进步得没我们期望得那么快而已。

聂运伟：

你对21世纪以后的康德研究了解可能比我多一点，你有什么评价呢？

倪胜：

我国学术发展一日千里，尤其在年轻一辈成长起来以后，翻译介绍国外哲学、美学资料的速度也快起来。记得90年代初出现过出书难的现象，那时大众读物开始兴起，尤其余秋雨教授的《文化苦旅》风靡一时。随后如易中天老师等也出版了不少畅销书，经典名著的销路也不错，但纯学术书籍的出版陷入困境。以前李泽厚先生主编"美学译文丛书"，影响和推动了我国的美学热走向高潮。随着学术出版的低落，美学也陷入沉寂。我见过一些学者在路边摆摊卖自己的书籍，面前放张纸，手写上一些宣传字句，一天卖不了几本。

大概是2000年以后，国家对学术出版加大投入，这一状况开始得到改变。随着康德主要著作的多次翻译出版，个人以为，我国康德研究的继续进步，已经转而体现到对二手资料的掌握上来。我在美国查阅资料时发现美国并不热衷翻译什么全集，至少胡塞尔、海德格尔都没有全集，只有零星译本，而且译得比较随便。近几年Paul Guyer和Allen W. Wood主编了一套剑桥版《康德著作集》（计划14卷），其中包括康德出版过的全部著作以及从未出版的手稿中挑选的比较重要的材料。我们知道，这两个主编都是康德研究的资深专家，一辈子都在研究康德，到了非常成熟的时候才决定选译这套文集，而且出版速度比较慢，从20世纪90年代中期到现在仍未出完。这种做法一方面保证了翻译质量，另一方面又避免了浪费。据说日本学者喜欢翻译成套的全集，但我以为，将比如康德、黑格尔的主要著作翻译过来，甚至由不同的学者反复翻译打磨，都是必要的。而全集就没有必要翻译了，因为全集中不少东西并不重要，更何况需要钻研那些不重要的文献的人也一定早学会了德语。在中国，似乎只有梁志学先生翻译出版《费希特文集》的做法与两位美国学者的做法相仿。梁先生的研究和翻译乃至学者人格都是我们学习的榜样。

目前国内学者通过亚马逊等网站已经能从国外直接购买到原版学术书籍，因此我们对二手资料的了解并不像过去那么闭塞，但二手资料的汗牛充栋，又令我们不得不有所拣选。

冒昧小结一下。个人以为，前辈学者筚路蓝缕，为我们翻译介绍了康德的基本著作，普及了康德哲学（包括美学）的基本知识。到我这一代，喜逢改革开放，承前启后，主要任务应该是翻译介绍二手资料，并力图做一点研究，为下一代学者发展出新的中国哲学，影响全世界做好铺垫。这个说法不知当否？要请读者诸君指正。

Abstract

Academic Focus

Auerbach's "European" Consciousness and the Limitations of *Mimesis*

WANG Xiaoyan / 1

Abstract: As an important Roman philologist in the 20th century, Erich Auerbach's own cultural tradition and his inherent "European" consciousness did not disappear with his exile, but were strengthened in Istanbul, a "safe space" relative to Germany. Auerbach's "European" consciousness not only reflects his academic pursuit and practice of spiritual concentration as a Roman philologist, but also reflects his realistic situation, and clarifies the source of the limitations of *Mimesis*.

Keywords: Erich Auerbach; "European" Consciousness; *Mimesis*; Limitations

Female Discourse and Female Fables in the Poetry of Doris Lessing

LIU Yan, ZHOU Anxin / 11

Abstract: Doris Lessing is famous for her novels, and her poems are rarely known, but her poetry is an important way to understand her thought, feeling and expression as a feminist. Its themes include: first, the poem of trauma and nature, depicting female trauma with abundant images, and deconstructing traditional knowledge structure with natural ecological images, and *The Grass is Singing* and other novels constitute intertextuality with her poems. Secondly, the poems of exile and ramble show the micro-wandering emotion of individual women in the macro-geographical space, and examine the cultural distance between female wanderers and their native land. Third, the poetry of dialogue and defense, for women's voice, fighting for the right of women to speak. The poems of Lessing on individual experience and independent identity, together with her novels, plays and critical texts, constitute the whole of her female speech and aesthetic practice, and write the female fables based differently.

Keywords: Doris Lessing; *Fourteen Poems*; Feminism; Female Discourse; Female Fables

Theory Research

A Study of "Madness"
—An Analysis of the Psychology of Literary and Artistic Creation in a Cross-cultural Perspective

ZHUANG Zhenfu / 26

Abstract: Ancient and modern scholars of literature and art generally acknowledge the existence of the phenomenon of madness in literary and artistic creation. In ancient Greek times, madness had the quality of inspiration, but it was given a mysterious color by Plato. Modern Enlightenment thought and classical German philosophy transformed the external divine character of madness into the creative power of genius, and the self-consciousness of man, the exaltation of the subject, and the importance and pursuit of knowledge were the background of the times to explain madness. In the modern society after World War II, Croce, Bergson, Freud and others interpreted the psychology of literary creation with intuitive theory and unconscious theory respectively. From ancient Greece to modern society, Western culture's explanation of the psychology of ecstasy has shown the evolutionary path of "from irrationality to the unconscious". On the other hand, Chinese literary and artistic traditions, such as the concepts of XuJing, TianQi, XingHui, and MiaoWu, all have something in common with madness, and it is necessary to compare their similarities and differences in specific cultural contexts. In addition, the phenomenon of madness in primitive cultures has strong shamanic overtones, and the "artistic creations" of the ancestors are thought to be closely related to specific witchcraft rituals. All in all, a cross-cultural examination of the psyche of ecstasy in literary creation reveals a diversity of interpretations and philosophical reflections on ecstasy in different societies and historical stages.

Keywords: Madness; Inspiration; Cross-cultural; Psychology of Literary Creation

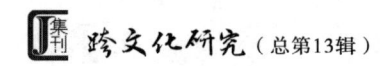

Classical Studies

Confucius' New Thinking of "Observing His Virtue and Righteousness"
—Viewer-centered Discussions

WANG Chen, CHEN Yaqi / 50

Abstract: Confucius took the establishment of the identity of the gentleman as the base point, the paradigm shift of the law of the gentleman as the new direction (according to Sima Qian's rewriting and deducing), and the ability to search for help to grasp the text of Zhouyi, emphasizing that the observer of Yi should return to the internal understanding of the subject itself, forming a unique viewer-centered mode of viewing Yi, and then constructing the concept of the gentleman under the perspective of Yi study. It has the dual value of theory and practice. In this mode, Confucius endowed people with subjectivity, broke through the limitations of sorcery and history identity, and emphasized the importance of the viewer's identification of the gentleman's identity. The topic of "view its virtue and righteousness" has the value of modernity. Postmodernists deny the authoritativeness of authors and readers and dissolve the authenticity of texts. The text of Zhouyi belongs to a possible interpretation, just like the documents used to investigate the text. Different from the postmodernists, Confucius held the attitude of "hearing too much and being careful to say the rest" to the text of Zhouyi, taking the audience as the center and highlighting the significance of the audience. According to the viewer-centered view of art history, when the text (work), the viewer, the situation (environment) of the viewer, The Times and other elements of Zhouyi are integrated and understood, the meaning of text interpretation will not be eliminated.

Keywords: View Its Virtue and Righteousness; The Spectator; Author; Post-modern; View of Art History

Classical Interpretation

On the Chinese Editing and Performance of *Richard III*: Taking Wang Xiaoying's Version and Lin Zhaohua's Version as Examples

LIU Wanmei, CHEN Rongnü / 64

Abstract: This article focuses on the Chinese editing and performance of Shakespeare's

Richard III, taking the two versions written and directed by Wang Xiaoying in 2012 and Lin Zhaohua in 2001 as examples. The application of Chinese elements in different directions in drama, and discuss the advantages and disadvantages of its cross-cultural communication effect. This article believes that Wang Xiaoying's version integrates the elements of Chinese opera chanting and image expression into the performance, and uses the elements of square characters in the design of the stage design, realizing the external application of Chinese elements. Lin Zhaohua's version simplifies the stage setting and uses the performance form of Suzhou Pingtan on the basis of retaining the plot of the original Shakespeare play, realizing the internal application of Chinese elements.

Keywords: *Richard III*; Intercultural Theatre; Wang Xiaoying; Lin Zhaohua

The Scarlet Letter and Hawthorne's Counter-Revolutionary Ideology
—A New Historicist Reinterpretation

LI Sujie, SONG Tianyi / 77

Abstract: There are two historical settings in Nathaniel Hawthorne's *The Scarlet Letter*. One is the authorial setting of the nineteenth-century America and the other is the fictional setting of the seventeenth-century New England. This essay explores the complex interplay between these two contexts from a new historicist perspective and reveals Hawthorne's personal belief and ideology hidden in the novel. Hawthorne infuses his belief in Providence and conservatism to revolution into *The Scarlet Letter* and secretly launches a counter-revolution battle in the novel. To win this battle, he reconstructs the seventeenth-century Boston into a purified Puritan land, makes the rebellious Hester voluntarily reconcile herself to the social order, and encourages the wavering Dimmesdale to confess and die for the wrong he has committed. Eventually, Hawthorne skillfully dissolves the lovers' rebellious plan and successfully extinguishes the fire of revolution.

Keywords: Hawthorne; *The Scarlet Letter*; Anti-Revolution; Mock Feminism; New Historicism

People-to-People Exchange

Research on the Construction and Trans-cultural Communication of Beijing's Grand Canal Cultural Branding

GONG Yueqing, TANG Zihan / 91

Abstracts: Taking the Beijing Grand Canal as the main research object, this paper fully explores the construction mechanism of the Beijing Grand Canal and conducts cross-cultural research on the generation and evolution of canal culture. This paper adopts the case study method to deeply analyze the current situation and shortcomings of the Beijing's canal culture brand. It is found that the Beijing Grand Canal cultural brand has completed its initial branding, but there are still some deficiencies of brand construction, brand extension and brand communication. In this regard, this paper puts forward suggestions for the construction of the Beijing Grand Canal cultural brand. In terms of brand construction, the Beijing Grand Canal should upgrade its brand identity and shape its brand IP; in terms of brand extension, it should carry out the integration of "Canal +" industry and exploit the e-commerce platform for marketing; in terms of brand communication, a diversified communication matrix should be built to create an international cultural tourism brand with trans-cultural communication.

Keywords: Grand Canal; Cultural Branding; Intercultural Communication

Cross-cultural Characteristics: The Fundamental Nature of Culture and Tourism Integration

LIU Dongmei / 100

Abstract: Tourism itself has a typical cross-cultural exchange nature. Culture can shape tourism, and tourism can highlight culture. The intersection of culture and tourism make cross-cultural integration a fundamental characteristic of such synergy. Cross cultural integration is mainly reflected in the exchange and communication of the two, while the deep integration of culture and tourism is a cross-cultural communication between the two different industries. Culture and tourism integration is not only a requirement of economic undertakings, but also a demand for cultural requirements. From the perspective of the mechanism of cultural and tourism integration, the driving forces that affect the mutual integration and development of culture and tourism industries can be divided into internal and external forces. Based on the current situation of China's culture and tourism industry, the main modes of integrated development of the two can be summarized as: the combination of culture and tourism, and the combination of culture and tourism along with others. In today's era of deep integration of the two, we need to build a culture and tourism industry chain, improve corresponding infrastructure, and create a good cross-cultural tourism communication environment. We need to maintain the authenticity of local culture and adhere to the sustainable development of local culture. We need to improve the cross-cultural communication skills and literacy of practitioners. We need to innovate the development system of culture and tourism products. We need to strengthen cultural and tourism imprints. All these are measures that can enhance the level of cross-cultural governance.

Keywords: Cross-Cultural; Cultural Tourism Integration; Cross-cultural Communication; Cross-cultural Governance

Special Topic on Bruer

"Euthyphro"

By Christopher Bruell, Translated by ZHOU Anxin / 109

Abstract: The theme of the "Euthyphro" is the necessity of the conflict between philosophy, as Socrates lived it, and Athens as the political community. The main professed purpose of "Euthyphro" is ostensibly devoted to helping Socrates register an official challenge to Meletus' prosecution—Meletus makes a public prosecution that Socrates is impious and corrupt—by learning from Euthyphro. Its one true purpose would be the reverse. The true purpose would be devoted to discouraging Euthyphro from proceeding with his case of prosecuting his own father because it is impious. Indeed, Socrates resists the knowledge from Euthyphro and then asks him questions about the divine things as well as the piety. Euthyphro grants that piety is dear to the gods, everything pious is just, and punishing the unjust is pious. While Socrates insists that piety is an idea or form which is not dependent on prior knowledge of the divine. And he regards justice appears to be essentially controversial as the class to which piety belongs. Finally, Euthyphro finds himself unable to impart knowledge of the divine things and the piety to Socrates. Socrates makes his own 'ignorance' prevail over Euthyphro's 'knowledge'.

Keywords: Socrates; "Euthyphro"; Gods; Piety; Justice

"Apology of Socrates"

By Christopher Bruell, Translated by XIAO Jiongtao / 131

Abstract: "Apology of Socrates", as the only dialogue in which Plato has chosen to include himself as a character, starts with the discussion of reputation or "name". The image of Socrates is more focused on a longer term reputation, and his contradictory speech may be intended to convey potential information to Plato. In response to the accusation, he mentioned an earlier slander-charge, and then he dealt with the charge made by Meletus and others about his disrespect for not believing in the gods, introducing new daimonic things, and corrupting the young. In it, Socrates referred to the relationship between the accusations and the "Delphic" investigation, stating that he only had the awareness of ignorance. In addition, he also emphasized the "moral" matters: what is noble and good. By reinterpreting nobility as the willingness to defend the right and the righteous, Socrates' defense puts nobility above justice. Finally, he discussed "daimonion" and hinted that the conflict between philosophy and the political community could not be eliminated.

Keywords: "Apology of Socrates"; Noble and Good; Slander-Charge; "Delphic" Investigation; "Daimonion"

"Meno"

By Christopher Bruell, Translated by LI Shumeng / 157

Abstract: "Meno" can be divided into three parts: "Socrates-Meno Dialogue (First)", "Socrates-Anytus, Dialogue", and "Socrates-Meno Dialogue (Second)", according to the transformation of Socrates' interlocutors. The discussion of virtue's teachability is the central question running through all three parts. Socrates guided Meno to think about what is virtue, to search for virtue as "one", rather than as "many" or "parts", and to explore if virtue can be taught. In doing so, Socrates examined Meno's view of virtue, which was inherited from Gorgias. By presenting the anger of Anytus, an Athenian political figure, the dialogue criticizes the "ignorance" of the sophists and the so-called Athenian gentlemen who presumed to teach virtue and political virtue. In the final dialogue, Socrates clarified that virtue is neither knowledge nor teachable and attributed its source to gods, and his implicit criticism of the political men reflects how philosophers could live in satisfactory harmony with his fellow citizens.

Keywords: Socrates; "Meno"; Anytus; Teachability of Virtue; Sophists

Academic Interview

Conversation about Kants Aethetics

NIE Yunwei, NI Sheng / 180

《跨文化研究》 稿约

  《跨文化研究》（*Transcultural Studies*）系北京第二外国语学院文学院（跨文化研究院）主办的综合性学术集刊。其主旨是瞩望人文，学宗博雅，故拆解古今中西樊篱，汇通人文，"六艺"兼容；立足语言文学，却无学科本位，尝试将文学、历史、宗教、哲学、语言融于一体。顾名思义，本刊广邀善士，拜约各方，祈求文化间性研究、文化交往性研究、文化超越性研究的前沿学术成果，期待并培壅既有古典根荄又富当代意识的学术情怀。

  《跨文化研究》力求每辑聚焦一个领域，烘托一个主题，突出中国问题意识、中国解决方法和中国学理构建。在"学无中西"的全球化视野下，本刊以"中国学子"做"世界学问"为仰望的境界。在"学科通串"的现代人文转向趋势中，本刊以"综观全局"且"细察幽微"为治学的状态。本刊常设"经典论绎"、"经典导读"、"异邦视野"、"文论前沿"和"新著揽英"等栏目，且不对作者的文字篇幅、研究领域、治学方法做刻意的限制。本刊每年出版2辑，春季4月和秋季11月为发稿时间。

  如蒙慷慨赐稿，敬请了解并遵循如下约定：

  1. 所投稿件须是没有公开发表过的新作。

  2. 在大作的最后一页上注明您的供职单位、研究方向，且留下电邮地址。

  3. 文稿用 Word 文档常规格式，标题用宋体3号字加粗、居中，作者署名用4号楷体、居中，正文一级标题用4号宋体、加粗，独立引文用楷体、上下空1行，正文用5号宋体，全文1.5倍行距。

4. 论文请提供中英文摘要 200 个字符，关键词 3～5 个，论文题目英译、英文摘要和关键词置于文末。

5. 注释用页下注，每页重新编号，编号用数字带圈；其要件和顺序例示如下（未尽之处，敬请参阅新一期样刊）：

①陈恒：《希腊化研究》，商务印书馆，2006，第 26 页。

②包向飞：《宽广的反讽》，载《文化与诗学》，北京大学出版社，2013，第 160～172 页。

③Erich Auerbach, *Dante: Poet of the Secular World*, trans. with an introduction by Michael Dirda (New York: New York Books, 2001), p. 42 (or pp. 42 - 46).

④William Franke, "Metaphor and the Making of Sense," *Philosophy & Rhetoric*, No. 33, 2000, pp. 137 - 153.

6. 参考文献要件和顺序例示如下：

包向飞：《宽广的反讽》，载《文化与诗学》，北京大学出版社，2013。

陈恒：《希腊化研究》，商务印书馆，2006。

让-皮埃尔·韦尔南：《古希腊神话与悲剧》，张苗等译，华东师范大学出版社，2016。

Blumenberg, Hans, *Höhlenausgänge* (Frankfurt am Main: Suhrkamp, 1989).

Pavesich, Vida, "Hans Blumenberg's Philosophical Anthropology: After Heidegger and Cassirer," *Journal of the History of Philosophy*, No. 46, 2008, pp. 421 - 448.

7. 如蒙赐稿，请将大作发至 kuawenhuayjy@bisu.edu.cn。

8. 如果有必要寄送纸质版，请寄：100024 北京朝阳区定福庄南里 1 号北京第二外国语学院文化与传播学院；联系人：杨老师。

9. 本刊采用匿名评审制。大作一经发表，即奉微薄稿酬。由于编辑部人手有限，来稿一般不退还，也不奉告评审意见。

《跨文化研究》编辑部

图书在版编目(CIP)数据

跨文化研究.总第13辑/李洪波主编.--北京：社会科学文献出版社，2023.12
ISBN 978-7-5228-2886-2

Ⅰ.①跨… Ⅱ.①李… Ⅲ.①文化交流-文集 Ⅳ.①G115-53

中国国家版本馆 CIP 数据核字(2023)第 225359 号

跨文化研究（总第13辑）

主　　编 / 李洪波

出 版 人 / 冀祥德
责任编辑 / 张　萍
文稿编辑 / 公靖靖
责任印制 / 王京美

出　　版 / 社会科学文献出版社·当代世界出版分社（010）59367004
　　　　　　地址：北京市北三环中路甲29号院华龙大厦　邮编：100029
　　　　　　网址：www.ssap.com.cn
发　　行 / 社会科学文献出版社（010）59367028
印　　装 / 三河市龙林印务有限公司

规　　格 / 开本：787mm×1092mm　1/16
　　　　　　印张：13　字数：212千字
版　　次 / 2023年12月第1版　2023年12月第1次印刷
书　　号 / ISBN 978-7-5228-2886-2
定　　价 / 98.00元

读者服务电话：4008918866

版权所有 翻印必究